资助项目：教育部哲学社会科学研究重大课题攻关项目："推进农业供给侧结构性改革的理论与战略研究"（17JZD017）；中央高校基本科研业务费项目"中国农村土地制度改革研究"（CCNU18HQZZ09）

中国农地制度改革：

经营制度、地方财政与基层治理的维度

王敬尧　魏来／著

Farmland System Reform in China:

The perspective of operation system, local finance and grassroots governance

经济管理出版社
ECONOMY & MANAGEMENT PUBLISHING HOUSE

图书在版编目（CIP）数据

中国农地制度改革：经营制度、地方财政与基层治理的维度/王敬尧，魏来著. —北京：经济管理出版社，2018.6
ISBN 978-7-5096-5829-1

Ⅰ. ①中…　Ⅱ. ①王…　②魏…　Ⅲ. ①农村—土地制度—经济体制改革—研究—中国
Ⅳ. ①F321.1

中国版本图书馆 CIP 数据核字（2018）第 118485 号

组稿编辑：宋　娜
责任编辑：赵亚荣
责任印制：黄章平
责任校对：赵天宇

出版发行：经济管理出版社
（北京市海淀区北蜂窝 8 号中雅大厦 A 座 11 层　100038）
网　　址：www. E-mp. com. cn
电　　话：（010）51915602
印　　刷：北京晨旭印刷厂
经　　销：新华书店
开　　本：720mm×1000mm/16
印　　张：20.5
字　　数：336 千字
版　　次：2018 年 6 月第 1 版　　2018 年 6 月第 1 次印刷
书　　号：ISBN 978-7-5096-5829-1
定　　价：98.00 元

前　言

我国是一个农业大国，农业、农村、农民问题始终是党和政府在治国理政和改革发展中所面临的一个关键性难题。我国改革发展建设的历史经验深刻表明，能否科学认识和正确处理“三农”问题不仅直接影响着农业、农村、农民的发展稳定，而且深刻制约着中国城镇化和工业化的前进步伐和发展质量，关乎国家的长治久安和繁荣兴盛。多年来，中国共产党始终将“三农”问题视作全部工作的重中之重，积极探索、深化改革、永不止步，实现了农业生产持续发展、农村面貌全面改善、农民生活不断提高的良好局面，为中国特色社会主义现代化建设提供了有利条件。党和政府多次从全局视野和战略高度强调：“没有农村的稳定，就没有全国的稳定，没有农民的小康，就没有全国的小康，没有农业的现代化，就没有整个国民经济的现代化。”当前，我国正处于全面深化改革，实现政治、经济、社会转型发展的关键期，积极探索解决“三农”问题的治理之道无疑对全面建成小康社会和实现中华民族伟大复兴中国梦具有更大的时代意义。

现今，我国农村改革已从单向度的经济改革步入到全面深化改革的新阶段和新里程，农村改革面临着更为复杂多变的世情、国情、农情，“三农”问题的外在环境和形势发生了重大变化，农村改革的综合性、关联性、复杂性、敏感性和紧迫性日益凸显，农村综合改革的核心问题、主要内容以及重点难点已发生显著转变。2015 年印发的《深化农村改革综合性实施方案》明确指出：“当前和今后一个时期，深化农村改革要聚焦农村集体产权制度、农业经营制度、农业支持保护制度、城乡发展一体化体制机制和农村社会治理制度等 5 大领域。”这表明，土地制度改革在中国农村综合改革当中处于基础性地位，如何实现农村土地制度改革与创新仍然是当前农村改革的重点和难点。进一步，在加快农业现代化发展、推进农业供给侧结构性改革和实施乡村振兴战略的政策目标下，如何在现有“三权分置”的产权结构下实现农村土地经营制度创新则是当前农地制度改革的关键领域。

作为一种对制度环境和运行条件的适应性和回应性变革，我国农地制度改革已呈现出从简单的、单向度的土地改革到更加复杂、更加系统、更加多元的关联性改革阶段。农地制度改革是一个内容庞杂、涉及面广的系统性工程，它牵涉到农村改革的方方面面。尽管改革工作千头万绪、繁难复杂，但我们认为农地制度改革要立足于主要矛盾和关键问题，而深入探索“人—地—财”三者之间的内在关系则无疑是当前我国农地制度深化改革当中的焦点和关键。换言之，农地制度改革往往起到“牵一发而动全身”的改革效果，改革过程也受到多种因素的影响。农地制度的改革与地方财政体系和基层治理格局有着密切的关联性，不仅需要有与之相适应的地方财政配套支持，而且还改变着地方政府的财政来源和利益分配格局。与此同时，农地制度的发展变迁与重新设置常常影响着基层治理的主体范围、治理形态和治理绩效，因此如何处理好基层政治组织、经济组织和社会组织的关系，全面激发农村经济活力、政治活力、社会活力，实现农村政治、经济、社会效益的“帕累托最优”是衡量农地制度改革成功与否的重要因素。

基于这种认识，我们摒除了以往农村土地改革研究者偏好于从单一学科进行研究的操作模式与思维惯性，而从交叉性和综合性的研究思路出发，在历史与现实、理论与经验、国内与国外、不同学科之间的争鸣与碰撞中探寻农地制度、地方财政与基层治理的持续互动机制，以期为我国农村土地改革“把脉抓药”、出谋划策。我们认为，农村土地制度改革的成功不可能依靠单兵突进，而需要树立系统思维和全局观念，协同推进以地方财政体系和基层治理结构为表征的经济体制和政治体制的整体性变革。唯其如此，农村土地改革才能超越以往的单一思维模式和方法局限，取得更大更深更久的改革成效。

具体而言，本书在实地调查、政策回溯和学理分析的基础上，以宏大视野和系统思维来审视中国农地制度改革，主要内容包括农村土地经营制度改革与创新、农村土地制度改革与地方财政、地方财政视角下的农民市民化成本、农地规模经营与农村治理转型等。四大板块逻辑相承、主题统一，力图在研究视角和研究方法上体现出多元性的特点，通过探寻和描画农地制度改革与地方财政、基层治理的内在关联和深层逻辑，为深化农地制度改革提供理论参考和经验启发，同时以农地制度为侧面，为推进农村综合改革、农业供给侧结构性改革与实施乡村振兴战略提供实证基础。

本书以中国农地制度改革统领全篇，每一板块由一份研究报告构成，每一份研究报告又分出若干的章节。

首先，农地经营制度改革是当前中国农村改革当中的核心问题，关系着农民权利的保障、农业生产的发展和农村社会的治理，是当前农村改革当中的重点和难点。在这种形势下，本书第一部分聚焦于我国农地经营制度的改革与创新，旨在探索农村土地制度改革的着力点和突破口，寻求城乡统筹、新型城镇化与农村土地制度相得益彰、良性循环的途径和机制。下设五章内容，分别对我国农地制度改革的历史沿革和政策过程进行了历时性分析和全景式呈现；对土地改革、合作化运动、人民公社化运动、家庭联产承包责任制等历史阶段进行了系统梳理；对土地制度改革的基本特征进行了深入描画；并对法国、美国、英国、德国、日本等发达国家和我国温州、成都、仙桃、玉林、无锡、沙洋等地的土地经营制度改革创新的典型做法、成功经验和变革启示进行了系统考察；对当前我国农地制度的结构安排和困境成因进行了深度剖析；在此基础上，分别从原则与方向、思路与侧重、措施与时序等方面对我国农地制度的改革思路和创新举措进行了前瞻性分析。

其次，农村土地制度是一项基础性制度安排，事关农业发展、农民增收和农村稳定大局，同时影响着经济发展模式、城镇空间扩张和地方财政体量。随着我国经济社会体制的转型，我国现行土地制度的弊病逐渐显现，成为制约社会主义市场经济健康持续发展和生产要素自由流动的重要因素，也是造成当前“土地财政”困境的重要诱因。质言之，农村土地制度改革是一个系统性工程，农村土地制度安排的改变必然也对地方财政体系和地方治理体系产生着型构作用，影响着地方政府的财政支出结构和支出规模，影响着地方政府的公共服务内容和服务范围。正是基于这种判断，在本书第二部分，我们继续深入探讨农村土地制度改革的问题，并实现对上一部分农地经营制度分析的延展和扩充，即主要聚焦于农村建设用地问题。内容包括对中国古代、近代和现代的农村土地制度设计形态及其时代价值逐一进行了系统表述和客观评价，对当前我国农村土地制度的运行障碍和困境根源进行了分类描述和理论探究。继而，在选取地方财税体系、政绩评价体系、土地市场交易体系、土地利益分配机制等关键因素的基础上，分别从明确农民产权主体地位、构建服务平台和监管机制、加快基层组织体制改革、完善农村土地征用制度、推进财政体制深化改革、加大制度改革资金投入、切实推动政府职能转变、完善官员绩效考核体制八大维度对我国土地制度改革的总体思路、具体措施和配套措施进行了全面探讨。

再次，当前我国正处于大力推进城镇化建设的历史阶段，但我国城镇化表现出人口城镇化滞后于土地城镇化和户籍人口城镇化滞后于常住人口城镇化的突出问题。这些问题既不利于我国城镇化的持续健康发展，也往往导致各种利益矛盾和权利纠纷，给我国社会秩序的稳定带来不良影响。事实上，实现人的城镇化是城镇化建设的核心内容和突出重点，而人的城镇化关键在于实现农民的市民化，具体表现在要让进城务工的农民能够在城市待得住、留得下，平等地享受城市的住房、医疗、卫生、教育、就业、养老等社会公共服务保障体系。而这些方面的发展都需要以政府提供财政支出为前提条件和基本保障，表现为一定的市民化成本。在地方政府财政收入有限的条件下，土地往往成为地方政府推进城镇化和提供基本公共服务的财政来源。为此，本书第三部分聚焦于地方财政视角下的农民市民化成本，在实证调研的基础上对农民市民化的实质、农民市民化的路径、公共服务供给评估、农民市民化成本测算等问题进行了理论分析，并从建立“人—财”挂钩机制，推进中小城镇发展；明确“人—地”产权关系，加强资源有序配置；减轻“财—地”依赖程度，完善财政收入结构等维度提出了农民市民化的可行路径。

最后，随着全球化、市场化的纵深推进和城镇化、工业化的迅猛扩张，家庭联产承包责任制的改革效应不断释放，我国农业经营格局出现了土地细碎化、农户兼业化、农业副业化、劳动力弱质化和比较收益内卷化等诸多问题，因此中国农地制度在20世纪80年代后期发生了重要的政策性转变：鼓励农地流转，推进规模经营。土地制度设置是农村社会制度的核心内容，农地规模经营的加速所引致的资源涌动、主体进退、组织兴衰和权威流变等必然会对基层产生广泛而深刻的影响，为农村社会治理提出新的要求，而农村社会治理的转型也是推进农地规模经营的重要条件。因此，如何在农地适度规模经营背景下实现农村社会治理的优化是当前亟待研究和回应的重大问题。基于上述认识，本书第四部分内容落脚于农地经营制度和基层治理体系的关系研究方面，在梳理和述评已有研究成果的基础上考察了农地产权制度变迁与农村社区治理转型的历史演变，总结了当前我国农地规模经营的现实样态和典型经验，分析了农地规模经营对农村社区治理的影响，检视了农地规模经营中农村社区治理的已有回应，最终从治理体系、治理能力、治理机制等方面提出了我国农地规模经营背景下的农村治理优化的对策建议。

中共十八大以来，以习近平同志为核心的党中央高擎改革旗帜，全面推进社会各领域改革，改革发展的潮流浩浩荡荡、波澜壮阔。但是与城市领域相比，我国农村领域的改革和发展则仍然显得迟缓许多。这当然既是我国农村地域广阔、空间分散、基础薄弱的客观国情所导致的结果，但同时也是由我国农村改革内在的复杂性和艰巨性所决定的。古语尝云："物不因不生，不革不成。"农村发展进步的动力源泉在于深化改革。而改革成功的关键在于集思广益，凝聚改革智慧、形成明确方案，正所谓"大智兴邦，不过集众思"。正因如此，我国农村改革，尤其是其中的农地制度改革和基层治理问题引发了学界的广泛讨论与热烈争鸣。学术研究前赴后继，真理探索薪火传承，我们唯愿对其中的一些基础问题进行冷静思索和理性探讨，若能于杏林有所薄惠，于庙堂有所资鉴，于田野有所启迪，则于心甚慰焉！

本书是笔者长期关注地方财政、农村问题和基层治理的阶段性研究成果，书稿得以形成和付梓，有赖于多个科研项目的资金支持和多位合作者的智力付出。自 2012 年获批教育部哲学社会科学研究重大课题攻关项目"新时期我国农村综合改革研究"（12JZD023）开始，到 2017 年主持教育部哲学社会科学研究重大课题攻关项目"推进农业供给侧结构性改革的理论与战略研究"（17JZD017），我们团队一直关注农村改革与农地制度问题。除了主要执笔者王敬尧教授、魏来博士之外，本书第一部分第四章的写作得到了李睿博士（现湖北工业大学副教授）和李晓鹏博士（现广西师范学院副教授）的协助；第二部分研究内容曾受到亚洲开发银行政策与顾问技术援助项目"中华人民共和国：财政政策改革与管理"（PATA47040-001）和国务院农村综合改革工作小组办公室委托调研项目"城市化背景下的农村土地制度改革研究"资助，并收入吴理财、袁方成等著《平衡城乡发展与财政政策改革》（社会科学文献出版社 2017 年 12 月）。笔者指导的硕士研究生袁鑫、项婷和叶成参与了资料的收集和整理工作；第三部分内容由笔者和笔者指导的研究生叶成共同完成，部分内容曾发表于《华中师范大学学报（人文社会科学版）》2015 年第 5 期；第四部分内容曾受到

2016年民政部中国农村基层治理创新理论研究课题“农地产权改革背景下的农村社区治理研究”（2016MZRJ010-02）和2017年度中国科协高端科技创新智库青年项目“农地适度规模经营与农村社会治理转型研究”（DXB-ZKQN-2017-029）的支持，研究生王承禹、邓正阳和段雪珊参与了资料收集和部分撰写工作。在本书出版的过程中，经济管理出版社的宋娜编辑等付出了大量的心力，在此一并表示感谢。

王敬尧

2018年7月22日

目　录

第一篇　农村土地经营制度改革与创新

第二篇　城市化背景下农村土地制度改革研究

第一篇 农村土地经营制度改革与创新

第一章　农村土地制度的历史沿革及政策回溯

改革路径的选择是历史在起作用，农村土地制度的存续或者变迁同样无法摆脱历史的影响，对历史背景和实践历程的回顾是判断其发展方向的基础，理清以时间为位序的制度链条亦是讨论制度如何优化与完善的起点。因此，有必要对我国农村土地制度的历史沿革及政策演变进行概括梳理。

第一节　大国地权：农村土地制度的历史演进

在我国古代社会，土地制度不断发展，在不同的历史时期表现出了不同的特点。古代土地制度的沿革大致可分为三个时期：第一个时期是夏、商、周三代，此时的井田制保留了比较多的农村村社或部落所有的痕迹，土地的私有处于萌芽状态；第二个时期是从井田制瓦解到唐中叶均田制崩溃，是土地私有制的确立时期，其间国家对土地私有进行了强烈的干预；第三个时期是从唐“两税法”到近代，在此期间北宋的“不立田制，不抑兼并”逐渐成为历代国策，封建地主土地所有制得到发展、成熟并最终走向衰落[①]。总体而言，在漫长的封建社会时期，封建土地国有制、封建地主土地所有制和农民土地所有制互有消长，但总的趋势是封建地主土地所有制逐渐居于统治地位。

近代以来，土地制度大体经历了清朝后期、民国时期和新民主主义革命时期三个历史时期的演变。清末，太平天国颁布了《天朝田亩制度》，所

① 白俊超：《我国农村土地制度改革研究》，博士学位论文，西北农林科技大学，2007 年。

提出的平分土地的方案，是农民阶级对封建地主土地所有制的否定，反映了农民对获得土地、追求平等的理想社会的渴望；“平均地权、核定地价，使耕者有其田”是孙中山先生三民主义中“民生主义”的重要内容，也是民国时期国民党土地政策的指导原则①。其目的是以土地国有的手段，在消灭地主土地所有制的前提下，实现“耕者有其田”的理想；新民主主义革命时期，变革土地制度成为中国民主革命的一项基本任务②。土地革命时期，中国共产党提出“变封建半封建的土地所有制为农民的土地所有制”的主张。抗日战争时期，中国共产党提出“地主减租减息、农民交租交息”，巩固了抗日民族统一战线。解放战争时期，中国共产党制定了《中国土地法大纲》，没收地主土地，废除封建剥削土地制度，实行“耕者有其田”的土地政策③。

第二节　当代变迁：农村土地制度的政策回溯

中华人民共和国成立以来，中国农村土地制度经历了土地改革、合作化运动、人民公社化和家庭承包经营等几个阶段，农村土地产权的法律主体和实践载体不断变革，其所有权与经营权状态也因时而异。

一、土地改革时期（1949~1952 年）

1950 年，中央讨论通过了《中华人民共和国土地改革法》，主要内容是废除封建地主土地所有制，实行劳动农民的土地所有制。此后，土地改革迅速开展，至 1952 年底，国家通过制度供给和强制力量使三亿多农民无偿获得了七亿多亩土地。实践证明，将劳动者与生产资料直接结合，推动了国民经济的快速重建，这一时期的农业生产力显著提高，劳动积极性

① 蒲坚、张积：《中国历代土地资源法制研究》，北京：北京大学出版社，2006 年版，第 544 页。
② 王桧林、郭大钧：《中国现代史》（上册），北京：高等教育出版社，1998 年版，第 189 页。
③ 中国社会科学院经济研究所现代经济史组：《中国土地改革史料选编》，北京：国防大学出版社，1988 年版。

得到有效激发，为工业化准备了条件，为政权巩固奠定了基础。国家权力渗透入村，中央政府彻底推翻了乡村的旧秩序，获得了巨大的组织动员能力，实现了“重建基层”的历史任务①。

二、合作化运动时期（1953~1958年）

1953年中央发布《关于发展农业生产合作社的决议》，自此农业合作化运动进入新阶段，并提出了“互助组—初级社—高级社”的发展蓝图。初级农业生产合作社的推行（1953~1956年）使土地制度由“农民所有、农民经营”转变为“农民所有、集体经营”。中共七届六中全会召开后各地掀起了“社会主义的高潮”，入社农户占全国农民比例在1955年10月是32.5%，1956年12月为96.2%，农业合作化在1956年底基本实现。此后的高级农业生产合作社（1956~1958年）从根本上废除了土地私有制，变土地由农民所有为农业合作社集体所有。

三、人民公社时期（1958~1978年）

1958年通过的《关于在农村建立人民公社的决议》认为“共产主义的实现已经不再遥远”，仅两个月后就在全国基本上实现了人民公社化。到1958年底，全国74万个农业合作社合并为2.6万个人民公社，全国90%以上的农户参加了公社②。人民公社化运动的兴起，导致了以“一平二调”“一大二公”为特征的农村土地制度代替了高级社条件下的农村土地制度。至此，通过国家权力的社会控制和政治安排，我国农村土地制度集体化完全实现③。

四、家庭联产承包责任制时期（1979年至今）

中共十一届三中全会后，改革开放成为中国经济发展的主旋律，而农

① 杜润生：《杜润生自述：中国农村体制变革重大决策纪实》，北京：人民出版社，2005年版，第18–20页。

② 胡绳：《中国共产党的七十年》，北京：中共党史出版社，1991年版，第274–368页。

③ 刘承韪：《产权与政治：中国农村土地制度变迁研究》，北京：法律出版社，2012年版，第26–41页。

村为改革开启先河，土地政策就是改革的核心，农村土地政策的变迁主要围绕家庭联产承包责任制展开。由于时间跨度较大，这一时期又可划分为以下几个阶段：

一是过渡和确立阶段（1979~1983 年）。1982 年是改革以来的第一个重要时间节点，中央一号文件第一次确定了“包产到户”的社会主义性质[①]，同年 12 月修订的《宪法》中也明确规定“农村和城市郊区土地，除由法律规定属于国家所有的以外，属于集体所有”[②]。同时，原来的乡、镇、村体制也得到恢复，这标志着人民公社体制开始解体。到 1983 年底，全国农村实行包干到户的生产队达到 576.4 万个，占全国总数的 97.8%，家庭承包经营制度在全国全面确立[③]。

二是稳定和发展阶段（1984~1992 年）。1984 年，中央文件强调要继续稳定和完善家庭联产承包责任制，延长土地承包期。1985 年提出以家庭联产承包为主的责任制、统分结合的双层经营体制。

三是稳固和深化阶段（1993~2002 年）。1993 年 4 月，家庭承包经营制度作为国家一项基本经济制度被写入修正后的《宪法》。1998 年 8 月，“土地承包经营期限为 30 年”的土地政策被写入了《土地管理法》修订案中，该政策上升为法律，使得稳定承包关系具有了法律保障。同年 10 月，中国共产党第十五届三中全会决定“长期稳定农村基本政策”，土地使用权的合理流转，要坚持自愿、有偿的原则依法进行，不得以任何理由强制农户转让；同时也指出，少数确实具备条件的地方，可以在提高农业集约化程度和群众自愿的基础上，发展多种形式的土地适度规模经营。[④]

四是完善和转折时期（2003 年至今）。2004 年是农村改革的第二个重要时间节点，中央宣布以工业反哺农业、以城市带动乡村[⑤]，2005 年全面取消农业税，实现了中国历史上几千年来均田免赋的重大目标。从 2004

① 1982 年中央一号文件获得了广大群众的强烈反响和热烈拥护，此后四年的中央一号文件连续聚焦农业发展，为长期稳定和规范家庭联产承包责任制、调整农村产业结构和深化农村改革指明了方向。

②《中华人民共和国宪法》，中国人大网，http：//www.npc.gov.cn/wxzl/wxzl/2000-12/06/content_4421.htm。

③ 张红宇：《中国农村的土地制度变迁》，北京：中国农业出版社，2002 年版，第 41 页。

④ 中共十五届三中全会《中共中央关于农业和农村工作若干重大问题的决定》，1998 年 10 月。

⑤ 曹锦清、郑诗亮、丁雄飞：《曹锦清谈三十年来的农民中国》，共识网，http：//www.21ccom.net/articles/read/article_2012110470300.html。

年起，中共中央、国务院连续12年发布关于“三农”问题的一号文件，我国在既有框架内提出了“逐步建立城乡统一的建设用地市场、同地同权，逐步缩小征地范围、完善产权保护制度，健全归属清晰、权责明确、保护严格、流转顺畅的现代产权制度”等转折性目标。

第三节 以史为鉴：农村土地制度的历史启示

一、土地是中国最大的政治

从历史分析的角度来看，历史学家黄仁宇曾指出：在“间架性设计”(Schematic Design) 中，地方组织、赋税和土地制度都彼此联系，加之中央集权的官僚体系，将整个帝国组织起来。这种办法贯穿了中国历史。另外，帝国时代的扩展或收敛与“一切靠抽税而转移”(李约瑟语) 的历史命题紧密相连，而税收与土地制度直接相关，两者也需要与行政中枢配合，“如是之牵扯构成中国宏观历史中之一大特色”[①]。从历史经验的角度来看，土地制度对政治和社会稳定起着重要作用。在两千多年的封建社会中，历代统治者无不重视土地问题，以土地政策维持社会稳定。治国盛世的出现大多伴之以轻徭薄赋、抑制兼并和休养生息的政策，王朝的灭亡也经常起因于苛政重税、土地兼并和流民问题的加剧。尽管当前的时代与过去的历史相比发生了巨大的变化，但我们仍然无法回避“土地是中国最大的政治”这一命题，土地问题不仅关乎传统社会的治乱兴衰，也深刻影响着当今工业化、城镇化和农业现代化等重大战略的成败。

二、政治力量决定产权安排

正如上文所述，秦汉以来历朝历代的土地制度变革多与财政等因素(即税源、粮食和兵源) 相关，并未将土地制度安排与保护庶民的财产权

---

① 黄仁宇：《中国大历史》，北京：生活·读书·新知三联书店，2007年版，第54页。

利、平民的政治（民主与共和）联系起来[①]。同时囿于地方利益及地方组织并未充分发展，历史上的土地制度多由统治者个人的治国方略和官僚集团的实际运作所决定。中华人民共和国成立后，农村土地制度变迁主要由政党权力和国家力量决定。有学者提出，中央政府主导和强制性变迁是当代中国农村土地制度变迁的基本特征[②]。抽离国家权力的因素，我们很难理解当代农村土地制度何以经历一系列循环往复的制度变迁过程。当然，农村集体和农民的行动、农地产权配置的实际状态也制约着政治力量的作用，甚至慢慢改变着农村社会的治理结构和发展模式[③]。在今天的时代语境下，土地制度的改革与探索更需要多元主体的积极参与和协同共治，顺应制度变迁的发展趋势，由强制型制度变迁逐步向诱致型和中间扩散型制度变迁过渡[④]。

三、问题的实质是公私角力

总体而言，在我国漫长的封建社会时期，封建土地国有制、封建地主土地所有制和农民土地所有制互有消长，土地制度是国家、地主和农民三者围绕获取土地权益进行博弈的结果，是三种不同类型的互动演进过程，但总的趋势是封建地主土地所有制逐渐居于统治地位[⑤]。中华人民共和国成立以来，我国农地制度经历了土地改革、合作化运动、人民公社化和家庭承包经营等阶段，农村土地产权在“公”与“私”的角力过程中逐渐分化为所有权和承包经营权，权利配置状态依次为“私有私用”“私有公用”“公有公用”和“公有私用”[⑥]。2014 年下发的《关于引导农村土地经营权有序流转发展农业适度规模经营的意见》又首次提出所有权、承包权、经营权三权分置，要求维护所有权、保障承包权、放活经营权。

---

① 刘正山：《大国地权：中国五千年土地制度变革史》，武汉：华中科技大学出版社，2014 年版，序言第 6 页。
② 王敬尧、魏来、叶成等：《农村土地制度改革研究》，研究报告，第 2 页。
③ 刘承韪：《产权与政治：中国农村土地制度变迁研究》，北京：法律出版社，2012 年版，第 232 页。
④ 杨瑞龙：《我国制度变迁方式转换的三阶段论——兼论地方政府的制度创新行为》，《经济研究》1998 年第 1 期。
⑤ 王敬尧、魏来、叶成等：《农村土地制度改革研究》，研究报告，第 1 页。
⑥ 王敬尧、魏来：《当代中国农村土地制度的存续与变迁》，《中国社会科学》2016 年第 2 期。

四、土地制度支撑经济发展

中国曾是世界上最为发达的农业文明国家之一，这与中国在世界上最早进行土地登记、实施土地管理立法紧密相关。从作为“第一帝国”的汉代实行休养生息，为中央集权官僚体制树立楷模，到“第二帝国”唐宋两代的制度改革和大胆试验，直至宋代到清中叶农业经济发展达到顶峰，我国历史上农业文明的高度发达大多以适宜的土地制度为支撑。改革开放以来，中国经济发展的成就举世瞩目，在总结“中国模式”或“中国奇迹”的过程中，我们同样无法忽视土地制度举足轻重的地位。20 世纪 70 年代末到 80 年代中期，从贫困地区发轫的包产到户改革彻底改变了传统体制对农民积极性的挫伤，农业生产实现了超常规增长，由此拉开了中国改革的序幕；80 年代中期至 90 年代末，农民集体土地主动进入非农用地市场，乡镇企业异军突起，使中国的工业化步入了“快车道”；90 年代末至今，土地资源和土地制度成为驱动经济高速发展的发动机[①]。但也应该认识到，“以地谋发展”面临着经济和社会风险，存在可持续性的隐忧，这就要求我们进一步检视农地制度的特征和困境，借鉴境外土地制度经验，提出更加适切可行的建议。

① 刘守英、周飞舟、邵挺：《土地制度改革与转变发展方式》，北京：中国发展出版社，2012 年版，第 1-3、36-37 页。

第二章 农村土地制度的特征、困境及原因

第一节 繁难复杂：农村土地制度的特征

一、综合性：农村土地制度是重大战略的结点

我国正处于城乡一体化、农业现代化、新型城镇化、中后期工业化迅速发展与深度融合的宏阔场域中，农村土地问题与以上国家重大发展战略和整个经济社会转型紧密相连。以新型城镇化战略为例，土地、人口和财政是三大要素，其中土地制度的现状直接影响到农地非农化、农民市民化和财政支持的持续化，是各项交互因素的重要纽结（见图2-1）。此外，土地是涉及利益相关者最多的一个载体，当前又处于土地问题最为复杂、繁难的特殊时期，既牵扯到传统社会的土地问题，又牵扯到转型社会的土地问题①。因而，正在进行的农地制度改革是全面深化改革进程中最重要也最敏感的话题之一，将农地制度的时代性和问题性联系起来，对其改革和创新进行实践跟踪与理论解读既是提升治理能力的现实要求，也是实现各项发展战略的必要条件。

① 刘守英：《直面中国土地问题》，北京：中国发展出版社，2014年版，第160页。

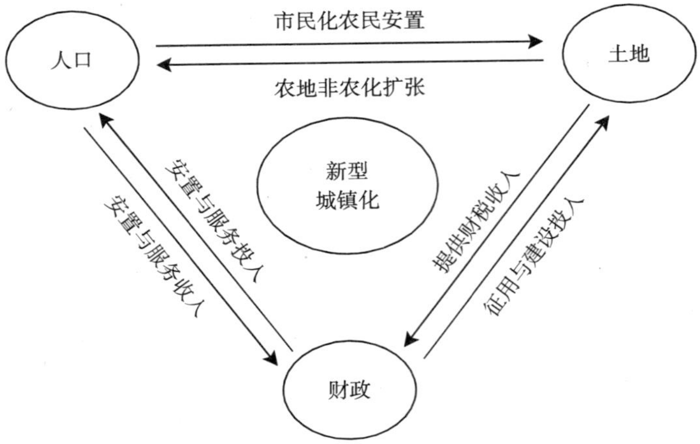

图 2-1　新型城镇化进程中土地—人口—财政的联动效应

二、敏感性：农村土地制度是社会矛盾的触点

我国当前处于社会急剧转型、矛盾集中爆发时期，群体性事件近年来频繁发生。根据国家信访局统计，群体性上访事件 60%与土地有关。土地纠纷已成为当前最常见的社会矛盾触点，占上访总量的 40%，其中征地补偿纠纷又占土地纠纷的 84.7%[①]。2003~2011 年媒体公开报道的征地上访和群体性事件也表明征地冲突呈加大之势（见图 2-2），分布地域广泛。

中国社会科学院 2013 年发布的《社会蓝皮书》指出，近年来，每年因各种社会矛盾而发生的群体性事件多达数万起甚至十余万起。群体性事件的形成原因以征地拆迁冲突、环境污染冲突和劳动争议为主。征地拆迁引发的群体性事件占一半左右[②]。2014 年，中国社会科学院法学院研究所对近 14 年间的群体性事件特点进行了梳理，发现征地拆迁在引发群体性事件的原因中位列第三（见图 2-3）。

---

① 刘守英、周飞舟、邵挺：《土地制度改革与转变发展方式》，北京：中国发展出版社，2012 年版，第 187 页。

② 郭少峰、邓奇：《社会科学院报告：群体事件半数因征地拆迁引发》，凤凰网，http：//news.ifeng.com/mainland/detail_ 2012_12/19/20315708_0.shtml。

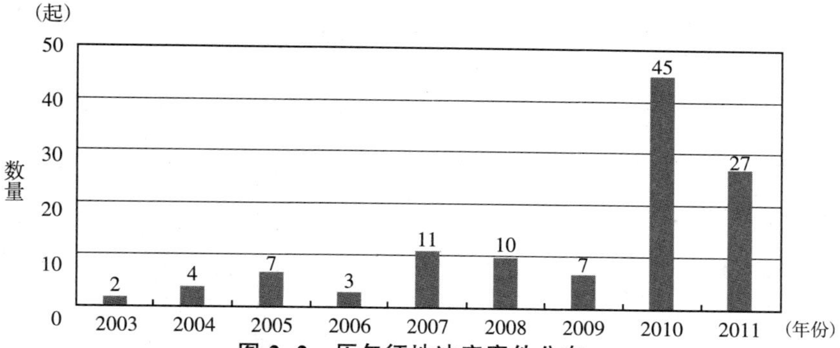

图 2-2　历年征地冲突案件分布

资料来源：刘守英、周飞舟、邵挺：《土地制度改革与转变发展方式》，北京：中国发展出版社，2012 年版。

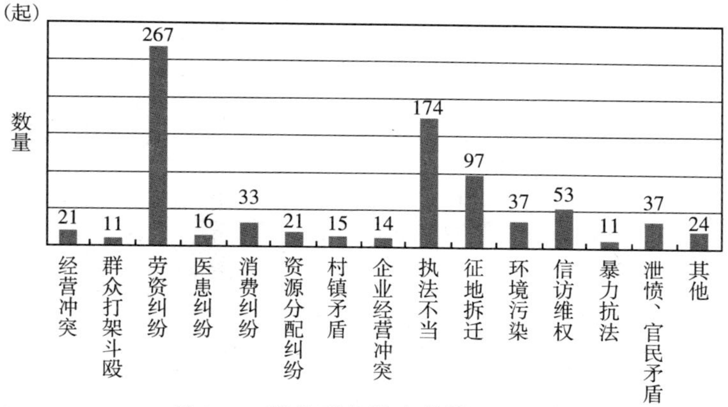

图 2-3　引发群体性事件的原因分布

资料来源：中国社会科学院法学院研究所：《2014 年中国法治发展报告》，2014 年。

三、紧迫性：农村土地制度处于重大改革时点

正因为土地制度是我国重大战略的结点和社会矛盾的触点，农地制度变迁现已进入更加活跃的新阶段。从宏观形势、政策设计和实践进展综合判断，中国正向全面深化农村生产关系改革的重大历史节点趋近，当前及今后一段时间是我国农地制度改革破题的关键阶段。

中共十八届三中全会《中共中央关于全面深化改革若干重大问题的决定》对深化农村改革的重点做出了重大部署，并将农村土地制度改革作为重点。围绕贯彻落实三中全会《决定》精神，2014 年以来中央及有关部门

密集出台了一系列重大改革举措（见表2-1）。2015年2月，全国人大常委会审议相关决定草案，拟授权国务院在北京市大兴区等33个试点县（市、区）行政区域，暂时调整实施《土地管理法》《城市房地产管理法》关于农村土地征收、集体经营性建设用地入市、宅基地管理制度的有关规定[①]。由此，农村土地征收、集体经营性建设用地入市、宅基地制度改革试点工作正式开启，至2017年底，相关法律会进行调整，农村土地制度改革也将由试点转入全面实施阶段。

表2-1 中共十八届三中全会后中央各部委深化农村土地制度改革举措

出台机关	时间	政策文件	文号
中共中央、国务院	2014.01	《关于全面深化农村改革加快推进农业现代化的若干意见》	中发〔2014〕1号
中办国办	2014.11	《关于引导农村土地经营权有序流转发展农业适度规模经营的意见》	中办发〔2014〕61号
中办国办	2015.01	《关于农村土地征收、集体经营性建设用地入市、宅基地制度改革试点工作的意见》	中办发〔2014〕71号
国务院	2015.08	《关于开展农村承包土地的经营权和农民住房财产权抵押贷款试点的指导意见》	国发〔2015〕45号
中办国办	2015.11	《深化农村改革综合性实施方案》	中办发〔2015〕49号
农业部等六部门	2015.02	《关于认真做好农村土地承包经营权确权登记颁证工作的意见》	农经发〔2015〕2号
农业部等四部门	2015.04	《关于加强工商资本租赁农地监管和风险防范的意见》	农经发〔2015〕3号
中共中央、国务院	2015.02	《关于加大改革创新力度加快农业现代化建设的若干意见》	中发〔2015〕1号

资料来源：王敬尧、魏来：《当代中国农地制度的存续与变迁》，《中国社会科学》2016年第2期。

四、争议性：农地制度改革是学界热论的焦点

当前农村土地制度处于重大改革时点，政界、学界对于推动农村综合改革的共识日益广泛。如何评价农村土地制度、采用何种改革方案以及土

① 北京大兴等33县（市、区）拟试点集体经营性建设用地入市，新华社中国信息金融网，http://news.xinhua08.com/a/20150226/1459986.shtml。

地制度改革中涉及的关键问题，也成为学术界热论的话题。针对农村土地集体所有制的改革方向问题，学界主要有四种观点，即集体所有制完善论、土地国有论、土地私有论和复合产权论。对于四种方案的合理性与局限性，学界已有充分的评价，持不同主张的学者都认同定分止争和明晰土地权属的重要性①，并最终在完善土地集体所有制的主张上达成了一致。但在土地制度改革中涉及的某些关键问题，学界目前仍在争论之中（见表 2-2）。

表 2-2　国内学者针对土地制度改革问题进行的争论

时间	作者	相关论著	争论话题
2009.09	贺雪峰	《为什么要维持小农生产结构》	论证维持小农生产结构
2010.01	钱津	《中国农业必须走现代化之路》	没有现代化就没有工业化
2010.10	贺雪峰	《小农经济至少还应维持 30 年——答钱津先生》	回应钱津
2010.04	蔡昉	《被世界关注的中国农民工——论中国特色的深度城市化》	农业不再是劳动力的蓄水池
2011.01	贺雪峰	《城乡二元：中国经济社会发展的阶段合理性——与蔡昉先生商榷》	批判蔡昉的观点
2010.10	贺雪峰	《地权的逻辑》	批判成都土地改革
2011.07	周其仁	《给农民更多的土地权利，真会损害农民的利益吗？——致成都模式的批判者》	回应贺雪峰
2012.12	贺雪峰	《就地权逻辑答周其仁教授》	回应周其仁
2013.07	贺雪峰	《破除“还权赋能”的迷信》	批评周其仁“还权赋能”观点
2013.05	贺雪峰	《地权的逻辑Ⅱ：地权变革的真相与谬误》	提出“土地制度的宪法秩序”
2014.07	贺雪峰	《城市化的中国道路》	
2015.08	程雪阳	《也论中国土地制度的宪法秩序——与贺雪峰先生商榷》	批判贺雪峰
2013.11	华生	《土地制度改革的六大误区》	批评流行的土地制度改革观点

① Chen F., Davis J. 1998, “Land Reform in Rural China since the mid 1980s”, Land Reform, Land Settlement, and Cooperation Vol.6, No.2, pp.123-137.

续表

时间	作者	相关论著	争论话题
2014.02	天则经济研究所“土地制度研究课题组”	《土地制度改革误区何在?》	与华先生商榷
2014.03	华生	《土地制度改革的焦点分歧（上)》	与天则经济研究所“土地制度研究课题组”商榷
2014.05	华生	《土地制度改革的焦点分歧（下)》	与天则经济研究所“土地制度研究课题组”商榷
2014.10	程雪阳	《再论土地制度改革的焦点分歧——兼答华生先生》	天则经济研究所“土地制度研究课题组”成员回应华生
2014.04	周其仁	《辩“建筑不自由”》 《辩“土地配置靠规划、不靠市场”》	对华生“建筑不自由”等观点加以批驳
2014.04	华生	《现代社会中的土地开发建筑权问题》	回应周其仁
2014.05	周其仁	《“非法”帽子漫天飞》	回应华生
2014.05	周其仁	《允许农地农房入市，真的会天下大乱吗》 《农房入市早就发生了》	阐发支持农地农房入市和小产权房合法化的观点
2014.06	周其仁	《集体土地依法转让不会导致天下大乱》 《小产权房合法化，会不会天下大乱?》	
2014.06	华生	《集体土地依法转让不会导致天下大乱》	回应周其仁
2014.07	华生	《农地农房入市：陷阱与跨越》	回应周其仁
2014.09	周其仁	《城市化为什么离不开农地农房入市》	回应华生
2014.09	华生	《土地制度改革的实质分歧——答周其仁教授最新的批评》	回应周其仁
2015.06	新华网	周其仁贺雪峰辩论	土地增值收益等四大问题

资料来源：澎湃新闻、天则经济研究所及参与讨论者相关论著。

由表 2-2 可见，围绕土地增值收益归政府还是归农民、农地是否应该入市、农民是否应该享有更多的土地权利以及国外土地成本等问题，周其仁与贺雪峰曾展开激烈辩论[①]。对于是否严格区分公益性与非公益性用地、缩小征地范围，集体土地是否应与国有土地同价同权，集体土地和农房是否应当直接入市，农村土地自由流转、抵押、交易买卖是否符合农民利

① 贺雪峰：《地权的逻辑：中国农村土地制度向何处去》，北京：中国政法大学出版社，2014 年版。

益，小产权房是否合法化，城乡建设用地增加挂钩是否合理，土地涨价归公等问题，经济学家华生①、周其仁②与天则经济研究所盛洪等知名学者进行了热烈的讨论。此外，对于是否维持小农生产结构和城乡二元体制、土地的宪法秩序等问题，学者间进行了多次对话。

综合来看，当前既有共识也有分歧，“现在大家的认识并不一致，有一些方面分歧比较大，有一些问题可能看得还不是很清楚”③。尤其是关于产权改革和收益分配等问题，争论双方各执一词，莫衷一是，各方观点仍待实践检验，也需更加细致、深入和有说服力的研究。

五、复杂性：农地制度改革是深化改革的难点

从当前实际出发，农村土地制度直接关涉到农民生活水平的提升、农业生产的长效发展与农村社会的和谐稳定。完善的农村土地制度，是推进国家治理体系和治理能力现代化的基石，是理解整个经济社会发展和转型的基点，是解决“三农问题”和“新三农问题”的基础。与此同时，改革的推进面临高度的复杂性，这种复杂性既有历史的因袭，也有时代的特征，因而使农地制度改革成为全面深化改革中的难点，成为改革进入深水区之后典型的“硬骨头”。具体而言，复杂性不仅表现在上述土地制度改革的综合性、敏感性、紧迫性、争议性等方面，还表现为以下事实：我国当前的土地制度在土地权利体系上具有城乡二元性，在土地配置方式上具有城乡差异性，在土地增值收益分配上具有显著倾斜性④，在土地产权安排上也具有多元分散性。在全面深化改革进程中，现行土地制度与权责明确的现代产权制度、城乡发展一体化体制等改革目标存在不相适应之处，与统一的建设用地市场、合理的增值收益分配机制和清晰的农民财产权利还存在一定的距离。

---

① 华生：《新土改：土地制度改革焦点难点辨析》，北京：东方出版社，2015 年版，第 35-102 页。
② 周其仁：《城乡中国（下）》，北京：中信出版社，2014 年版，第 145-202 页。
③ 韩俊：《农村土地制度改革涉及的利益主体非常复杂》，中国青年网，http：//news.youth.cn/sz/201502/t20150203_6453829.htm。
④ 刘守英：《中国城乡二元土地制度的特征、问题与改革》，《国际经济评论》2014 年第 3 期。

第二节 嵌套互构：农村土地制度的困境

一、制度层面：农村土地制度现存的具体问题

（一）产权制度问题

“三农问题”背后的核心是土地问题，而土地问题的关键在于产权。我国现行法律制度下的集体产权存在主体虚置的问题，由于历史影响和现实因素，集体产权主体并不明确。这种不明确具体体现在所有权的主体不明确与所有权的行使不明确两个方面。首先，在不同的法律中，集体所有权主体规定很不一致。《中华人民共和国宪法》中笼统定为集体所有，在《民法通则》中被界定为乡（镇）、村两级，《中华人民共和国土地管理法》中则规定为乡（镇）、村或村内农业集体经济组织，从而在微观上形成村集体经济组织或者村民委员会、村内各农村集体经济组织或者村民小组、乡（镇）农村集体经济组织对同一块土地都可以拥有所有权。其次，由于集体所有权的不明确，作为农民集体代言人的村干部，则实际掌握着农村土地的发包、调整、使用权的流转的权利。由此导致的结果是，农村土地所有权的制度安排不能很好地保护普通农民的应得权益。在这种制度安排下，作为集体一员的普通农民的土地产权是模糊不清的，他们作为土地产权的主体地位是虚置的。这一问题是现阶段中国农村土地制度中的真正症结，也是操作难点。如果农村土地产权改革不下功夫，产权交易就没有效率，市场在农业要素配置中发挥决定性作用就是一句空话。

11 月 2 日，中央《深化农村改革综合性实施方案》提出，“明确界定农民的集体成员权，明晰集体土地产权归属，实现集体产权主体清晰”。有学者认为，过去对集体经济成员权的认定实际上奉行了“出生赋权”与“移民赋权”原则，但市场化国家只在社区公共领域奉行这个原则，以认定“社区成员权”。在竞争性经济领域，必须遵守“继承赋权”与“交易赋权”原则。一个人继承到土地承包权或“购买”到土地承包权，就自然获得“集体经济成员权”。必须将“集体经济成员权”与“社区成员权”

两者清晰分开。《综合实施方案》允许在一定条件下探索集体经营性建设用地入市，允许探索农村宅基地“有偿退出机制”，允许“开展农民土地承包经营权有偿退出试点”，给改革突破提供了契机①。

（二）征地制度问题

除产权问题外，征地制度也亟待调整和优化。当前，我国征地制度存在的不足主要有以下四个方面：

一是公共利益界定不明，征地范围过大。我国宪法第十条规定：“国家为了公共利益的需要，可以依照法律规定对土地实行征收或征用并给予补偿。”《土地管理法》第二条规定：“国家为了公共利益的需要，可以依法对集体所有的土地实行征收。”公共利益通常被用来作为衡量国家是否滥用征地权的标准，但是在现实中，公共利益并没有明确的界定，公共利益是一个不确定的、泛化的法律概念。现行法律、法规并没有明确界定哪些建设项目用地是为了公共利益。正因如此，滥用征地权、征地范围过大的现象不断发生。有些地方征地早已不限于为了公共利益，部门利益甚至私人商业利益都在搭乘公共利益的“便车”，土地征收实质上已经成为满足各类建设用地的主要途径，远远超出了公共利益的范围，似乎政府的任何征地行为都可以冠以“公共利益”的名号，从而导致征地的滥用。这不仅会影响到我国的耕地数量和质量，还可能引发一系列的社会冲突。

二是农户征地补偿偏低，增值分配不公。在实际操作过程中，不管是公共利益还是非公共利益，政府一律启动强制征地权，大量征收农村集体土地。同时，征地按原农业用途进行补偿，这就造成了普遍的低价征地、高价出让的城乡土地价格“剪刀差”，使农民蒙受巨大的土地财产损失。同一块土地，由于所有权性质的变化造成了价格的悬殊，农民却并没有享受到这种价格差带来的收益。根据对北京昌平区 38 个被征地村庄的调查，2008~2012 年共征地 2802 亩，农民及村集体共获得补偿 3.2 亿元，平均补偿标准 11.4 万元/亩。而同期北京市以招、拍、挂形式出让土地获得的出让金额亩均 472.6 万元②。由此可见，用于征地补偿的支出比例相当低。表 2-3 所示为 2009 年北京市土地出让金支出情况。

---

① 党国英：《打胜农村综合改革攻坚战》，南方都市报，http: //epaper.oeeee.com/epaper/A/html/2015-11/05/content_8178.htm。

② 张英洪：《北京市新型城市化研究》，北京：社会科学文献出版社，2014 年版，第 4 页。

表 2–3　2009 年北京市土地出让金支出情况

项目	支出（亿元）	占比（%）
土地出让金支出	310.07	100
征地和拆迁补偿	5.12	1.7
城市建设支出	138.62	44.7
土地开发	87.52	28.2
其中，城市土地开发	61.02	19.7
耕地开发、土地整理、基本农田建设和保护	26.50	8.5
地震灾后重建、破产或改制国有企业职工安置	0.06	0.02
农村基础设施建设	39.43	12.7
补助被征地农民	0.60	0.2
廉租住房支出	25.94	8.4
农业土地开发	0.99	0.3
土地出让业务	1.47	0.5
其他	10.32	3.3
其中，改善首都环境质量支持污染企业搬迁	2.51	0.8

资料来源：《2010 北京财政年鉴》。

另外，《中华人民共和国土地管理法实施条例》规定，土地补偿费归农村集体经济组织所有；地上附着物及青苗费归所有者所有。在此制度安排下，政府、村集体与被征地农民之间的征地收益存在严重分配失衡。据国务院发展研究中心调查，在征地产生的土地增值收益分配中，地方政府得60%~70%，农村集体经济组织得 25%~30%，而农民只得 5%~10%[①]。2008年农村入户调查证实，农民从土地用途改变的增值中获益甚微：被征地农户中，近 70%的农民每亩只领到 1 万~2 万元补偿款，27.4%的农民领到的土地征用补偿款不足 1 万元，实际领到补偿款超过 2 万元的农民仅占 2.9%[②]。资料显示，武汉绕城高速公路东北段征地 1.03 万亩，补偿标准为每亩 1.89 万元，但最后落实的补偿标准仅为每亩 4800 元，共少补偿给农

① 张英洪：《北京市新型城市化研究》，北京：社会科文献出版社，2014 年版，第 6 页。
② 资料来源于中国（海南）改革发展研究院课题组。

民1.45亿元，降幅达75%[①]。

三是干群关系持续紧张，维权事件频发。自中央逐步取消农业税以及对种粮农民实施财政补贴以来，因税收和农民负担过重引发的群体性事件大幅下降。但由于地方税收的减少，通过低价征地、高价卖地增加财政收入成为一项普遍的策略，加之城镇化进程中大量征用农民土地，由征地引发的群体性事件在数量和强度上都呈上升趋势，成为后农业税时期影响农村稳定的主要因素[②]。调查显示，接近半数的受访者（47.86%）表示对土地征用不太满意（22.19%）和很不满意（25.67%），而仅有25.68%的受访者表示对当前补偿金额还比较满意（16.01%）或者很满意（9.67%）。有26.47%的受访者表示当前补偿金额一般。同时在征地过程中，近1/3的受访者（33.04%）曾与政府或者村集体发生过土地纠纷。另据于建嵘对632名进京上访农民的问卷调查，73.2%的人上访反映的问题是土地被征用问题。

四是大量占用农民耕地，危及粮食安全。"民以食为天，食以地为本"。耕地的多少直接决定着粮食的产出，也直接关系到一个国家的粮食安全。但是改革开放以来特别是20世纪90年代中期以来，随着工业化和城市化进程的快速推进，我国耕地资源数量不断减少，直接威胁着我国的粮食安全。有关统计资料表明，1996~2007年，我国耕地数量从19.51亿亩减少到18.26亿亩，其间共减少了1.25亿亩，平均每年净减1136万亩[③]。根据国土资源部、国家统计局2013年12月发布的第二次全国土地调查主要数据成果的公报，全国人均耕地仅1.52亩，不到世界人均水平的一半。综合考虑现有耕地数量、质量和人口增长、发展用地需求等因素，我国耕地保护形势仍十分严峻。人均耕地少、耕地质量总体不高的基本国情没有改变（见表2-4）。建设用地增加虽与经济社会发展要求相适应，但许多地方建设用地格局失衡、利用粗放、效率不高[④]。这直接造成了耕地数量的下降，给我国粮食供应带来了极大的风险。

---

① 李金华：《关于2005年度中央预算执行的审计工作报告》，《经济日报》2006年6月29日。

② 柳建文、孙梦欣：《农村征地类群体性事件的发生及其治理——基于冲突过程和典型案例的分析》，《公共管理学报》2014年第2期。

③ 陈和午：《粮食安全催生农村土地制度改革提速》，和讯网，http://opinion.hexun.com/2008-07-25/107688118.html。根据国土资源部2013年底统计，我国现有耕地数量为20.31亿亩。

④《关于第二次全国土地调查主要数据成果的公报》，国土部，http://www.mlr.gov.cn/zwgk/zytz/201312/t20131230_1298865.htm。

表 2-4　全国有灌溉设施和无灌溉设施耕地面积

地区	有灌溉设施耕地		无灌溉设施耕地	
	面积（万公顷）	占耕地比重（%）	面积（万公顷）	占耕地比重（%）
全国	6107.6	45.1	7430.9	54.9
东部地区	1812.5	68.9	817.2	31.1
中部地区	1867.0	60.8	1204.4	39.2
西部地区	2004.3	39.7	3039.2	60.3
东北地区	423.8	15.2	2370.1	84.8

资料来源：国土资源部、国家统计局第二次全国土地调查，2013 年 12 月。

（三）集体经营性建设用地问题

集体经营性建设用地是农村集体组织能够控制、国家政策允许搞建设的部分土地，这一部分土地价值的激活不仅可以增加集体经济收入，提高集体组织公共服务能力，还可以增加农民收入①。但现实中，集体经营性建设用地不能享有与国有建设用地同样的权利，集体建设用地市场化滞后，由此引致诸多难题。

一是农村建设用地难以入市，小产权房问题突出。1988 年《宪法修正案》规定土地使用权可以依照法律的规定转让，后来的《土地管理法（修正本）》确认"国有土地和集体所有的土地可以依法转让……土地使用权转让的具体办法，由国务院另行规定"。1990 年，《城镇国有土地使用权出让和转让暂行条例》颁行，但农村集体土地的相关办法却至今未面世。2008 年，中共十七届三中全会提出"逐步建立城乡统一的建设用地市场……集体土地与国有土地享有平等收益权"，但实践中的农地入市仍然停留在小心翼翼的探索和试点阶段。在此背景下，大城市的小产权房大量涌现。据有关方面调查，北京的小产权房占市场总量 20%，西安的小产权房占市场总量 25%~30%，深圳小产权房占市场总建筑面积的 49.27%。由此可见，无论是建设数量还是市场需求，小产权房都相当庞大。小产权房虽然满足了部分低收入群体的住房需求，但扰乱了正常的土地市场秩序，造成了政府土地资源收益的流失。同时，小产权房在交付使用或入住后，也存

① 陆福兴：《农村建设性土地改革之我见》，湖南智库网，http：//www.hnzk.gov.cn/zhikuyaowen/1119.html。

在一些不容忽视的现实问题：由于多数小产权房短时间内“量贩式”盖起，房屋质量明显缺乏保障；小产权房公共设施落后，交通成本畸高，还潜藏着公共安全等诸多风险；购房者在使用房屋过程中产权有不确定性，只可以使用，但不方便买卖或转让；由于难以办理土地使用证、房产证、契税证等合法手续，小产权房本身缺乏明晰的产权，购房者未来在遗产继承方面也会遇到困难①。

二是地方过度依赖土地财政，孕育财政金融风险。据统计，2010 年全国土地使用权出让收入 29109.94 亿元，完成预算的 213.2%，同比增长 106.2%，同年财政收入为 40609.8 亿元，土地出让金占地方财政收入 71.7%。2013 年国有土地使用权出让收入 41249.52 亿元，同年地方财政收入为 68969.13 亿元，土地出让收入占地方财政收入的 59.8%②。虽然比重有所下降，但地方政府的土地出让金依然占地方财政收入的一半还多，有的地方更甚，加上地方政府转让土地而从中获得的直接和间接税收收入、各种费用收入，土地已成为地方财政预算外收入的主要来源（见表 2-5）。地方财政收入过度依赖土地财政驱使地方政府更加无节制地通过征地来满足。政府用土地财政收入搞建设，本质上是“寅吃卯粮”，加大了用地企业的市场风险，降低了用地个人的生活水平。同时，这种做法也隐含了相当的金融风险。政府用土地向金融机构抵押或质押融资，则是政府直接负债经营，用未来收益逐步偿还，本质上也是“寅吃卯粮”③。目前，土地金融的规模已经远远超过了土地财政，所谓“地方债”，绝大多数属于土地金融。许多地方政府的偿债能力严重不足，于是靠借新债偿旧债来拖延。导致这种局面的原因，是政府经营土地的制度，其根源则是集体经营性建设用地市场化滞后，制度不改，这种局面仍将呈加剧之势。

三是城市建设用地储备不足，城市房价日益攀升。在我国房地产市场中，土地成本在房地产开发投资中占有很大的比例，城市建设用地来源的垄断，使得房地产价格受到政府和开发商自身利益的影响而与其真实价值背离。土地出让金和房地产税是地方政府的主要财政来源，这在一定程度上助长了房价的攀升。尽管国家出台了一系列金融、税收等调控手段，但

① 程浩：《中国小产权房：现状、成因与问题》，《中共中央党校学报》2009 年第 2 期。

② 根据财政部和国土资源部统计数据计算。

③ 黄小虎：《关于土地管理制度改革的若干建议》，《开放导报》2013 年第 6 期。

表 2-5　我国 23 个省份土地财政依赖度排名（数据截至 2012 年底）

省份	统计口径	土地偿债规模（亿元）	土地偿债规模排名	土地偿债依赖度（%）	土地偿债依赖度排名
浙江	省、市、县级	2739.44	2	66.27	1
天津	市级	1401.85	10	64.56	2
福建	省级、8 个市级、64 个县级	1065.09	11	57.13	3
海南	省级、2 个市级、12 个县级	519.54	20	56.74	4
重庆	市级和 36 个区县级	1659.81	8	50.89	5
北京	市级和 14 个区县级	3601.27	1	50~60	6
江西	11 个市级、90 个县级	1022.06	12	46.72	7
上海	市级和 16 个区县级	2222.65	3	44.06	8
湖北	13 个市级和 72 个县级	1762.17	6	42.99	9
四川	18 个市级和 111 个县级	2125.65	4	40.00	10
辽宁	13 个市级和 49 个县级	1983.20	5	38.91	11
广西	自治区、市、县级	739.40	16	38.09	12
山东	14 个市级和 81 个县级	1437.34	9	37.84	13
江苏	13 个市级和 73 个县级	—	—	37.48	14
安徽	16 个市级和 78 个县级	901.99	14	36.21	15
黑龙江	8 个市级和 18 个县级	652.88	17	36.10	16
湖南	14 个市级和 96 个县级	942.42	13	30.87	17
广东	19 个市级和 63 个县级	1670.95	7	26.99	18
陕西	10 个市级和 32 个县级	631.86	18	26.73	19
吉林	6 个市级和 18 个县级	586.16	19	22.99	20
甘肃	10 个市级和 28 个县级	206.54	22	22.40	21
河北	11 个市级和 59 个县级	795.52	15	22.13	22
山西	6 个市级和 10 个县级	268.94	21	20.67	23

注：江苏没有公布土地偿债规模数字；北京没有公布比例数字及可供测算的数据，表中数据为估值；四川测算占比的分母为“市县两级政府负有偿还责任债务余额”，其他省份测算的分母为“省市县三级政府负有偿还责任债务余额”。

资料来源：各省份审计部门审计工作公告。

在供需不均的市场条件下很难有明显的作用。而国有土地储备和招拍挂制度的实施不仅没有缓解房地产市场的供需矛盾，反而加剧了土地供应紧张局面，得到相反的结果（见图 2-4）。农村建设用地若能入市流转，不仅可以降低流转成本，减少交易费用，而且增加了建设用地来源，可以缓解目前城市建设用地供求紧张的层面，使房价趋于合理。城市郊区的集体建设用地会以较低的价格吸引工业企业向郊区聚集，从而进一步缓解城市建设用地的紧张状况。而城市内的原工业用地可用于住宅开发，尤其是加大保障性住房建设，达到平抑房价、解决居民住房的目的。

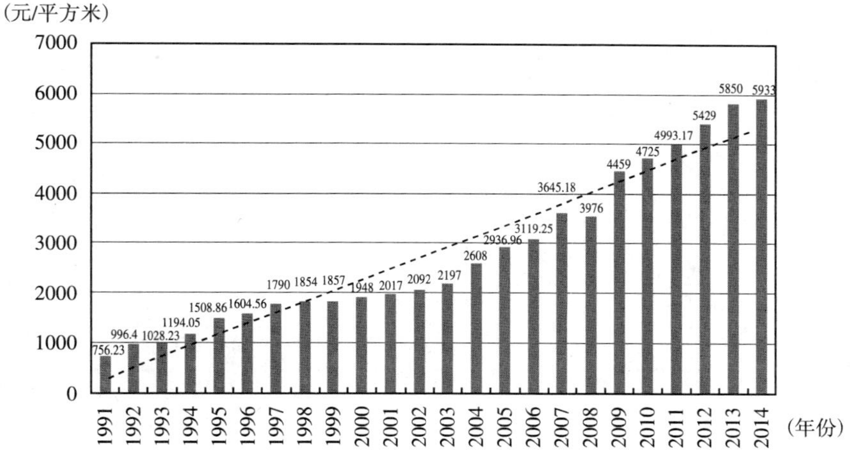

图 2-4 1991~2014 年房地产开发企业商品房全国平均销售价格

资料来源：中经网统计数据库，2015 年 11 月 28 日。

（四）宅基地问题

宅基地制度的构建更为复杂，这一方面是由于改革前后宅基地制度和承包地的逻辑大不一致，另一方面是由于宅基地集体所有权、使用权和房屋私权这三权分离[①]。实践中，宅基地制度面临着使用权权能不完整，使用权的取得、行使和转让不规范，登记制度不完善等问题。

一是农民的宅基地使用权权能不够完整。从用益物权的角度考察，宅基地使用权权能残缺，收益权能未能被法律所肯认。由于法律保护个人对包括房屋在内的合法财产的继承、处分等权利，也就自然允许农民买卖房

① 刘守英：《直面中国土地问题》，北京：中国发展出版社，2014 年版，第 9 页。

屋。在实践中，“房地一体”的特性使农民在交易房屋时也一并处理了宅基地使用权，进而架空了“宅基地不得单独转让”的规定（见表 2-6）。而根据 2009 年对全国四省（贵州、湖北、山东、黑龙江）480 户农民的调查，把宅基地转让给城镇居民的比例为 13.8%。行动取决于意愿，宅基地流转现象愈演愈烈的背后是农民对宅基地使用权流转的期盼，调查中赞成转让的受访农民所占比例已经达到 32.9%[①]。市场经济的发展以及城乡一体化使市场要素逐渐渗入农村，土地作为市场经济最基础的资本在农村正在被唤醒。农民的宅基地在满足其基本居住之余，作为市场要素参与到市场经济当中，不仅有利于提高农民收入，而且对于集约、合理利用土地有着积极的意义。机关法律对宅基地的转让以及用途的规定有其合理性，但如果不能合理平衡农民私人与社会公共利益，相关规定的执行效果无疑将大打折扣，因此我们有必要重新加以审视。

表 2-6　10 省 30 县农村宅基地转让他人使用情况调查

单位：%

	四川	贵州	河南	山东	广东	江苏	山西	黑龙江	湖北	湖南	全国
有	26.14	45.86	31.46	38.20	2.21	48.89	51.67	51.93	27.62	39.34	36.35
无	71.02	51.93	67.42	61.24	97.24	50.26	47.22	46.96	71.27	60.11	62.84

资料来源：陈小君等：《田野、实证与法理——中国农村土地制度体系建构》，北京：北京大学出版社，2012 年版，第 139 页。

二是使用权的取得、行使和转让不规范。首先是宅基地使用权的取得在实践中比较混乱，表现为：①取得方式多元。虽然我国法律规定，宅基地使用权是依个人申请，政府审批，农民无偿取得，但现实中存在“有偿取得”现象（见表 2-7），这无疑影响了宅基地使用权在初次分配中的公平性。②在申请条件方面，各地的规定有所差异（见表 2-7），同时，我国法律一方面规定以户为单位配置宅基地，另一方面又规定申请主体为具有农村集体经济组织成员权的农民，造成了宅基地使用权的申请条件不一致和申请主体错位与缺失。由此也产生了一些弊病，即家庭承包经营的载体是农户，而宅基地申请的主体是集体经济成员，制度间的衔接和协调存

① 陈小君等：《田野、实证与法理——中国农村土地制度体系建构》，北京：北京大学出版社，2012 年版，第 139 页。

在优化空间。③宅基地使用权的审批程序在各地差异极大，效果也有所不同。虽然法律规定了明确的审批程序，即村民申请—村集体评议、公示—乡（镇）审核—县批准，但在实践中各地却表现出较大的差异。如何更好地将程序的规范性和地方特殊性相结合，在管理有序、程序规范的前提下处理好一般与特殊的关系也是今后需要解决的问题之一。

表 2-7　10 省 30 县农村宅基地申请条件调查

单位：%

	四川	贵州	河南	山东	广东	江苏	山西	黑龙江	湖北	湖南	全国
A.儿子数量	3.98	4.97	79.78	73.03	4.97	21.11	27.78	11.05	28.73	6.56	26.07
B.子女数量	23.86	18.78	10.67	19.10	72.38	7.22	31.67	22.10	30.94	3.83	24.07
C.有钱可多买	11.93	40.33	14.94	7.30	5.52	0.00	15.00	7.73	10.50	28.42	14.12
D.有权力、地位的可多要	2.84	4.97	12.36	3.93	14.92	1.11	6.67	1.10	1.66	2.19	5.17
E.其他	56.82	34.25	6.18	2.81	7.73	71.11	30.56	60.22	35.36	58.47	36.41

资料来源：陈小君等：《田野、实证与法理——中国农村土地制度体系建构》，北京：北京大学出版社，2012 年版，第 142 页。

其次是宅基地使用权的行使有待规范。我国现行法律在宅基地使用权的转让问题上虽然举棋不定，但社会实践已经做出了选择，农民的主观愿望表现为认可甚至主张进行转让（见表 2-6 和表 2-8）。农业部课题组涉及四省 1000 余户农民的实地调研数据也同样说明了农民对享有与城市同等房、地权利的期望。市场经济的发展使我国农村内部呈现了一定程度的分化，形成了两种类型的农村：一种是传统耕作意义上的乡村，宅基地在这些乡村中经济效应不明显，“一户一宅”的法律规定基本得到了较好的实施；另一种则是处于城市边缘或已经城市化了的农村，在这些地方充斥着市场经济理性的冲动，“一户两宅”的愿望强烈，实际拥有两宅的现象甚为突出（见表 2-9），同时，这些地方利用宅基地上所建房屋从事经营性活动的现象异常普遍，“小产权房”的大量出现即是例证。

表 2-8　4 省农村宅基地转让认可度调查

单位：%

	贵州	山东	黑龙江	湖北	4 省均值
A.应当允许	43.3	15	38.3	35	32.9
B.不应当允许	40.8	81.7	49.2	59.2	57.7
C.其他	15.8	3.3	11.7	5.8	9.2

资料来源：陈小君等：《田野、实证与法理——中国农村土地制度体系建构》，北京：北京大学出版社，2012 年版，第 143 页。

表 2-9　10 省 30 县每户农村宅基地拥有数量调查

单位：%

	四川	贵州	河南	山东	广东	江苏	山西	黑龙江	湖北	湖南	全国
A.一处	86.36	89.50	92.70	83.71	93.37	96.67	82.78	96.13	90.06	89.62	90.11
B.两处	9.06	8.29	5.62	12.92	5.52	3.33	13.33	2.76	8.84	8.20	7.78
C.三处	3.41	0.55	0.00	2.25	1.10	0.00	0.00	0.55	0.00	0.55	0.83
D.三处以上	0.00	0.00	1.12	0.52	0.00	0.00	1.67	0.55	0.00	0.55	0.44

资料来源：陈小君等：《田野、实证与法理——中国农村土地制度体系建构》，北京：北京大学出版社，2012 年版，第 144 页。

最后是宅基地使用权的转让利弊共存。在现今城乡二元结构的条件下，允许宅基地使用权转让会客观上造成一部分人进城市难、回农村亦难的新的困境。还有学者指出，允许农村宅基地交易主要是满足强势群体的利益诉求，而真正践行“一户一宅”的本分农民因宅基地需满足基本住宅需要而不能将其价值变现①。然而，允许宅基地使用权转让的益处也是显而易见的：允许宅基地使用权转让能够破除土地市场的二元运作机制，赋予农民权利转让的自由，使其享受经济发展带来的土地增值收益；允许转让客观上为城市低收入群体取得住房问题提供了一个可预期的解决路径；允许转让造就了宅基地使用权主体的合理退出机制，对于缓解农村住宅闲置、处理“一户多宅问题”意义重大，从而有利于农村土地的集约化使用；允许转让能发育农村土地市场，是最终建立城乡统一土地市场的必备条件；允许转让能使农民积累财富。总体上判断，允许宅基地使用权转让

① 孟勤国：《物权法开禁农村宅基地交易之辩》，《法学评论》2015 年第 4 期。

是宅基地使用权、用益物权完善的内在要求，并且在现实中有着客观的需求，其对我国“十分珍惜、合理利用土地和切实保护耕地”政策有着积极的意义。考虑到当前宅基地使用权的福利性质不可磨灭，现阶段城乡土地市场分割有其合理性因素，对宅基地使用权转让问题不可操之过急，而应当有条件地、逐步地放开宅基地使用权市场①。

三是宅基地使用权的登记制度有待重建。从《物权法》规定来看，宅基地使用权的取得适用《土地管理法》等法律法规的规定。这里将私法上的物权变动模式交给了相关土地管理法律法规确定。但相关土地管理法规属公法范畴，其基本立足点是土地管理而非私权利与私法利益的调整，因此相关土地管理法律法规对宅基地使用权的物权变动模式规定亦较为模糊。《土地管理法》是将农村宅基地作为建设用地进行规范的。这与《物权法》的做法又不尽一致，让人难以取舍，徒增执行之困难。问题还不止于此，统一的登记机关仍未建立，房屋与宅基地使用权的登记分属不同部门，这使实践中的登记情况不甚理想（见表 2-10）。

表 2-10　10 省 30 县农户领取宅基地使用权证（房产证）比例

单位：%

	四川	贵州	河南	山东	广东	江苏	山西	黑龙江	湖北	湖南	全国
A.领到了	73.30	65.75	73.60	76.97	20.99	96.11	82.22	99.45	61.33	75.96	72.54
B.没领到	18.18	26.52	15.17	12.92	56.35	0.00	13.33	0.55	30.94	13.66	18.79
C.不清楚	3.41	3.31	1.69	5.06	20.99	2.22	1.67	0.00	3.87	5.46	1.95

资料来源：陈小君等：《田野、实证与法理——中国农村土地制度体系建构》，北京：北京大学出版社，2012 年版，第 148 页。

（五）规模经营问题

2013 年中央农村工作会议提出，要加快构建以农户家庭经营为基础、合作与联合为纽带、社会化服务为支撑的立体式复合型现代农业经营体系②。农业适度规模经营是应对土地分散、实现规模效益和发展现代农业的必然

---

① 陈小君等：《田野、实证与法理——中国农村土地制度体系建构》，北京：北京大学出版社，2012 年版，第 139 页。

② 中央农村工作会议：《加快构建立体式复合型现代农业经营体系》，人民网—财经频道，http://finance.people.com.cn/n/2013/1224/c1004-23936623.html。

选择，但在实践中，农业规模经营面临着土地流转、主体地位和社会保障等方面的问题。

一是农村土地流转不畅。农村土地流转的有序推进是实现农业适度规模经营的前提，截至2014年底，我国农村土地流转面积已达3.8亿亩，占全国耕地面积的28.8%①。但在部分地区仍然存在不少问题，如一些地方不敢支持和探索土地流转的创新做法，一些经济较发达的地区即使明知当地耕地无人耕种或低效率耕种也不愿支持土地流转；部分村集体常常以统一规划、维护集体经济利益等为借口解除流转合同或强行干预土地流转②；一些地方存在行政强行推动土地流转的情况，造成土地非农化、非粮化现象突出。

二是农民主体地位不牢。我国在土地流转政策中提出了“平等、自愿、有偿”等原则，强调坚持尊重农民主体地位，促进农民增收致富。推行农业规模经营，前提是部分农民土地经营权的流转，土地流转的背后是利益分配问题，参与农村土地流转的主体包括农户、集体经济组织、龙头企业、地方政府等，不同的主体有着不同的利益诉求。平衡、协调土地流转各方的权益关系，规避农村集体土地流转中的各种风险，是推行农业规模经营的关键③，也是保障农民主体地位面临的挑战。

当前农地流转中农民的利益表达机制、利益分享机制、利益调控机制还有待完善。如何切实维护农民的权益，使农村土地在制度的约束下自由流动，防止农民的权益受其他主体的侵害是亟待解决的问题。在农业经营方式和主体多元化、城市工商资本下乡的新形势下，农地经营权转让存在隐忧：失去经营权的农民可能会变成农工，资本和技术相对欠缺，在农业规模经营中较为弱势，从而使农民无法发挥主体作用，无法分享农业现代化成果。

三是社会保障体系问题。我国农村土地的特殊性在于，它不仅是生产粮食的资料，还附着了特有的价值：地是活的家产，其用之不尽的性质使

---

①《全国土地流转面积已达3.8亿亩，行政强推问题突出》，网易财经，http：//money.163.com/14/1214/14/ADECUDEV00252G50.html。

② 蒋和平：《适度规模经营是农业现代化的重要途径》，《农民日报》，2013年1月4日，http：//www.agri.cn/V20/SC/jjps/201301/t20130104_3134651.htm。

③ 李中生：《浅谈农业规模经营》，中国吉林网，http：//www.chinajilin.com.cn/lilun/content/2013-12/03/content_3069073.htm。

人们的生活有了相对的保障。因此，农民和土地之间的关系较为复杂[①]。土地所承载的社会保障和文化道德上的特殊功能，使农地流转和规模经营在实践中面临困境，这就要求通过城乡社会保障一体化来解决农民的后顾之忧。当前我国的户籍制度正处于改革进程当中，城乡二元结构的影响尚未消除，城乡之间社会保障虽初步打通，但就业、住房、养老等社会保险的统筹层次有待提高，国家、单位和个人如何合理分担土地流转后公共服务成本的问题也仍待探索。

二、战略层面：农地制度改革关联的宏观问题

我们已经从微观视角考察了农村土地制度在制度层面存在的困境，正如上文所述，农村土地也是国家各重大战略的结点，农地制度与各项战略是嵌套互构的。从宏观视角看，农村土地制度改革关联到新型城镇化、城乡一体化和农业现代化的实现，而现行农地制度在一定程度上制约了以上战略的高效、协调推进。

（一）农村土地制度和新型城镇化的矛盾

众所周知，城镇化是空间扩张和人口转移的过程。空间扩张带来了对建设用地的刚性需求，现行土地制度助推了我国快速的城镇化，但以往的城镇化进程片面强调速度和规模，从而导致了“摊大饼式”城市扩展和众多“鬼城”的出现。新型城镇化是以人为本、高效公平的城镇化，如果现行土地制度不做相应变革，在集体产权模糊、征地制度不合理的情况下，“以地谋发展”模式很可能继续，如此则很难实现土地的集约节约利用和土地增值的均衡分配。人口转移不仅是农民的空间位移，更是农民的生产生活方式、福利享有上的进步。现行土地制度中缺乏农民土地承包经营权有偿退出机制，这一方面造成了农村土地的抛荒、耕地资源浪费的情况，另一方面也使我国的户籍城镇化率（36.7%）远低于人口城镇化率（54.7%）。有学者统计，当前我国有33.3%左右人口是农民工群体[②]。“农民工夹角”是考察新型城镇化进程和“新三农问题”的重要概念（见图2-5），而其

① 费孝通：《江村经济》，北京：北京大学出版社，2012年版，第162-163页。

② 张文茂：《联产承包的蜕变和三农问题的症结》，乌有之乡网刊，http：//www.wyzxwk.com/Article/sannong/2015/11/354472.html。

产生的环境则是农地制度的特殊安排。另外，正是农民土地承包经营权有偿退出机制的缺乏，使农民工无法享受到与居民同等的国民待遇，无论是公共服务还是社会保障，本应由国家承担的义务转嫁给了社会，最终落到了土地上。

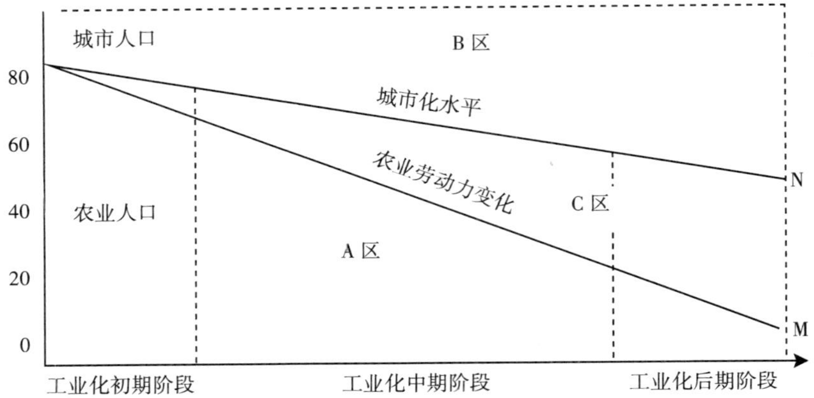

图 2-5　农民工夹角结构示意图

资料来源：张文茂：《联产承包的蜕变和三农问题的症结》。

（二）农村土地功能对城乡一体化的阻碍

中共十八大报告指出，推动城乡发展一体化是解决“三农问题”的根本途径。报告指出，要加快完善城乡发展一体化体制机制，着力在城乡规划、基础设施、公共服务等方面推进一体化，促进城乡要素平等交换和公共资源均衡配置。中共十八届三中全会提出，城乡二元结构是制约城乡发展一体化的主要障碍，必须健全体制机制，形成城乡一体的新型工农城乡关系，让广大农民平等参与现代化进程、共同分享现代化成果。

改革开放之初，为做大经济总量，提出“效率优先、兼顾公平”具有历史合理性，但进入发展型新阶段，应按照公平的原则全面推进城乡一体化，把保障农民发展权放在首位，尊重农民选择权；要加快产业布局调整，进一步加快城乡产业结构调整，强化城乡产业之间的协作和联系，改变资源从农村向城市单向流动的格局；还要按照公平的原则配置公共资源，尤其是财政资源以及公共服务资源，以城乡基本公共服务均等化为导向，不断优化财政支出结构，推进城乡公共服务制度对接[①]。我们认为，破除城乡二元结构，关键在于户籍的统一，而户籍的统一实质上是消除附着在户籍上差别化的公共服务和社会保障，由此，剥离土地社会保障功能成为应有之义。城乡一体化需要人口、技术和资源的充分流动，而当前的土地产权制度和土地退出障碍延缓了这一进程，也限制了农民公平发展和分享成果的机会（见图 2-6）。另外，新型城镇化与城乡一体化之间存在着紧密的联动机制，而现行土地制度的缺陷同样阻碍了新型城镇化的持续性推进。

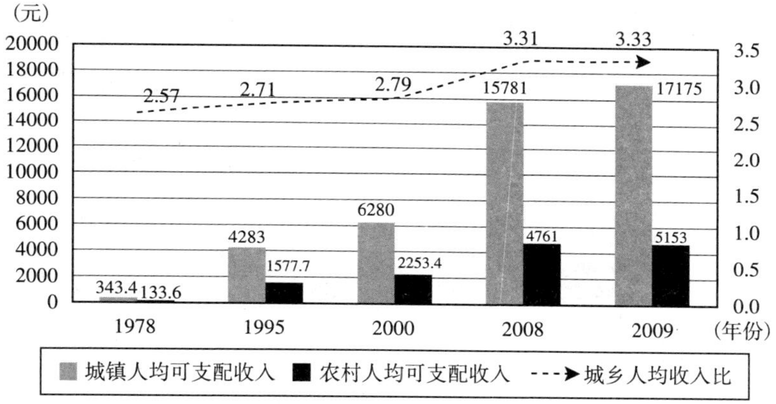

图 2-6　1978~2009 年城乡人均收入变动及比较

资料来源：历年《中国统计年鉴》。

（三）农村土地制度与农业现代化的张力

2014 年中央一号文件对完善国家粮食安全保障体系、强化农业支持保护制度、深化农村土地制度改革、构建新型农业经营体系、健全城乡发展一体化体制机制、改善乡村治理机制等方面进行了全面部署。其政策目标是全面深化农村改革，加快推进农业现代化。我们认为，农业现代化以农业科技创新和农业机械化为支撑，以多种形式适度规模为基础，因此要考察农村土地承包政策和土地流转市场。

一方面，我国当前的土地承包政策在赋予农民对承包地占有、使用、

---

① 迟福林：《我国城乡一体化的目标是实现公平发展》，新华网，http：//www.hq.xinhuanet.com/news/2009-12/05/content_18422348.htm。

收益、流转及承包经营权抵押、担保权能上还存在不足，在稳定农户承包权、放活土地经营权、承包土地的经营权向金融机构抵押融资等方面也需要改善，农村土地承包经营权确权登记颁证工作也尚未完成。因此，在推动农业现代化进程中，农村土地制度成为了不可忽视的阻滞力量，也是必须率先改革的制度安排。

另一方面，我国土地碎片化程度非常严重，人均耕地面积不足世界平均水平的一半（见表 2-11）。土地细碎化是造成 20 世纪 80 年代中期以后农业产出效率下降的因素之一，也造成了土地资源的浪费①。在这种情况下，农业劳动力有序转移、农村耕地向经营大户集中是土地集中经营和获得农业规模效益的必然要求。然而，当前的土地经营权流转市场还不够健全，流转服务和管理网络亟待完善，工商企业流转农业用地的风险保障机制正在试点。这再次说明，农村土地制度的完善是推动农业现代化的重要基础，只有缓解土地制度与农业现代化之间的张力，才能实现两者的相互促进和良性发展。

表 2-11　农村土地细碎化程度国际比较

国家	年份	平均地块大小（公顷）	户均地块数	家庭经营规模（公顷）
印度	1960~1961	0.46	5.7	2.6
荷兰	1950	2.3	3.2	7.4
比利时	1950	1.1	6.8	7.5
联邦德国	1949	0.7	10.0	7.0
罗马尼亚	1948	0.9	6.6	5.9
希腊	1950	0.5	5.6	2.8
西班牙	1945	1.6	7.0	11.2
中国	1929~1933	0.38	5.6	2.1
	1999	0.087	6.1	0.53

资料来源：谭淑豪等：《土地细碎化的成因及其影响因素分析》，《中国农村观察》2003 年第 6 期，第 24-30、70 页。

① 蔡昉、王德文、都阳：《中国农村改革与变迁：30 年历程和经验分析》，上海：格致出版社、上海人民出版社，2008 年版，第 67 页。

（四）农村土地制度面临“六期同至”新挑战

农业部部长韩长赋在2016年全国农业工作会议上指出，“十三五”农业农村经济发展，起点之高前所未有，任务之重前所未有。事实上，农村土地制度不仅内嵌于当前中国社会的“三期叠加”形势中，也面临着“六期同至”的新挑战：一是全面建成小康社会决胜期；二是巩固农业农村好形势关键期；三是农业发展方式转型期；四是提升农业竞争力爬坡期；五是全面深化农村改革的攻坚期；六是推进城乡一体化深化期。这些情况集中到一点，就是我国已经进入传统农业向现代农业加快转变的关键时期，这一时期农村土地制度改革和创新的挑战之大前所未有，如果应对不力、无所作为，农业、农村发展就可能愈加滞后[①]。

第三节 体制根源：农地制度困境的原因

一、城乡二元体制

我国城乡二元社会结构是计划经济体制的产物，已持续50多年，其基本特征是城乡分治，农民与市民身份、权利和义务不平等。这种以歧视农民为核心的城乡二元结构，将农民限制在农村，不准农民向城市流动，农民被深深打上了农业户籍的身份印记。在过去的相当长一段时间，我国在既定的城乡二元结构中谋发展，直到2008年中共十七届三中全会明确将破除城乡二元结构上升为国家的基本公共政策[②]。改革需要环境和条件，长期以来，城乡二元结构由于限制资源的双向流动而限制了农村土地制度改革的步伐，尽管2008年国家提出城乡一体化战略，着力破除城乡二元结构，但这种二元结构的惯性依然存在。

---

①《全国农业农村经济2016年20项重点工作明确——韩长赋部长全国农业工作会议上讲话》，中国农民合作研究网，http：//www.ccfc.zju.edu.cn/a/sannongtoushi/2016/0108/21430.html。

② 张英洪：《城乡一体化需要公平正义的制度变革》，财新网，http：//opinion.caixin.com/2015-11-10/100872528.html。

另外，城乡二元土地制度也是城乡二元体制的重要组成部分，城乡二元土地制度的存在不仅影响城乡平等发展，也直接使土地制度改革陷入困境。这一制度的基本特征是：城乡二元的土地权利体系；城乡土地拥有不同的配置方式；土地增值收益在城乡之间分配严重不公；土地管制缺陷造成城乡不平等发展。由此带来一系列严重问题：农地转用一律实行征地，城乡一体化形成土地国有化；土地城镇化与人口城镇化不匹配；集体建设用地合法市场通道基本关闭，农村发展空间压缩；宅基地法律规定滞后于现实，既不利于农民实现宅基地财产权，也不利于土地管理；农民土地权利受损，由土地问题引发的社会不稳定增加；土地增值收益城乡分配不合理程度加剧①。因此，农村土地制度的改革不仅要破除城乡二元户籍制度，更重要的是要纾解城乡二元土地制度带来的难题。

二、财税管理体制

1994 年的分税制改革将一些关系国家大局和实施宏观调控的税种划归中央，扩大了中央的财源。在此之后财权向上集中，但在财权向上集中的同时，地方财政支出责任不仅没有相应减少，反而有所增加。随着财权层层上收，事权逐步下放，承担更多责任的地方政府以及地方官员就将目光瞄向了土地。这也成为地方政府追求“土地财政”的内在动力。

“土地财政”得以存在的一个十分重要的条件是现行的法律与制度使处于强势地位的政府能够以低价从弱势的农民群众手中征收土地，然后高价卖出，以此直接获得巨额的土地出让收益②。同时，由于国有土地使用权出让，地方政府还能收取大量的与土地交易直接相关的土地税收。据有关统计，2009 年土地直接税收为 4008.66 亿元，土地税收占地方税收的比例为 15.33%，土地价款和土地税收两项收入之和占当年地方财政收入的比例为 65.05%，反映了地方政府对“土地财政”的极度依赖（见表 2–12）。

“土地财政”是地方竞争的重要手段，曾经为助推国家经济发展做出了重要贡献。但从社会公平的角度来看，农民在国家发展中付出了巨大的代价，今后的发展趋势是让农民更多地分享改革开放带来的发展成果，因

① 刘守英：《中国城乡二元土地制度的特征、问题与改革》，《国际经济评论》2014 年第 3 期。
② 陈明：《“土地财政”的多重风险及其政治阐释》，《经济体制改革》2010 年第 5 期。

而这种经济发展模式势必要转换。从持续性发展的角度来看，"土地财政"依赖于当前农地制度中的产权模糊和建设用地城乡二元市场结构，因此地方地府在土地制度改革中的积极性可能不高，甚至会成为改革的"受损者"，而这一现象的背后原因则是我国当前的财税管理体制。

表 2-12　东部、中部、西部地区土地出让收入及增幅情况

单位：亿元，%

	2009 年		2010 年		2011 年		2012 年	
	收入	增幅	收入	增幅	收入	增幅	收入	增幅
东部	12583	83.9	19276	53.2	19642	1.9	15579	-20.7
中部	2772	25.8	5662	102.2	7565	33.6	7119	-5.9
西部	1823	44.9	4475	145.4	6269	40.1	6188	-1.3
全国	17179	67.4	29414	71.2	33478	13.8	28886	-13.7

资料来源：刘守英：《直面中国土地问题》，北京：中国发展出版社，2014 年版，第 100 页。

三、土地管理体制

在土地资源配置方面，有学者指出，现行土地用途管制制度名为规划管制，实为政府起决定性作用的典型的土地资源计划配置制度。这一套严格的计划配置制度，并没有按规划、计划控制住建设用地、保住耕地，同时土地配置和利用效率低，而且严重损害了农民利益，滋生了许多社会矛盾。因此，只有对现行土地资源配置制度进行根本性、总体性的改革，改计划配置为市场配置，才能克服计划配置的种种弊病，实现土地资源最有效的配置①。

在土地管理体制方面，存在目标冲突和职能错位。土地管理体制尽管采用用途管制和规划管制，具体实施办法采取用地总规模控制、年度计划指标和审批管理，但由于规划体制的缺陷和政府行政主导太强，造成保耕地和保发展的目标冲突以及中央与地方博弈，用途管制让位于规划管制，规划管制加征地转用制度导致所有制管制，审批和年度计划管理彰显无效

① 《郑州大学法学院举办"市场决定作用下的土地制度改革"研讨会》，中国宪政网，http：//www.calaw.cn/article/default.asp?id=11094。

性、同发展需求脱节以及“寻租”与土地腐败[①]。

在土地强制规范方面，农民集体所有的土地在交易时主要面临以下限制，影响了交易的进行或交易的合法性：集体建设用地可直接用于农民宅基地、农村公益事业用地和乡镇企业用地，而不能直接入市交易。农民集体所有的土地经征收转变为国有土地后，才能进入土地使用权一级市场。农民宅基地的转让，严格受制于地域范围和受让主体是否适格；不得以宅基地使用权抵押融资。土地承包经营权的流转尽管可以有不同的形式，但其能否流转仍然受制于农村社区组织，还需履行备案之类的程序；同样，也不能以土地承包经营权抵押融资。有学者认为，将上述强制性规范进行总结，核心内容主要体现在两个方面：一是国家所有权高于集体所有权；二是维护农村土地市场的封闭性[②]。如此态势是产生土地问题的原因，同样也是改革困难的原因。

四、政绩考核体制

中国目前这种政治权力相对集中，而经济上高度分权的政治经济体制，以及根据 GDP 增长率和地方政府间的相对经济绩效为考核标准的官员晋升机制，为地方政府提供了很强的经济增长激励。为获得晋升（或保住职位），地方政府官员需要通过做大 GDP 和提高上缴财政收入来显示其政绩，由此导致了地方政府在土地方面的种种行为，如将大部分土地低价出让给工业部门，造成城市建设用地的低效率使用；严重忽视农民的土地权益，对农民进行低限度的补偿，甚至强行违法征收农民土地；此外，地方政府还利用土地财政和土地金融杠杆筹集巨额资金进行建设。在官员任期制的政治体制下，地方官员通常不愿意“自己植树，后人乘凉”，而是更倾向于采取收效快的短期行为。这意味着他们对非正式资金体系的依赖加强。随着传统非正式资金来源的受限，工业化过程中不断升值的土地逐渐成为地方政府获取非正式收入的重要渠道。地方政府利用现行土地制度下农民土地产权的相对残缺，大肆侵占、出售农民土地，引发了当前严重的土地问题。

---

① 刘守英：《直面中国土地问题》，北京：中国发展出版社，2014 年版，第 140–141 页。
② 杨一介：《论农村地权制度改革的基础》，《首都师范大学学报（社会科学版）》2014 年第 4 期。

五、基层治理结构

农民地权在行使和实现中存在边界不清晰的问题。这主要源于农民集体成员与农村集体经济组织之间的关系，以及农村自治组织对农民地权的影响。在政策导向和实践操作中，农村集体经济组织不同于具有科学法理基础的经济组织，如公司、合作社，而又试图以这些经济组织的原理来重建集体经济组织。现实中，人们试图建立以私法规则为基础的农村集体经济组织达到产权明晰的目的。然而，在主体如何建立及其成员如何识别都未明晰的情况下，产权明晰无法实现。同样，农村土地的集体所有权是集体经济组织的基础，在集体所有权的主体也不明晰的情况下，集体经济组织便无法建立在科学法理的基础上①。

无论从法理上讲，还是从逻辑上讲，经济组织和自治组织之间有着本质的区别。而现实状况则是，农村集体经济组织和村民自治组织的混同。如果农村集体经济组织与"两委"是合二为一的，那么农民的"经济成员权"与"政治成员权"就会一直被错误地捆绑在一起，根本无法用现代市场经济下的经济组织形态和产权形态来加以界定和定位。因而，"集体土地所有制的模糊性"与"政社分设改革未完成"并非互不相干，而是相互交织。甚至可以说，只有将这两个问题结合在一起，才能准确地理解、界定和改革中国的集体土地所有制②。

现行制度下村民委员会具有土地管理人的法律地位，这为其行使和分配地权提供了空间。问题的复杂性还在于，村委会有时候以代理人的面目出现③，甚至同时成为农户和受让人的代理人，即双方代理或同时代理。由此可见，所有权人、管理人和代理人等不同的身份和法律地位，在村民自治组织上得到了统一④。村民自治组织的构成人员多为乡村精英，这就往往使村干部成为土地产权的人格化主体，因而有学者提出要警惕"谋地

① 杨一介：《论农村地权制度改革的基础》，《首都师范大学学报（社会科学版）》2014 年第 4 期。
② 程雪阳：《牵住深化农村改革的"牛鼻子"》，《学习时报》2015 年 11 月 12 日 A4 版。
③ 如在土地流转中，它是农户或受让人的代理人，即受农户或受让人的委托处理土地流转事务。
④ 杨一介：《论农村地权制度改革的基础》，《首都师范大学学报（社会科学版）》2014 年第 4 期。

型乡村精英”的崛起[①]。

综上，有学者认为，农村产权改革的逻辑起点不是产权理论，而是农村集体经济组织和农民集体成员权制度的重建，以及农村集体经济组织与村民自治组织的分离。只有在此基础上，才能够推行农村产权改革。

① 臧得顺：《警惕“谋地型乡村精英”的崛起》，《社会科学报》2013 年第 1344 期，http：//www.shekebao.com.cn/shekebao/2012skb/sz/userobject1ai5190.html。

第三章　境外土地管理的实践探索与经验借鉴

世界各个国家和地区，尤其是经济发达的国家和一些大的发展中国家在土地所有制和经营运作等土地管理制度方面进行了大量的改革探索。深入研究分析境外土地制度管理的实践探索，总结发达国家和一些大的发展中国家在土地制度管理方面的成功做法，对于改革创新我国农村土地管理方式，构建符合我国基本国情和时代特征的土地管理制度具有重要的借鉴作用。

第一节　发达国家土地管理制度的探索

一、法国土地管理制度的探索

（一）土地规划制度

法国是西方发达的市场经济国家中计划性最强的。第二次世界大战结束后不久，法国政府就成立了计划总署，负责对经济发展的全面规划，包括土地规划，成为了中央政府调节国家政策和地方政策的工具。法国的土地规划体系包括国家规划、区域规划和纲要性的土地利用规划以及详细的地方规划。

（二）土地流转制度

法国土地流转的最大特点是实施土地集中政策，扩大农业经营规模。1960 年，法国颁布《农业指导法》，并成立了土地整治与农村安置公司，负责收购小片农地，以优惠的价格卖给大农场，并通过租赁经营（土地使用权的流转）的方式以加速土地集中，提高农业生产率。国家通过对地产市场的直接干预，控制了土地的收购和转卖，并通过发放脱离农业的终身补贴，以鼓励老年的农场主放弃耕作，优先安置达到中等规模的青年农民，以达到改善农场结构的目的。

（三）土地征用制度

法国征用农村土地的原则建立在大革命时期和第一帝国时期，以后经过多次立法规定和判例补充，逐渐发展成为现行制度，要求合法地认定公共需要的存在，公平补偿征收人的损失，并且要事先支付补偿。而且，法国的行政院还通过受理越权诉讼，以审查公用征收的目的；通过建立一系列的征收程序，以保证土地征用过程中的公开性和公正性①。

二、美国土地管理制度的探索

（一）土地产权登记制度

美国是典型的土地私有化国家，1787 年美国国会通过了《西北法案》，规定土地可以自由买卖，并对国有土地出售的地块、价格等做出了明确规定。为确保土地产权顺利实现，美国地方政府实行了完整的土地产权登记制度，并可以公开查询，私有产权拥有对土地的控制进入权、使用权、销售权、租赁权、赠与权和继承权等，除非用于公共用途并给予合理补偿，私有土地不能被征收②。

（二）土地利用规划制度

美国联邦政府以及各州政府出台了一系列旨在合理利用农地资源、保护生态环境的土地利用规划制度。从规划层次来讲，可分为中央政府的土地利用规划和地方政府的土地利用规划。从土地利用规划的周期来看，可以分为长期规划项目、年度规划项目和短期规划项目。从土地利用规划目标来看，可以分为战略规划和实施规划。具体而言，美国各级政府的土地规划主要通过立法形式来实现，《如通过颁布建筑法》《水土流失控制法》《森林采伐法》等法律法规来实现土地资源的合理利用。

---

① 陈强胜、成翠萍：《美、法、日农村土地制度的比较及对中国的启示》，《北方经贸》2008 年第 2 期。

② 林目轩：《美国土地管理制度及其启示》，《国土资源导刊》2011 年第 Z1 期。

（三）土地用途管制制度

美国土地用途管制制度的基本内涵是土地所有权和土地使用权的行使不能给社会公共利益和他人利益造成损害①，此制度主要是依靠对土地利用的详细规划来实现的，具有规划体系分散、法律制度保障、管理系统科学、生态农地保护和公众广泛参与等特征。

三、英国土地管理制度的探索

（一）土地产权登记制度

英国的土地产权登记有严格的程序，“这种登记要求在土地登记前，必须参照地图对其产权予以确认，如有必要，还必须去实地勘测其边界线。保有人必须为其产权提供证据以满足土地登记官的要求”②。英国土地登记由司法部下设的土地登记局实行统一管理，土地登记证书以同一制式的形式颁发。英国规定，“不论私地还是公地的买卖都必须到土地登记局办理过户、登记、换证手续，否则不受法律保护”③。一般而言，英国土地登记制度具有立法体系成熟、执法体系严格、监督机制完善、管理责任明确等特点。

（二）土地利用规划制度

英国土地利用规划由中央政府和地方政府实行分权管理④，除政府直接负责土地规划之外，部分机构也拥有部分土地规划权，如城市发展公司、森林委员会、英国古物古迹办事处等会为政府提供决策咨询。

（三）土地发展权制度

英国是世界上建立土地发展权最早的国家，土地的发展权属于国家，但通过土地开发许可制，公有的土地发展权可以转变为私人的发展权，土地所有者对土地进行开发时必须向政府机关提出申请并获批准。通过土地发展权制度的建立和完善，英国完善了土地权利体系法制建设，解决了农地保护、生态破坏等传统土地权利不能解决的现实性问题。

---

① 魏莉华：《美国土地用途管制制度及其借鉴》，《中国土地科学》1998 年第 3 期。
② 吕萍：《不动产管理制度研究》，北京：中国大地出版社，2003 年版。
③ 陈勇：《英国土地制度及其实践》，《山东国土资源》2007 年第 2 期。
④ 宋国明：《英国土地规划管理》，《国土资源情报》2010 年第 12 期。

四、德国土地管理制度的探索

（一）土地登记制度

一般来说，一个县有一个地籍局，主管地籍测绘、建设用地整治、土地登记等工作。在工作程序上，首先是进行地籍测绘，确定权属界，然后进行地籍登记[①]。在土地登记方面，德国实行分工管理，地方法院负责土地权属登记手续，地籍机关负责地块登记手续。1896年，随着《德国民法典》的颁布，土地登记簿得以在全德国境内实施。

（二）土地利用规划制度

土地规划先行、科学用地分类是德国土地利用的显著特征。德国的土地利用规划的目标是统筹协调各业用地，既能反映各行各业的用地需求，又能结合不同空间的活动和需求，综合考虑社会、经济和生态各方面的效益。具体内容可以分为项目规划和实施规划。土地利用规划机构纵向和横向相结合：纵向为从上向下，联邦—州—地区—城镇—条线；横向机构是指行业之间，如农业、工业、交通运输、环境规划、水资源管理等各部门。实际过程中，土地利用规划制度的编制是一个动态过程，各步骤之间相互关联、重复互动、互为依存，有时几个步骤相互结合穿插进行[②]。

（三）土地流转制度

1955年德国政府就制定《农业法》，鼓励土地合并经营，在政策上促进了经营规模的扩大，允许土地自由买卖和出租，使原本规模很小、没有生命力的小农场转变为拥有10~20公顷或规模更大的、富有生命力的农场。1965年，政府又规定凡出售土地的农民可获得奖金或贷款，以帮助转向非农产业，凡土地出租超过12年的，每公顷租地可获得500马克奖金。近年来其土地租佃关系呈上升趋势[③]。

---

① 罗必武：《联邦德国的土地管理》，《世界农业》1985年第10期。

② 陆光顺：《借鉴德国经验探讨我国农村土地利用规划》，福建省土地学会《“科学合理用地，推进海西建设”——福建省土地学会2006年学术年会论文集》，2007年，第220页。

③ 范怀超：《国外土地流转趋势及对我国的启示》，《经济地理》2010年第3期。

五、日本土地管理制度的探索

（一）土地登记制度

在日本，土地登记制度包含于不动产登记制度，登记的具体权利包括所有权、地上权、永久租用权、地役权、先买特权、不动产质权、抵押权、租借权、采石权九种权利[①]。日本土地登记制度由相互连接，相互支撑的三个系统构成：一是承担宏观管理功能的行政管理部门，即国土建设省，主要负责土地登记的决策、计划、控制、督促等职能；二是负责法律落实和监督等职能的司法管理部门，即法务省土地登记局；三是科技手段，能够为土地登记提供技术支持、土地登记实际操作的土地科技服务部门和人员[②]。

（二）土地流转制度

日本在1961年制定《农业基本法》，先后多次修改《土地法》，放宽对土地流转的限制，倡导以租赁为主的规模经营。1970年创设农业人养老金制度，提倡土地转让和相对集中，鼓励扩大土地经营规模。1980年颁布了《土地利用增进法》，进一步鼓励农户出租、出卖或放弃土地，如对于放弃农业和卖掉土地的农户一次性给予62万日元的退耕补贴等。为促进农户间的土地流转，日本政府加强对中介组织的培育与扶持，专门成立农业合作经济组织，并从国库给予补助金[③]。

（三）耕地保护制度

目前，日本的农村土地法律制度体系涵盖了包括《农地法》《农业基本法》等基本法在内的130多部法律，法律之间相互衔接交替，操作性较强，经过长期和反复的修正完善，逐步成为耕地保护的重要屏障[④]。除通过法律来保护耕地外，日本还十分注重耕地保护、农业振兴与城市发展之间的协调，通过农业生产技术创新、发展都市农业等新型农业的方式来实现耕地保护、城市化以及经济的和谐发展。

---

① 许坚：《日本、香港等国家和地区土地登记制度及其启示》，《中国房地产导报》1998年第16期。
② 魏双：《论日本不动产登记制度对我国的启示》，《经济研究导刊》2015年第11期。
③ 范怀超：《国外土地流转趋势及对我国的启示》，《经济地理》2010年第3期。
④ 高强：《日本农村土地制度改革背景、进程及手段的评述》，《现代日本经济》2013年第2期。

第二节　中国台湾地区土地管理的做法

一、土地登记制度

我国台湾的土地制度是世界公认的学习典范①。台湾的土地登记不仅要进行形式审查，还要进行更严谨的实体审查②。土地登记采用总登记和变更登记两种方式：总登记包括土地总登记、土地所有权和建筑物所有权第一次登记；变更登记包括标示变更登记、所有权变更登记、他项权利登记、继承登记、信托登记、更正与限制登记、涂销与消灭登记及更名更址、书状补给登记等其他登记③。

二、土地用途管制制度

台湾地区人多地少，土地资源匮乏，共有土地面积 3.6 万多平方千米，2100 多万人口，山地占土地总面积的 75%以上，经济发展与土地保护之间的矛盾较为突出。总的来说，台湾地区土地使用管制由都市土地使用管制和非都市土地使用管制构成。土地用途管制可划分为四个层次：第一个层次是国土综合开发计划，第二个层次是东部、南部、中部和北部四个地区的区域计划，第三个层次为各县、市综合发展计划，第四个层次是在各市、县辖区内，都市土地制订都市计划，非都市土地则依照区域计划或非都市土地使用计划划分土地使用区及各种使用地④。

---

① 李昌平：《台湾的土地制度》，《江苏农村经济》2010 年第 1 期。
② 本刊记者：《台湾地政介绍丛书之台湾土地登记（一）》，《资源与人居环境》2012 年第 1 期。
③ 海峡两岸地籍管理研讨会代表团：《台湾地籍制度考》，《中国土地》2003 年第 1 期。
④ 陆冠尧：《国外及台湾地区土地用途管制制度研究比较》，《广东土地科学》2005 年第 2 期。

三、土地征收制度

伴随着工业化以及城市化进程的不断发展，土地征收已经成为经济社会发展过程中获取建设用地的重要方式，但也往往成为利益角逐、矛盾交织、影响社会秩序的重要因素。我国台湾地区对土地征收进行了法制完善，规定了土地征收程序，形成了一套完善的土地征收制度。对土地征收的目的，台湾地区采用列举法进行了规定，台湾地区《土地征收条例》第3条规定，“因公益的需要，兴办下列各款事业，得征收私有土地；征收之范围，应以其事业所必须者为限，包括：国防事业，交通事业，公用事业，水利事业，公共卫生及环境保护事业，政府机关、地方自治机关及其他公共建筑，教育学术及文化事业，国营事业，其他依法得征收土地之事业”，土地征收主体必须为代表台湾当局行使土地征用权的有关政府机关，用地单位仅有土地征收的请求权。土地征收必须履行申请、审议核准、执行等严格的程序。

第三节　境外土地管理制度的经验启示

上文对美国、英国、德国、日本等西方发达国家以及中国台湾地区的土地管理制度进行了考察，现对其土地管理共性之处进行梳理和总结，了解其农村土地制度创新的理念、模式以及技术创新。考察经验的适用性之后，我们认为国内农村土地制度改革可资借鉴的主要有以下几个方面：

一、完善我国农村土地登记制度

由于我国有效的农村土地登记制度尚未形成，农村集体土地所有者主体不清、权利和责任不明，往往在农村经济改革中因土地权属纠纷、征地补偿纠纷而引发激烈冲突。借鉴国外土地产权登记制度，建立科学、合理的农村土地承包经营权登记制度不仅关系农村农业经济的发展，而且关乎农民权益和社会稳定大局。为保障农村土地产权顺利实现，各国地方政府实行了完整的土地产权登记制度，通过完善法规制度、提供技术支持、加强社会参与等方式保障农村土地权利的顺利实现。土地所有者可以公开查询，私有产权拥有对土地的控制进入权、使用权、销售权、租赁权、赠与权和继承权等，除非用于公共用途并给予合理补偿，私有土地不能被征收。当前我国应加强农地登记制度，明确农村集体土地所有者及其权属、完善家庭承包制、将土地权利主体和份额落实到人，建立土地经营权初始登记、转移变更登记及相关权利一体登记制度，完善相关救济措施[①]。

二、加强我国农村土地利用规划

农村土地利用规划有利于优化农村土地利用结构和空间布局，促进农村节约集约用地，协调农村经济社会发展与资源环境保护的关系，推进社会主义新农村建设和城乡统筹发展[②]。然而，目前我国广大农村地区土地利用规划程度普遍不高，用地粗放、建设用地缺乏统筹安排、布局散乱、空心村现象普遍、违法用地、少批多占、土地资源浪费等问题突出。科学的土地规划是土地资源高效利用的前提，是国家进行土地资源管理的重要方式。上述发达国家和中国台湾地区都出台了一系列旨在合理利用农地资源、保护生态环境的土地利用规划制度，并且完善土地利用规划法规，明确各级政府的土地规划职责，加强政府各部门和社会组织之间的合作，制定土地利用短期规划、中期规划以及长期规划，执行土地利用规划先行，最终实现了经济、社会和生态协调发展的综合效益。我国应借鉴这些国家和地区土地规划的成功做法，统筹全国城乡土地利用规划，加强规划管理，制定科学合理、符合国情地情、具有战略眼光、可操作性强的土地利用规划，走出一条集约化、可持续的土地利用道路。

三、健全农村土地利用保护制度

我国是土地资源相对贫乏的国家，土地资源人均占有率和耕地资源人均占有率远低于世界平均水平。而且我国国土面积当中，山地、高原多，

---

① 袁达松：《我国农村土地承包经营权登记制度的完善》，《中州学刊》2013 年第 2 期。
② 石永明：《农村土地利用规划制度建设研究》，《农机化研究》2011 年第 7 期。

平地、水地少，可耕土地占国土面积比例小。按耕地生产力衡量，一等地只有 40%，中等地占 34%，三等劣地占 22.5%，不宜农业耕作的占3.5%。而且近年受多种因素影响，农地整体质量水平呈下降趋势①。随着新《土地管理法》的出台，我国农村土地利用保护制度得到发展，但是土地资源浪费、破坏等现象依然严重，城市化过程中出现“开发区热”“旅游区热”“加工区热”以及“房地产热”等现象，大量挤占农业用地，土地抛荒、乱拆乱建、耕地非农化等造成土地资源的浪费。因此，应进一步借鉴发达国家和地区的土地保护制度，通过对土地利用的详细规划，加强用途管制制度建设，形成法律制度完善、管理系统科学、生态效益良好、公众参与广泛的土地利用保护制度。具体而言，一是要在严格耕地保护红线的基础上建立完善农业用地质量评价制度，二是要健全农业用地转变用途的许可制度。

① 刘祯：《对我国农村土地保护现状的实证分析》，《北京农业》2007 年 7 月下旬刊。

第四章 农村土地制度改革与创新的实践及经验[①]

第一节 三分三改：温州农村集体产权改革

以“三分三改”为主体的温州市农村集体产权改革，是温州市实现农村“转、并、联”建设新农村社区、推动城乡一体化发展战略有效实施的基础。通过对农村集体资产进行产权改革，可以明晰每名村民所能享有的农村集体资产份额，明确收益关系，将农村集体资产分得好、配得公。与此同时，通过对农村集体资产的股份化、合作化改革，既能够盘活农村集体资产，使其进入市场进行交易增值，又能够充分落实村民对农村集体资产经营管理的监督权利，从而维护与增进村民的合法权益，使其不受侵犯。通过实行以“三分三改”为主体的农村集体产权改革，不仅能够解放农业资本，让农村集体资产可以通过市场经济活动保值增值，而且也促进了资源、人力在城乡间的流动，对促进社会经济发展、增强农民参与市场经济活动的能力，起到了十分重要的推动和保障作用。

一、温州农村集体产权改革的具体措施

所谓“三分”，是指“政经分开、资地分开和户产分开”；所谓“三改”，是指股改、地改和户改。政经分开是指将目前农村的党支部、村委会这“两委”与村级的集体经济组织分开，村“两委”作为党领导下的村

① 本章写作得到了李睿博士和李晓鹏博士的协助，特此致谢。

民自治组织，其职能应该是认真履行好村民授予的管理村庄公共事务、发展村庄公益事业的责任，而不是作为市场主体参与经济经营活动；资地分开是指将农村的集体土地和其他非土地的集体资产分开，土地仍归村集体所有的性质不变，但是其他非土地的集体资产可以进行转让、交易甚至上市流动，从而盘活农业资产、增加农民收益；户产分开是指将户口与产权分开，农民作为农村集体经济组织成员所享有的各项产权（权益），如土地承包权、宅基地用益物权、集体经济权益等，与农民的户籍分开，不随农民户籍的变动而受到影响。

“股改”，是指对农村集体经济组织所有的非土地的集体资产进行股份制改革，农民平等获得一定数额的农村非土地性集体资产的股份额度，并拥有对于自己所获得的股份的自由处置权，这一权益不受农民户籍、工作、居所变动的影响；“地改”，是指将乡村集体所有的土地分为农用地、宅基地、建设用地三类，在土地权属性质不变、用途不变、量质不变的前提下进行土地用益物权改革，让土地可以自由流转；“户改”，是指进行户籍改革，对户口以实有人口、实有住所为依据，按居住地登记，剥离依附在户口制度上的身份、服务、社会保障等附属功能，在农民原有权益不受侵犯的基础上，实现农民与市民之间、城乡之间的待遇平等。

根据温州市委、市政府围绕“三分三改”所提出的农村集体经济产权改革的实施办法，以行政村为基础建立村集体经济合作社，将作为村民自治组织的村民委员会与作为村集体资产经营组织的村集体经济合作社分离开来，村民委员会专注于管理村庄公共事务、发展村庄公益事业、为村民提供公共服务；在村集体经济合作社下面分设土地合作社和村集体经济股份合作社，建立土地合作社后，土地的所有权仍归村集体，使用权由承包的村民继承，而土地既可以由承包的村民自行经营，也可以通过土地流转等方式交由他人经营，甚至可以量化成为股份而参股进入农业经营组织由其他组织和个人代为经营。

二、温州农村集体产权改革的现实意义

第一，政经分离，理顺基层组织关系。温州的农村集体经济产权改革，就是要通过“三分三改”厘清原来纠缠在一起的市场、政府、社会这三者间的关系，将农业资本与农村社会组织剥离而能够按照市场经济规律

独立经营，把政府的权力限制在维护秩序、协商仲裁、提供服务的中立方面，并将社会自治组织的角色重新回归到自我管理和自我服务，让市场、政府与社会各归其位、各尽其责。

第二，明晰产权，维护农民合法权益。通过“三分三改”，原来数额模糊、受益权不明、难以清晰分配的农村集体资产，不仅可以较为准确地进行清查核算，而且能够明确让农民知道自己所应享受到的份额及该份额可以为自己带来的收益，实际上也就是在不改变农村集体资产的公有性质的基础上，让个人所享有的集体资产份额明晰地产权化了。

第三，户产分离，为农民自由流动创造条件。“三分三改”的核心内容，就是要在对农民现有的各项权益进行有效保护的基础上，为农民提供公平的机会和待遇，让农民能够有权利与市民享受同等的社会福利和公共服务，由此降低了户籍对农民的限制和约束，为农民自由流动创造了有利条件。

第二节　要素流动：成都农村产权制度改革

成都市作为全国城乡统筹综合配套改革试验区，自 2003 年以来深入实施城乡统筹、“四位一体”的科学发展总体战略，统筹实施“三个集中”，推进“六个一体化”和农村工作“四大基础工程”，实现了试验区经济社会平稳、较快发展。

为了实现农村土地与市场的对接，促进土地要素市场化，带动农村劳动力要素的自由流动，成都市创新耕地保护机制，规范土地承包经营权流转，推进集体林权制度改革，开展征地制度改革试验和农村集体建设用地使用权流转试验，稳妥开展城镇建设用地增加与农村建设用地减少挂钩试验和农用地转用、土地征收审批与实施分离试验。

一、成都农村土地产权改革的主要做法

第一，确权与颁证。将宪法规定的农村各种产权通过权证的形式确定到户，使之成为农民的法定资产，并赋予可流转的要素禀赋，以及市场化

的资本禀赋。这样不仅明晰了农村土地权属，而且为多种形式的适度规模经营培育了市场环境，为农村劳动力要素随土地要素在城乡市场之间自由流动提供了经济和社会保障。

第二，土地规模经营。所谓“三个集中”，即工业向园区集中、土地向规模经营集中、农民向城镇集中。成都市以稳定农村家庭承包经营为基础，按照依法、自愿、有偿的原则，稳步推进土地向农业龙头企业、农村集体经营组织、农民专业合作经济组织和种植大户集中，大力发展优质粮油、生猪、茶叶、花卉、蔬菜、水果等十大特色优势产业。土地规模经营总面积 195.6 万亩，占农村流转土地总面积的 68.5%。农业增加值由 2002 年的 125.5 亿元增至 2009 年的 275 亿元，翻了一倍多；带动农民持续增收，2009 年农民人均纯收入达到 7129 元，比 2002 年增长 111.1%。如成都市双流县重组土地 26 万亩，吸纳本地农民 2.2 万人，带动务工农民人均增收 106 元。表 4-1 所示为成都市土地集中及农业产业化规模经营效果一览。

表 4-1　成都市土地集中及农业产业化规模经营效果一览

试点乡镇	土地集中办法	土地集中规模	规模经营效果
锦江三圣街道	拆院并院、拆企入园，用集约土地置换城镇建设用地、兴建经营用房、引入旅游配套项目	涉及 12 平方千米土地，其中花乡农居 3532 亩，幸福梅林 2155 亩，江家菜地 5000 亩，东篱菊园 3000 亩，荷塘月色 1074 亩	2005 年花卉产值 6560 万元，接待游客 1100 万人次，农户获取租金、薪金、股金三重收入，片区集体资产达到 3583 万元
温江区万春镇	农户土地经营权转包、转让、互换实现集中，企业、个体老板对土地进行租赁，农户以土地承包经营权向村社企业入股	流转土地 2.55 万亩，占全镇耕地面积的 63.2%，土地流转规模 100 亩以上的企业 185 家，1000 亩以上的 2 家	解决了农户生产规模小、零星分散的问题，引入成都置信打造“国色天香”“村企合一”的社区公司得到蓬勃发展
邛崃市汤营村	整治沟渠、整治农村道路、搬迁农户、退宅还耕，开发荒草地、河滩地，改造下湿地、烂泥田，发展股份农业和租赁农业	完成土地整理 2300 多亩，净增耕地 390 余亩，村民以土地经营权入股 1000 亩，占总承包土地面积的 40%	建立 400 亩“早春红玉”西瓜规范化种植基地，发展优质粮田基地 370 亩，叶菜种植 270 亩，集中饲养三元杂交猪

资料来源：宋亚平等，增强政府社会管理和公共服务能力的农村综合改革研究。

第三，土地整治。成都市农村土地综合整治大致经历了三个阶段：第一阶段（2003~2006年）为农用地整理阶段；第二阶段（2006~2008年）为城乡建设用地增减挂钩阶段；第三阶段（2009年至今）为农村土地综合整治阶段。成都在2010年确定了“政府引导、农民集体和农户为主体、乡（镇）村组织、市场化运作”的新的土地综合整治机制；运用确权颁证成果，有序开展土地综合整治；探索试行建设用地指标交易制度，发挥市场的价格发现功能，显化农民土地资产的价值；在深入推进土地综合整治的同时，积极思考以土地综合整治为载体的相关工作拓展，积极稳妥、有序地探索集体建设用地流转试点。

第四，设立投资公司，撬动社会资金。2007年12月成都市成立了成都市农发投资公司，利用到位财政资金，撬动社会资金投入，放大财政资金作用，充分发挥杠杆效应，增强对农业的投入力度。

二、成都农村土地产权改革的主要特色

在农村产权改革中，成都市委市政府始终坚持农村产权改革的“还权赋能”。在“还权”方面，在确权颁证的制度设计与实践中，始终贯彻落实“全口径”的产权要确权到户；在“赋能”方面，充分发挥农民参与市场的自主性，村组集体经济组织对大家的事不包办、不决断。

宏观上看，成都市按照“全域成都”的理念统筹城乡建设，推进农村市场化改革；落实农民对土地的使用权和房屋、林木等资产的所有权，促进农村资源向资本转变，实现城乡生产要素自由流动，增强了农业和农村发展的内生动力。

第三节　“公司＋农户”：仙洪农村土地规模经营

自湖北仙洪新农村建设试点以来，试验区以统筹城乡发展为背景，以农村综合改革为思路，以稳定完善家庭承包责任制为基础，稳步推进土地适度规模经营。

一、仙洪农村土地流转和整治主要做法

第一，推动农地流转，创新经营方式。仙洪试验区开展了城乡建设用地增减挂钩试点，建立起农村土地使用权流转机制、农村集体建设用地流转制度，在实践中不断探索农村土地节约利用有效途径，完善土地征用制度。如表 4-2 所示，试验区土地流转分为转包、转让、出租、互换、入股及其他等形式。土地流转、土地使用权入股及土地适度规模经营，适应了新农村建设中农村分工分业和劳动力快速转移的新情况，农民增收有了更多的途径。

表 4-2　仙洪试验区土地流转实践与成效

流转形式	转包、转让、出租、互换、入股及其他（如代耕、代管等）
流转的特点	农村土地流转面积小、土地流转的地块较为分散、流转土地的流向多元化、流转土地用途及模式多样化
流转的主要做法	遵循三大原则，[①] 积极稳妥地推进农村土地流转；规范操作，因地制宜流转；打造硬件促流转；强化服务促流转
主要成效	土地流转推动了特色产业的发展，推动了农业产业化经营，推动了农村劳务经济的发展，促进了农民增收

资料来源：调研材料 HRLD20100722JGJ（经管局）：《引导农村土地流转　促进适度规模经营》。

据统计，仙洪试验区的项目区拥有几万亩良田，通过创新经营方式，实行“公司+农户”的模式，不仅为农产品找到了销路，同时实现了适度规模经营。截至 2010 年 3 月底，洪湖全市 17 个乡镇（街道办事处）[②] 土地流转总面积 80063 亩，流转到农户的面积 65403 亩，流转到专业合作社 4700 亩，流转到企业 8954 亩，流转到其他业主 1006 亩，盘活利用土地约 105 公顷，可为农村集体创收 6300 万~7900 万元。

第二，开展土地整治，创新项目实施。试验区自 2008 年成立以来，至 2013 年共投入了近十亿元用于土地整治项目，包括基本农田土地整理

① 这三大原则分别是“稳制活田，三权分离”的原则、“依法、自愿、有偿”的原则以及“实事求是、积极稳妥”的原则。

② 洪湖市共有乡镇一级单位 20 个，除 17 个乡镇、街办外，还有 3 个管理区，在这 3 个管理区内除人均 1.5 亩责任田之外，其余均为农场发包经营田，不存在土地流转的情况。

项目以及“兴地灭螺”工程。试验区通过项目的实施，极大地改善了农民的生产生活条件，使试验区面貌焕然一新。在项目资金筹措上，仙桃市整合了国土、水利及农业等多个部门的涉农资金用于土地整治上，提高试验区农业综合生产能力和改善群众生活环境，改变了过去涉农资金分割使用的状态，有利于发挥各项资金的叠加效应和规模效益。在土地整治工程质量把关上，按照工程监理百分制综合评价、业主单位外观形象评价、项目所在地群众使用效果评价“三评价”方式，对整治工程的施工质量进行打分，进一步确保了工程的质量和效果。仙桃市进一步创新了施工机制，实行委托代建制，即市局与项目所在镇签订委托代建合同，发挥乡镇政府熟悉整治区环境以及便于和村民进行沟通的作用，进一步调动了其在土地整治中的工作积极性。洪湖市在土地整治中结合项目区的水源条件、交通状况、农田水利设施状况、农村居民地的整体状况、新增耕地潜力等因素进行综合分析，确保选址、定址的科学性；在项目申报中强调规划的科学、合理，以确保项目的实施最终让村民接受；同时，集中各种资源用于土地整治项目，避免了涉农项目各自为政、重复建设、效益低下等问题；当整治项目完成后，相关设施委托当地村集体进行管护，发挥项目工程的长期效益。

总体上看，试验区土地整治项目主要有以下三个方面的内容：一是采取相关措施提高土地生产能力。通过项目实施，将过去分散凌乱、高低不平的地块合并成形状规则、面积适度的标准农田；将过去淤塞破损的沟渠、涵闸建成排灌及时畅通的灌溉系统；将过去弯曲无序、宽窄不一的田间小道建成便捷的运输通道。二是改善村民生产和居住环境。通过“兴地灭螺”工程进行田间沟渠清淤，对沟渠护坡、道路进行硬化以及修建沉螺池等，对农村居民集聚地沿边大沟大渠大路进行综合治理，加强各类生活配套设施建设。三是通过土地整治，实现占补平衡。通过土地整治项目的实施，对废弃坑塘、堤坝、田埂、坟地、“空心村”、废弃农村居民点等地块进行归并和整理，增加了耕地面积，拆抵了建设用地占用耕地的补偿指标[①]。

---

① 焦云清：《湖北仙洪新农村建设试验区的土地整治模式》，中国土地学会网，http：//www.zgtdxh.org.cn/tdr/wslt/tdrlt_7762/201307/t20130716_1241456.htm。

二、仙洪试验区土地制度创新效果评价

通过土地流转和规模经营，试验区粮食连续六年丰收，实际增产粮食和农民人均纯收入持续增长，增加的绝对额和增幅高于全省平均水平[①]。通过土地整治项目的实施，试验区改善和提升了农村生产条件和生活环境，使农业生产综合能力得到了极大的提高。试验区通过土地整治项目新增近万亩耕地，仅洪湖市就清淤达 90 万方，硬化沟渠湖泊 3 万米，硬化道路 2 万米。通过走访部分试验区村民，得出总体对实施的土地整治项目满意度较高[②]。

第四节　资源激活：广西玉林农村改革突破

2014 年 11 月，玉林市经农业部、中农办等 13 个中央部门批准为全国农村改革试验区，承担农村产权流转交易市场建设试点改革任务。试验区成立一年来，玉林市全国农村改革试验区扎实推进各项改革试验任务，实现了四大新突破[③]。

一、玉林农村改革实现突破的主要做法

一是激活产权，“还权赋能”有了保障。玉林市在广西率先铺开农村集体土地所有权、土地承包经营权、集体建设用地使用权、集体建设用地上房屋所有权、林权、小型水利工程产权确权工作，明晰农村产权权属，把农村“沉睡”的资产变成“活”的资本，整体放大产权改革红利。截至

---

① “《科学发展润荆楚》之二：仙洪农村展新颜”，2010 年 3 月 16 日下载自 http：//www.hbtv.com.cn/web/content/2010-01/23/contnt_1716924.htm。

② 焦云清：《湖北仙洪新农村建设试验区的土地整治模式》，中国土地学会网，http：//www.zgtdxh.org.cn/tdr/wslt/tdrlt_7762/201307/t20130716_1241456.htm。

③ 李银雁：《广西玉林农村改革实现新突破》，《中国经济时报》，2015 年 11 月 3 日，http：//www.aiweibang.com/yuedu/62354095.html。本部分内容直接得益于记者李银雁的调查报道，特此致谢。

2014年9月底，玉林市110个乡镇1467个村有89个乡镇1147个村开展了农村土地承包经营权确权工作，涉及农户101.8万户，航拍及实测耕地面积167.9万亩，已完成确权颁证耕地面积73.26万亩，确权颁证农户数32.33万户，占全市承包地总面积的25.7%。

二是放活市场，要素配置趋向优化。2014年10月30日，玉林市成立了玉林市农村产权交易中心有限公司，投资1200万元建设了产权交易中心大厅、电子竞价平台等软硬件设施。目前，玉林市已开展了土地承包经营权、林地使用权、水域养殖权等农村产权流转交易，在全国首创发布了“玉林市耕地交易价格指数”“玉林市林权交易价格指数”。截至目前，累计组织交易及鉴证服务的合同3835份，已出具《产权交易鉴证书》267份，流转交易面积17.1万亩，涉及流转交易总额18.75亿元。此外，玉林市还加快市、县、镇、村四级农村土地流转服务网络，着力构建农村产权流转交易市场体系。据统计，全市农村土地流转面积144.5万亩，流转率达54.5%，农村土地更多地向适度规模经营集中、向新型农业经营主体集聚。

三是主体培育，解决“谁来种地”问题。近年来，玉林在全市大力实施创建100个现代特色农业示范区，培育发展100个合作社示范社和100家示范性家庭农场这“3个100”示范工程，加快培育职业农民、专业大户、农业龙头企业等新型农业经营主体，引导发展土地流转、合作、入股等多种形式的适度规模经营，形成了龙头起舞的良好发展局面，有效破解了“谁来种地”的难题。据统计，通过“3个100”的示范带动，玉林市累计培育国家级农业产业化重点龙头企业4家，自治区级37家、市级161家；发展农民合作社2815个、工商登记注册家庭农场605个；农业产业化组织覆盖了全市51%以上的农户和80%以上的行政村，基地产品销售收入占农产品销售总收入的65%以上，取得了良好的成效。

四是强化金融支撑，破解资金难题。玉林市大力创新农村金融服务产品，重点推进农村产权抵押贷款，截至2014年6月底，玉林辖区涉农贷款余额501.48亿元，同比增长16.94%，增量和增速均位居全区前列，其中林权、土地承包经营权等农村产权抵押贷款余额11.13亿元。主要做法有：创新开展新型农业经营主体“一对一”金融帮扶，22家新型农业经营主体获得更为优惠的利率政策，截至2014年6月底贷款余额3.65亿元。同时，稳步扩大政策性农业保险。玉林市逐步健全农村产权流转交易风险分担体系，大力推动涉农保险发展，鼓励涉农银行业金融机构加强与保险公司的合作，推动涉农保险保单质押贷款业务，探索开发"信贷+保险"金融服务新产品，鼓励支持有条件的种养大户和有资质的农业生产企业通过投资"信贷+保险"等产品，有效防范和分散信贷风险。截至2014年6月底，全市实施水稻保险面积55.58万亩，甘蔗保险面积1.5万亩。2014年7月，广西18家自治区级银行业金融机构与玉林市人民政府签订了支持玉林全国农村改革试验区合作备忘录。未来五年，广西银行业金融机构将加大创新服务力度，以各种形式投放贷款3260多亿元大力支持玉林全国农村改革试验区建设。

二、玉林农村改革实现突破的主要经验

一是高位推动，政策先行。通过农村改革，倒逼其他领域的改革。为此，玉林建立了市县联动、部门协同的工作机制，成立了农村改革试验区工作领导小组，强化统筹协调，凝聚改革合力，高位推动试验区各项工作任务；在实践中，出台了《玉林市2015~2016年农村改革试验实施方案》《玉林市关于开展农村产权抵（质）押融资试点工作的实施意见》《玉林市农村产权交易管理暂行办法》等一系列政策文件，还聘请了多位专家作为玉林市农村改革试验区顾问，与农业部农村经济研究中心建立了试验区跟踪指导合作关系。

二是激活资源，培育主体。玉林以土地产权确权为基础，搭建土地产权交易中心等平台推进土地流转和规模经营，并以农业经营主体的培育衔接农村土地流转，以金融支撑和农业保险作为保障。由此形成了以激活资源、放活市场、强化保障为特色的农村改革之路，其改革措施环环相扣、互为支撑，值得推广。

第五节　双合作社：江苏无锡土地流转信托

对整个农村土地市场来说，土地流转信托项目是新形势下运用市场机制开展的一次土地流转方式创新。土地信托模式下的土地流转将带来土地要素的优化配置和经营效率的大幅提高，农民、土地经营者和地方政府都

会得到由土地集中带来的集约化生产效益和土地增值的利益。

2013 年 11 月 7 日，“土地信托之无锡桃园村项目”正式在无锡签约落地，由北京信托将阳山镇桃园村内 158.89 亩农业用地的土地经营权作为基础资产设立财产权信托。158.89 亩土地信托项目共涉及 233 户 881 人，作为全国第二单土地流转信托项目，无锡的实践为土地流转信托市场提供了新的探索方向①。

一、无锡土地流转信托项目的具体运作

桃园村土地流转信托项目采取“土地合作社+专业合作社”的双合作社模式，首先将拟进行信托的土地经营权确权到村民个人，再由村民以其土地经营权入股土地股份合作社，土地股份合作社作为委托人以土地经营权在北京信托设立财产权信托。北京信托接手这块土地后，把这块土地租赁给由桃园村五位种桃能手发起成立的水蜜桃专业合作社。双方按照合作方案约定，233 家农户从土地信托中至少获得两类收益：一是每年 1700 元/亩的固定收益；二是第七年起获得浮动收益的 20%。

桃园村土地流转信托项目有一系列规范的运作程序：第一，进行土地承包经营权确权工作，并以户为单位发放土地股份合作社股权证。第二，坚持民主协商，成立土地股份合作社。第三，按照工商注册登记要求对土地股份专业合作社进行工商注册登记。另外，为了监督专业合作社的经营，北京信托每年还要派专业的审计人员来对专业合作社账目进行审计，镇政府农村工作办公室也会负责对专业合作社进行指导和监督。

二、农村土地流转信托探索的多重意义

土地信托通过信托方式和金融工程技术将农民和农村集体经济组织所拥有的土地权益（即农村土地承包经营权或农村集体建设用地使用权）改造成为了标准化、可分割、具有稳定现金流预期的信托收益凭证，使土地

---

① 王小霞：《全国第二单土地流转信托调查》，《中国经济时报》，2015 年 10 月 27 日，http：//wx.shenchuang.com/article/2015-10-27/1253117.html。本部分内容直接得益于记者王小霞的调查报道，特此致谢。

权益具有了金融属性和资本属性，农民手里流通性低的土地权益被改造为流动性较高、易于衡量价值的金融产品，在入市交易中，通过市场竞争机制，发现价值，形成市场公允价格。这就搭建了农民通往资本市场的桥梁，农民可以通过出售或者抵质押的方式获得资金，使农民有了进城和再创业的资本。

从农民的角度来看，土地信托为农民和农村集体经济组织设计了复式收入结构，分为确权后的地租收入、成为农业工人获得的劳务收入和集中化经营获利的二次分成收入；从专业合作社的角度来看，土地流转信托项目不但使其土地平整改良和投资等行为具有长期化的制度性优势，而且北京信托对项目的规划指引，为其导入了现代化生产方式，打造了现代化的农业产业链和农业生产服务体系。

总而言之，通过流转使土地资源得以盘活，进而实现规模化、集约化、资本化运营，不仅保护了土地，提高了经营效益和内涵价值，还使农民能够以地权分享土地所带来的各种收益，土地流转成为推动农民收入长期增长和解决当前诸多土地问题的有效手段之一。土地流转还能释放固化在农村土地上的巨量资本，为宏观经济持续、稳定和健康发展提供资本支持。

第六节　“连片耕种”：湖北沙洋县探索新模式

沙洋县位于湖北省中部，人均净耕地 7.7 亩，耕地碎片化和分散化严重，近年来，沙洋县抓住新一轮农村土地确权登记颁证机遇，借鉴基层改革创新，大胆探索，以村民小组内农户之间流转经营权、调整承包地块等方式，整县推进“按户连片耕种”，使近九成农户耕种的土地连片且“不插花”，让农民种田不用东奔西跑，对解决农村土地分散化等问题和发展多种形式适度规模经营做出了探索①。按户集中连片耕种模式得到了社会各界的关注和认可。

---

①《逼出来的“按户连片耕种”——湖北土地确权“沙洋模式”调查（上）》，《农民日报》，2015 年 10 月 19 日第 1 版，http：//www.snzg.cn/article/2015/1020/article_41340.html。

一、按户连片耕种的主要做法

我国农村土地第一轮承包期满后启动二轮承包，至 2027 年 30 年不变。土地“按户连片耕种”涉及经营面积、界限、区位等，程序烦琐，沙洋县五年开会上百次讨论方案，后通过两次“抓阄”加上自愿调整，确定“按户连片耕种”地块。集中连片耕种的第一种模式是土地的承包权不变，农户间协商交换经营权，体现了土地“三权分立”的政策，也是目前应用比较广泛的模式。第二种模式就是农户间协商交换承包经营权，承包权与经营权一并交换。

沙洋在探索中严守政策，坚决尊重农民意愿，全县推行的按户连片耕种改革是通过“一主一辅一不得”来实现，即在农民自愿的前提下，以村小组内流转经营权为主，以互换承包权为辅，不得整村打乱重分，这符合国家现行政策，进一步完善了家庭联产承包责任制。当前，农户分散经营土地和新型主体规模经营将长期并存。“沙洋模式”既公平调整了农民的土地承包经营权，连片后易规模流转，又提高了单个农户分散经营土地的利用效率，让土地创造更大的价值①。沙洋县委书记认为，农村土地实行按户连片耕种，有效解决了农村劳动力不足、分散耕种成本过高、水利基础设施难管护等问题，也为规模经营打下了基础。截至目前，沙洋按户连片集中耕种面积已近 37 万亩，连片率达 40.2%②。

二、按户连片耕种的实践意义

沙洋县推行的按户连片耕种获得了各级领导的认可，也颇受基层欢迎。农业部曾就沙洋的探索进行专门调研，认为其经验值得在农区推广，并总结了按户连片耕种的五条成效：一是化解了务农劳动“累”的困境，二是化解了分散流转“差”的困境，三是化解了公共设施“乱”的困境，

---

①《逼出来的“按户连片耕种”——湖北土地确权“沙洋模式”调查（下）》，《农民日报》，2015 年 10 月 20 日第 1 版，http：//www.snzg.cn/article/2015/1020/article_41340.html。

②《湖北沙洋推广连片耕种，解决土地“分散化、碎片化”》，人民网—《人民日报》，2015 年 9 月 6 日，http：//hb.people.com.cn/BIG5/n/2015/0906/c194063-26250898.html。

四是解决了种田成本“高”的困境，五是化解了统一耕种“难”的困境。此外，农业部提出要明确解决土地碎片化的相关政策，鼓励有条件的地方在充分尊重民意和做好土地确权登记工作的前提下，积极开展互换并进、连田耕种的沙洋模式，引导农民通过自愿互换承包田解决地块细碎化的问题，推进机械化耕种。

第五章　农村土地制度改革与创新的思路和措施

“法者，天下之公器；变者，天下之公理。”在审慎考察我国农村土地制度的历史流变、当前特征、改革困境和问题根源后，我们认为唯有改革才能跨越制度障碍，唯有改革才能破除发展藩篱。在充分借鉴历史经验、客观把握当前形势、积极借鉴已有经验的基础上，还应就农村土地制度改革的原则与方向、思路与侧重、措施与时序进行具体研究，以期提出更具针对性和可操作性的政策建议。

第一节　土地制度改革创新的原则与方向

当前，我国经济发展进入新常态，农村经济社会深刻变革，农村改革涉及的利益关系更加复杂、目标更加多元、影响因素更加多样、任务也更加艰巨。基于以上认识，结合最近出台的《深化农村改革综合性实施方案》以及中共十八届五中全会、中央经济工作会议和中央农村工作会议部署要求，在土地制度改革中应坚持以下原则：

一、坚持方向，统一领导

坚持社会主义市场经济方向，充分发挥市场在资源配置中的决定性作用，促进农业尽快转到数量、质量、效益并重，注重可持续的集约发展上来。始终把加强党的统一领导作为推进土地制度改革的政治保证，提高依法做好“三农”工作的能力和水平。在中央的统一领导下，积极稳妥深化各项改革。

二、理念引领，统揽全局

中共十八届五中全会秉持创新、协调、绿色、开放、共享的发展理念，对“十三五”农业农村改革发展做出了总体部署和系统安排。2016年是“十三五”开局之年，农村土地制度改革应坚持五大发展理念，积极创新、协调推进、绿色发展、深化开放、共享成果。目前，农村改革已经进入攻坚期和深水区，改革事项涉及多方利益关系调整，容易引发农村社会矛盾和冲突。农村土地制度改革必须统揽全局，着眼长远，立足实际，深入认识土地问题的现实性和综合性，将其置于“三期叠加”和“三化同步”的阶段性特征之中①，统一思想，凝聚力量，科学谋划，攻坚克难，为农业农村发展释放改革红利，增添新的活力，为解决积累多年的深层矛盾寻求契机。

三、尊重主体，保障权益

在农村土地制度改革过程中必须坚持“农民利益不受损”的底线，在推动土地经营权流转的过程中切实遵循“自发自愿有偿”的原则，在加强农民合作社建设的过程中让农民更多分享产业链增值收益。在发展农业适度规模经营的过程中要强化农户的主体地位，以农户家庭经营为基础，家庭经营在相当长的时期都将占据基础性地位。要加快发展经营性服务，搞好公益性服务，完善农业社会化服务体系②，加快新型农民职业队伍培训。总之，要把实现好、维护好、发展好广大农民的根本利益作为深化农村土地改革的出发点和落脚点，切实保障农民合法经济利益，尊重农民民主权利。在农村土地制度改革和创新过程中必须始终坚持农民自愿原则，保护和调动农民积极性，尊重农民主体地位和首创精神，让农民参与改革进程，分享改革成果。

---

① “三期叠加”是对中国经济发展阶段性特征的概括，是指我国当前处于增长速度换挡期、结构调整阵痛期和前期刺激政策消化期；“三化同步”是党的十七届五中全会提出的重大战略部署，即在工业化、城镇化深入发展中同步推进农业现代化。

② 汪洋：《稳妥开展农村承包土地经营权抵押贷款试点》，新华网，http：//news.xinhuanet.com/finance/2015-11/16/c_128431870.htm。

四、多种经营，协调发展

要把握好土地集体所有制和家庭承包经营的关系，现有农村土地承包关系保持稳定并长久不变，落实集体所有权，稳定农户承包权，放活土地经营权，实行“三权分置”。创新农业经营方式是农业现代化的客观需要，应坚持家庭经营在农业中的基础性地位，积极利用专业合作、股份合作、土地流转、土地入股、土地托管等多种形式，发展农业适度规模经营①。着力培育新型经营主体，引导和支持种养大户、家庭农场、农民合作社、农业企业等发展壮大，推进家庭经营、集体经营、合作经营、企业经营等共同发展。此外，在坚持土地公有制性质基础上，加强对农村各种所有制经济组织和农民家庭合法财产权益的保护，赋予农村各种所有制经济组织同等的市场主体地位，保证其依法公平参与市场竞争、同等受到法律保护，促进农村集体经济、农户家庭经济、农民合作经济、各种私人和股份制经济等共同发展。

五、试点先行，循序渐进

在把握方向、坚守底线的前提下，鼓励积极探索、大胆创新，允许采取差异性、过渡性的制度和政策安排。认真组织好农村改革试点工作，包括当前开展的农村土地征收、集体经营性建设用地入市、宅基地制度改革试点工作，农村土地流转和适度规模经营试点工作，农村土地经营权和农民住房财产权抵押贷款试点工作，农村土地承包经营权确权登记颁证试点工作，工商资本租赁农村土地监管和风险防范试点工作等。在试点的基础上及时发掘可复制、可推广的经验，总结不完善、不协调的教训。注重深入基层、深入实际，了解基层意愿，推动政策落实，盯紧重点工作，形成上下联动、狠抓落实的良性工作格局，推动农村土地制度改革循序渐进，稳步发展。

---

① 中共十八届五中全会通过的《中共中央关于制定国民经济和社会发展第十三个五年规划的建议》强调，“加快转变农业发展方式，发展多种形式适度规模经营，发挥其在现代农业建设中的引领作用”。

在以上原则的指导下，当前农村土地制度改革的宏观目标是：到2020年，农村集体资产所有权、农户土地承包经营权和农民财产权的保护制度更加完善，并以土地制度改革推进城乡经济社会发展一体化体制机制的建立，促使农村社会治理体系和农村基层组织制度更加完善，农民民主权利得到更好保障，实现农业农村法律法规进一步完善并加强，提升农业现代化水平和农民生活水平，使农村经济社会发展更具活力。

从农业发展的角度看，基本发展方向是大力推进农业现代化，加快转变农业发展方式，发展多种形式适度规模经营，发挥其在现代农业建设中的引领作用。在此背景下，农村土地制度改革的基本方向是：坚持一个核心、兼顾两个重点、完善三权分置、实现五大目标。一个核心，即以保护农民集体经济组织成员权利为核心。两个重点，即以明晰农村集体产权归属、保护农民合法土地权益为重点。三权分置，即坚守土地公有性质不改变、耕地红线不突破、农民利益不受损“三条底线”。落实集体所有权，稳定农户承包权，放活土地经营权。五大目标，即健全归属清晰、权责明确、保护严格、流转顺畅的现代产权制度，使城市国有土地与村集体土地两种所有制权利平等；建立城乡土地平等进入、公平交易的土地市场制度；建立公平、共享的土地增值收益分配制度；建立公开、透明、规范的土地融资制度；建立以权属管理和规划与用途管制为核心的现代土地管理体制。

第二节　土地制度改革创新的思路与侧重

一、总体思路

坚持农村土地集体所有的前提下，促使农村土地承包权和经营权分离，形成所有权、承包权、经营权三权分置、经营权流转的格局，是当前推进农村土地制度改革的突破口。农村土地制度改革的总体思路是：以实施确权和土地登记颁证为基点，为保障土地权益和农业现代化、人口城镇化提供基础制度保障。以土地制度改革为契机，推进消除城乡二元体制改革，促进生产要素在城乡的优化配置与流动，实现城乡发展一体化和可持续的城镇化。以构建两种所有制土地权利平等的产权制度为主线，实现不同主体平等参与和分享经济发展机会。推进征地制度改革和用地模式改革，促进土地收益的更公平分配，实现全社会对土地增值收益的共享。完善土地经营、融资和税收制度，为可持续的城镇化提供资金保障[①]。实践中应沿用“布局试点—政策完善—全面推进”的思路，侧重于三个改革前提、四条改革路径和五大体制配套。

二、改革侧重

三个改革前提立足于农村土地制度改革创新的基础层面，包括确地、服务和投入；四条改革路径着眼于农村土地制度改革创新的制度层面，包括明确农民产权主体地位、完善农村土地征用制度、推进建设性用地市场化和探索宅基地市场化流转；五大体制配套则聚焦于农村土地制度改革创新的体制层面，包括推进财政体制深化改革、推动土地管理体制改革、优化农村土地税费体制、健全农民公共服务体系和完善官员绩效考核体制。通过夯实改革基础、明确改革路径和强化改革配套，逐步解决当前农村土地制度中存在的主要问题，赋予农民更多财产权利，明晰产权归属，完善各项权能，激活农村各类生产要素潜能，使农村土地制度与新型城镇化、农业现代化内洽，让农民成为改革的积极参与者和真正受益者。

第三节　土地制度改革创新的措施与时序

农村改革综合性强，靠单兵突进难以奏效，必须树立系统性思维，做好整体谋划和顶层设计，找准牵一发而动全身的“牛鼻子”和主要矛盾，只有这样才能提出科学的改革措施。根据我们的分析，当前农村土地制度的问题表现在制度层面，但问题背后的原因多为体制层面，因此，推进农地制度改革既要在制度层面下功夫，也要在体制层面花力气，在统筹把握

① 刘守英：《直面中国土地问题》，北京：中国发展出版社，2014年版，第145页。

问题的原因的前提下，还应确定改革的具体操作路径和推进时序。

一、基础层面

（一）确地

农民土地经营权的保护、流转以及土地的合理利用，前提是需要对现存农地进行清产核实，确地确权。在农村土地二轮延包过程中，中央就强调确权确地到户。但是，土地确权不仅需要对土地产权关系进行清查确权，也需要对土地存量、类型、边界等进行测量、核实。由于这是一个浩大的工程，需要大量的人力、物力、技术和财力投入，因此当前还存在大量的账地不符、数量不实、边界不明、产权不清等问题。这些不仅制约了农村土地的流转，也常常造成土地纠纷，农民土地权益也缺乏基本的制度保障。为此，应开展全国性土地清理工作，对农村集体及农民承包经营的土地、林地、草地、“四荒”、滩涂、水面以及宅基地、非农建设用地等进行清理，测量、核查、登记，最终确地确权到集体、个人和单位。

根据我们对四川成都的调查，成都市完成村庄土地（含宅基地）测量、核查和登记工作，村平投入需 20 万元。湖北咸安的农村土地权属变更调查，每个行政村约 2000 元；地类补充调查及地类转换、衔接，每平方千米 100 元左右；基本农田调查上图，每亩 3 元；数字化地形测量，每个村约 20000 元；土地利用管理及地籍信息系统数据库建设和县、乡图件编制等，平均每个建制县约 50 万元。如果按照村平投入 10 万元计算，全国 59.7 万个村需投入约 600 亿元。为此，可分批分步进行。

确权确地要按照五年基本完成的要求，倒排时间表，积极稳妥推进。已经开展试点的 12 个省份要抓好各个环节的完善补充工作，并积极开展“回头看”，抓好制度健全和成果应用，重点推进数据库数据汇交、信息应用平台建设和试运行。2016 年中央确定的 10 个整省试点省份，应重点抓好宣传培训、政策执行、技术指导、测绘招标等关键环节工作。同时，鼓励有条件的地方结合高标准农田建设，利用确权登记时机，积极引导农民将分散零碎的承包地通过互换或流转等方式，集中归并，解决地块细碎化问题[①]，逐步开展土地承包经营权有偿退出试点。

①《全国农业农村经济 2016 年 20 项重点工作明确——韩长赋部长全国农业工作会议上讲话》，中国农民合作研究网，http：//www.ccfc.zju.edu.cn/a/sannongtoushi/2016/0108/21430.html。

（二）服务

当前农村土地承包经营权的保护、流转及合理利用，重要的是加快构建服务平台，完善相关政策，为农民群众和经济组织提供更便捷、及时的服务。

一是土地管理技术和信息平台。将地理信息系统与土地权证系统结合起来，并实现对土地交易的实时监控和管理。

二是土地流转和交易平台。现在部分地区已经建立起土地流转和交易平台，鼓励和支持农民土地承包经营权入市平等交易；同时，逐步实现集体土地直接进入土地市场，平等交易。因此，现行的土地承包经营管理条例不应规定承包经营权只能在村集体内部交易，既不利于土地自由流转，也不利于农民土地经营权的增值，是对农民权益的损害。

三是农地品质地价评估体系。要保障土地流转和交易，必须建立农村地价的评估机制，要培养专门的评估地价人才，建立农村地价评估机构，制定专门的评估标准，对农地品质及价格进行评估，实现公平公正交易。这不仅有助于保护农民权益，也是未来土地税制改革的基础。

四是土地流转奖励支持政策。一方面，随着城市化和工业化的发展，农村大量人口向城市和非农产业转移；另一方面，随着农村产业化和市场化的发展，一些有竞争性的产业及有能力的人员需要扩大经营规模，需要农村土地。但是，由于现行的土地均分及保障制度，离农的农民宁可闲置土地，也不愿放弃土地，而急需土地的人们又难以获得土地。为此，应建立农地的退出机制，鼓励那些在城市或非农产业有稳定职业和经济来源的农民自愿流转和退出土地，如转包他人耕种、流转变现或入股分红。对于自愿放弃土地的农民，政府可以给予一定的土地交易的税费减免甚至是奖励。对于一时无人购买的土地，政府或集体也应收购，作为土地的储备。这不但有利于保障非农就业农民的土地权益，也有利于推动农民向非农业转移，使农民“既离土又离乡”，推进城市化进程。对农村而言，这有利于农地的规模化、人地矛盾的缓解、农民增收及农业的现代化。

五是承包经营纠纷调解仲裁。要进一步完善农村土地承包经营纠纷调解制度，建立健全乡镇农村土地承包调解委员会，实行村组土地承包经营纠纷调解负责制；加强仲裁培训，探索建立仲裁员职业资格管理制度；完善综治考评指标，督促基层落实调解仲裁基础设施建设项目，改善仲裁工作条件；加大土地承包法律法规政策宣传力度，引导广大农民群众依法维权。

（三）投入

任何工作都是需要成本的。尤其是农村土地的确权、确地、流转、改制等都需要大量的投入。必须将这些投入列入财政预算，专项支持。如为了引导、支持和鼓励农村土地流转，构建城乡一体的土地流转市场，建议设立农村土地流转基金。土地流转基金主要用于以下四个方面：一是流转奖励资金。对在城镇有稳定就业和收入及将转为城镇居民的农民自愿退出承包经营的土地，以及把土地承包权流转给农业大户、龙头企业、农民专业合作社和耕种能手的农户，由政府按实际流转面积给予适当补贴。二是土地储备资金。对于农民退出或自愿流转进入土地流转市场但一时无人认购的农村土地，由土地流转基金购买用作政府的土地储备。这些储备土地不改变土地产权性质（非征地）及用途。农用地由政府聘请人员代耕代种，保值增值。三是土地整治资金。为了加快推进“空心村”的改造及村庄公共设施建设，动用基金先期垫支闲置的宅基地、动迁的房屋及土地调整的补偿。四是土地市场建设资金，包括土地流转服务中心（如农村产权交易所、土地流转服务中心）、土地评估机构、土地仲裁机构等的建设等。农村土地流转基金由政府财政投入或通过市场融资、企业入股和集体集资等多种方式筹措资金，由县市区政府统一管理，接受地方人大和群众监督，专款专用于农村土地流转、储备及整治。土地流转基金的收益纳入地方财政预算①。

二、制度层面

（一）明确农民产权主体地位

全面开展农村集体土地所有权、集体建设用地使用权、宅基地使用权和农村房屋产权确权登记颁证，对现存农地进行清产核实。在确地的基础上更重要的是确权。改革应指向赋予农民明确、稳定、完整而有效的土地产权，在现有制度框架内，明确土地产权的“责、权、利”，落实集体所有权，把使用权、经营权、收益权和处分权下放给农民，推动土地经营权抵押，建立归属清晰、权责明确、保护严格、流转顺畅的现代产权制度。

① 项继权：《关于当前农村土地制度中存在的几个问题及改革建议》（未刊稿）。

首先要强化承包经营权的稳定性和延续性。我国应在立法中明确现有土地承包关系要保持稳定并长久不变。同时，对土地用途进行立法管制，以确保农民对土地的投资生产和农产品的有效供给。其次要实现农地承包经营权的物权化。赋予土地承包经营权物权的属性，是农村土地产权制度改革的核心内容。实现农地承包经营权的物权化，让农民拥有农地产权，并使土地使用权进入市场，这是实现农村土地产权制度改革基本目标的根本途径。

（二）完善农村土地征用制度

政府征地必须严格限制在公共利益需要的前提下。第一，必须以立法形式明确界定公益性用地的范围，将以公共利益的名义进行征地的项目逐一列出。第二，要建立公开、公平、公正和高效的土地征用管理体制和程序，保障被征地集体和被征地农户的知情权、参与权和申诉权。第三，改革征地补偿制度，公允地确定征地补偿标准。适当提高农民在土地增值收益中的分配比例。改变现行《土地管理法》规定的对被征耕地按原农业用途进行补偿的规定，而是要按市场价进行补偿，城市区外农民房屋按本区段市场价格补偿，同时要充分考虑土地对于农民以及社会的多种功能。

土地增值收益分配问题，关乎社会公平、城市可持续发展和发展方式转变，必须放在土地制度改革重中之重的位置。一是必须根据土地增值收益的增值原理，借鉴国际经验，制定土地增值收益的合理分配原则，根本改革目前土地增值收益归政府的状况，建立土地增值收益归社会的机制。保障原土地所有者获得公平补偿和土地级差地租，保障城市基础设施建设所需的土地和资金，保障土地增值收益回馈社会，让公民分享。二是区分“涨价归公”与“涨价归政府”，防止“归公”的土地增值变成地方政府，乃至部分地方政府官员的体制外收入，保证“涨价归公”的土地增值回馈社会。三是借鉴我国台湾等地经验，实行“区段征收”，以用地模式改革促进土地增值收益合理分配。四是建立土地基金制度。将一定比例的土地收益归集起来，用于调剂丰歉余缺，平抑市场波动对地方财政的影响，实现土地收益的“年际”合理分配①。

征地制度的完善不能局限于制度本身，还应逐步探索留地安置、土地入股等多种模式，确保被征地农民长远生计；完善征地补偿争议裁决制

① 刘守英：《直面中国土地问题》，北京：中国发展出版社，2014 年版，第 151 页。

度，畅通救济渠道，维护农民土地合法权益。另外，对于当前频频发生的地权冲突，不能仅寄希望于解决机制本身的转变或完善，还应当着眼于研究地权冲突为什么发生。在财产权制度较为完善的前提下，地权争端解决机制的有效性才有可能得以充分体现①。

（三）推进建设性用地市场化

第一，完善法律法规，依法确立农村建设用地使用权。简化建设用地供需双方的交易成本，消除农村建设用地市场的混乱和负外部性，同时取消国家对集体土地使用权的不合理限制，解决《宪法》和《土地管理法》相互矛盾的问题②。

第二，明确农村集体经济组织、村委会与土地使用方三者之间的关系。在产权明晰的前提下，组建新型农村集体经济组织，如股份经济合作社、土地合作社等，作为非农建设用地的所有权代表者，管理和经营农民集体的股份和土地。农村非农建设用地入市后，各村委会可作为群众自治组织对集体经济组织的运作进行监督，土地利用者在遵循有关合同的同时，也要接受土地合作社或村委会的监督，偿付因土地增值而带来的收益。

第三，明确建设用地流转范围和条件，规范流转形式和程序。非农建设用地的入市条件和范围应该符合用地规划，可以先限定在存量建设用地，待市场发育完善和时机成熟时再扩展到增量建设用地，同时允许城镇规划区内外的农村集体非农建设用地入市流转；非农建设用地流转时，必须于合同中明确土地流转期限；地方政府可根据各自的实际情况向土地使用方收取土地流转收益以及流转业务费、登记费等，具体费用项目可参考国有土地收费项目。

第四，规范政府与其他市场主体的竞争行为，减少服务缺位和管理越位。对土地财政依赖很大的地方政府，能否与其他市场主体平起平坐，公开竞争农村建设用地，关键是要逐步健全农村建设用地市场体系，加快培育农村建设用地市场主体步伐。政府应作为农村建设用地市场的管理者，而不是直接经营者；应让利于民而不与民争利，服务于民而不强加于民。

第五，防范集体建设用地平等入市风险。中共十八届三中全会提出：

---

① 杨一介：《论农村地权制度改革的基础》，《首都师范大学学报（社会科学版）》2014 年第 4 期。

② 胡利玲：《农村集体建设用地流转的法律现状、问题与出路》，《湖南师范大学社会科学报》2010 年第 2 期。

“建立城乡统一的建设用地市场，在符合规划和用途管制前提下，允许农村集体经营性建设用地出让、租赁、入股，实行与国有土地同等入市、同权同价。”这一政策让农民分享更多土地增益的同时，也将对地方政府财政产生重大影响，并可能引发多重矛盾和风险，值得高度关注。农村集体建设用地平等入市可能对地方政府的财政、债务和功能产生重大影响，也可能带来金融、社会和政治等多重风险。因此，在实践中必须理顺各级政府的财权事权关系，重建地方政府的财政来源和基础，加快地方政府机构改革和重建，严格规范和监督政府的交易行为，将对政府的外部监督落到实处[①]。

（四）探索宅基地市场化流转

农村宅基地制度的变迁和转换是农民在城镇安家、农民市民化的前提，也是当前农村土地制度改革中的重点问题。首先应创新农村住宅制度，维护农民宅基地用益物权，使农民获得完整的使用权权能。放松农民住宅产权管制，允许和规范农民按照市场经济规律流转住宅，不应受地域、身份等限制，农民应当通过市场退出宅基地和住房[②]，实行农村宅基地福利分配与市场配置双轨制；允许和规范农村集体和农民在符合规划的前提下面向市场建设住房；将农民纳入住房保障体系，农民与城市居民一样拥有住有所居的权利。

其次是坚持相关土地法规原则并且实行严格土地管控，地方政府和村集体务必要按照相关法规坚持“一户一宅“的原则，堵住“一户多宅”的不正当流转，对宅基地的申请、流转、退出等环节，建立规范而严格的审批程序，完善和加强宅基地登记制度，使宅基地使用权的取得、使用和转让更加规范。地方政府应该建立相应的土地资源税种，对已经拥有超标、闲置的宅基地的村民收取一定的资源税，并且在农户转让宅基地时，对其收取一定比例的因超标所得的出让金用于村集体公益事业建设，从而从整体上严控土地管理。

再次是建立和完善宅基地入市的相关制度，明确宅基地入市的对象、条件、范围、方式，以及流转的主体、程序、收益处置与管理等，为其入

---

① 项继权、储鑫：《农村集体建设用地平等入市的多重风险及其对策》，《江西社会科学》2014 年第 2 期。

② 李青柏：《农村住宅市场化流转的必要性及途径》，《吉林建筑工程学院学报》2011 年第 5 期。

市提供法律依据；大胆探索农民住房财产权抵押贷款试点，将宅基地变为农民资产，使农民能够带资本进城，实现宅基地的资本化；完善农村社会保障体系建设，将宅基地所肩负的居住保障职责置换出来，使其使用权还原为生产要素，发挥出宅基地财产功能[①]。

最后是理顺国家、集体和个人三者之间的利益分配关系。作为管理者，政府已经无权直接分享产权人的流转收益，但可以通过收取过程中的税费间接地参与到利益分配中来；集体经济组织作为宅基地的所有者可以分享流转产生的部分收益，向政府有关部门缴纳完相关税费后，流转收益比例由集体经济组织同农民主体自己进行合理比例分配，原则上遵循农民主体获得绝大部分流转收益，集体组织获得小部分土地流转收益，集体收益的使用也应建立在民主协商的基础上，确保集体成员的知情权和参与权。

三、体制层面

（一）推进财政体制深化改革

财政制度的不完善是土地财政产生的一个重要的体制因素。要积极稳妥地化解地方政府对土地财政的依赖，就必须加快地方财政体制改革的步伐。首先，合理界定地方政府的财权与事权范围，规范财政管理体制，积极推进省级以下财政体制改革；其次，建立基层政府基本财力保障机制，为基层政府基本公共服务提供财力保障；最后，建立并完善科学合理、结构优化、公开透明的政府预算体系，使之能够全面反映政府收支总量、结构和管理活动。

在农地经营制度改革进程中，除了明确财权事权划分、强化基层财力保障和完善政府预算体系之外，还应设立专项资金，明晰资金来源，细化支出结构，专门为农地确权、流转、征用、纠纷解决及土地承包经营权退出等提供支持和保障。

（二）推动土地管理体制改革

在土地管理中，政府集管理者与经营者于一身，这势必会造成以低价征收农民集体土地，再高价出让土地，以获取高额土地差价的情况。政府一身二职，既不利于土地管理，也不利于农民土地财产权保护。应当将政

① 李琼、赖雪梅：《浅谈宅基地进入市场的利弊》，《当代经济》2014年第16期。

府的土地管理权与土地经营权分开，将土地经营权分离出去，只行使土地管理权，强化政府的社会管理和公共服务职能。土地管理体制的改革也要求建立城乡统一、开放竞争的土地市场，改造现行计划配置式的土地用途管制制度为新型、适应市场配置、以弥补市场失灵为主要内容的土地用途管制制度。

同时，进一步明确和细化各级土地管理部门要行使的土地管理职能，主要包括：严格实施土地利用规划，加强土地用途管制，切实落实耕地保护；加强制度性基础设施建设，完善不同土地资源的确权、颁证和登记工作，平等保护各类土地产权；搭建交易平台，制定交易规则，规范交易行为，实施地价管理，构建城乡统一的土地市场；强化土地依法管理，加大土地督察、监察和违法惩处力度[①]。尤其需要注意的是，要进一步完善各级政府和土地管理部门的监督体系，规避集体建设用地入市和农村土地规模经营的风险，加快建立工商资本租赁农户承包地上限控制、分级备案、审查审核、风险保障金和事中事后监管等制度，鼓励工商资本将产业链、价值链、供应链等现代经营理念和产业组织方式引入农业，使广大农民成为规模经营的积极参与者和受益者。

此外，要加快基层管理职能和组织的改革与重建。首先，构建新型农村合作经济组织和新型土地股份合作社，确立农村合作经济组织的独立自主的产权和经营地位，并将原来由村集体经济组织承担的社会管理和服务职能回归政府和社区组织，从而理顺农村基层的社会管理与集体经济组织的关系。其次，村委会组织或者成为村民合作经济组织，走向市场，自主经营，自负盈亏，或者根据村民意愿改组成为农村一般群众性社会组织。新社区成为农村居民自治组织，承接国家公共管理和公共服务，实行民主自治。

（三）优化农村土地税费体制

科学的土地税收体制，可以合理调节土地市场上的主体利益和行为关系，促进投资者高效利用土地；可以帮助政府有效避免因土地持有者的不当预期而使土地资源闲置和浪费，使土地得到及时有效的开发。同时，通过征收土地税，还可以合理调节土地增值收益分配，强化耕地占用约束，

① 刘守英、周飞舟、邵挺：《土地制度改革与转变发展方式》，北京：中国发展出版社，2012年版，第211页。

促进耕地占补平衡，引导建设用地的高效利用，从而实现以社会公平为目的的土地政策目标。从整体上看，我国已经基本上建立了适应市场经济发展需要的和与国际惯例相符合的以土地使用权的取得和转让、保有、开发利用三个环节为主要特征的土地税收体系。但在现行土地税征收中也存在一些问题，主要表现为：税收政策不统一、不规范，立法层次较低；土地税费混杂，轻税重费；税收征管部门之间协调性差；土地税费设计不合理，难以有效发挥其政策功能等。

有研究者认为，要进一步推进分税制的改革，完善中央与地方之间及地方政府之间的税制统筹，明确地方税收来源和比例。应逐步建立和完善财产税制度，构建以土地税、房产税为基础的地方主体税体系。而要使集体土地的流转和国有土地的流转实现“同地、同权、同价”，必须使其缴纳统一的税种、税额，即建立城乡建设用地市场的税收一体化，最终目标是为这两个市场搭建同一平台，促进土地资源的有效、可持续利用，保护农民土地财产权益，实现“正税、少费”，避免“土地财政”的短期行为。

从制度设计上考量，首先，对城乡统筹的建设用地市场实施统一的土地税制，在充分保护农民合法权益的同时，必须利用与之相配套的税费征缴制度对流转过程中产生的过高收益进行适当的调整，尽可能均衡国家、集体及农户三者之间的利益。其次，改革和完善城乡建设用地市场一体化过程中的土地税费体系，进一步强化土地税收的政策功能，促进土地政策全局性、战略性目标的实现。最后，积极推进“费”改“税”，合理调节土地主体利益和行为关系。利用土地税收制度来按照土地占有、保有、转让三个环节设计土地税种：在土地占有阶段，以土地占用税严格保护耕地；在土地转让阶段，以土地增值税规范交易；在土地保有阶段，以不动产保有税和土地闲置税惩处土地浪费行为。

同时，在集体建设用地使用权资本化改革的过程中，必须因地制宜地采取相应的配套措施：第一，征收土地保有税，以此增大圈占土地的成本，达到限制农民、开发商和其他组织乱占、多占土地，有效控制土地闲置浪费的目的；第二，征收土地用途调节税，按土地用途对开发商的行为进行税收调节，促进土地合理、高效利用[①]。

---

① 陈燕：《实现城乡建设用地市场的税收一体化》，《学术评论》2012 年第 3 期。

（四）健全农民公共服务体系

当前，我国的发展不平衡、不协调、不可持续等问题日益突出，特别是公共服务在区域之间、城乡之间和不同群体之间的分布不均衡已成为阻碍经济社会协调发展的重要制约因素，成为中国由传统社会走向现代社会的最大梗阻。如何尽快缩小城乡之间、地区之间的差距，让人们平等分享改革、发展成果，比以往任何时代更为紧迫。正因如此，关注民生、重视民生、改善民生已成为新时代党和政府治国理政最鲜明的特点。在城乡一体化发展新的时代背景下，如何实现基本公共服务由“广覆盖”向“一体化”推进，进而最终实现“均等化”，是当下的重大任务，也是与农村土地制度改革相配套、相衔接的现实难题。

建立和完善公共服务体系是农地制度改革的有力保障，健全的社会保障和公用服务有利于农村土地流转和规模经营的推进，同时也有助于维护流动农民的生存、发展权利。我们认为，健全农民公共服务体系应从以下几方面入手：首先，改革制度体制，破除均等化服务障碍，包括改革二元户籍制度，实现城乡居民身份平等；建立城乡一体的基本公共服务体制，实现利益共享；建立农村社区公共服务财政支持机制，保证服务投入可持续。其次，厘清责任，建立合理的服务分工和财政分担机制，包括：理顺政府与政府、政府与社区的公共服务分工，建立科学的政府间公共服务财政分担机制，以合理的公共财政支出结构和财权事权配置为基础，依据政府间的公共服务职能分工，明晰各级政府间的支出责任；把社区作为整个公共服务体系的重要一环，重视基层社区作为公共服务平台的作用，明确划分省、市、县、乡财政对农村社区基本公共服务支持的责任，并通过转移支付提供相应财力，保证社区财权与事权相结合。再次，村社独立，还原基层自治空间，发挥社区在公共服务中的应有作用。要尽快剪除政社合一的“长尾巴”，明晰村集体经济组织的产权，实行村社分离、政经分开，明确村集体组织与村民自治组织的边界。又次，以民为本，构建民众需求利益表达机制，包括畅通居民需求表达渠道，重视民众意愿的甄别和汇总等。最后，参与式治理，构建多元生产供给体制，包括：变管制型政府为服务型政府，优化政府在基本公共服务参与式治理中的作用；转变观念，发挥市场力量在公共服务供给中的作用；投资社会资本，发展非政府组织，重视民众力量，建立社区居民参与机制[①]。

（五）完善官员绩效考核体制

现行的考核体制是地方政府短期行为的体制性根源之一，应加大资源消耗、新增债务、民生工程等指标的权重，通过绩效改革加快政府职能和官员理念的转变，借此缓解“GDP竞赛”下城市建设用地的低效率使用和对农民土地权益的忽视，规制地方政府利用土地财政和土地金融杠杆筹集巨额资金进行建设的冲动。此外，要弥补官员任期制的缺陷，防止地方官员利用现行土地制度下农民土地产权的相对残缺，大肆侵占、出售农民土地。

农业部《关于扎实做好2016年农业农村经济工作的意见》指出，官员应树立创新强农、协调惠农、绿色兴农、开放助农、共享富农的发展理念；转变工作职能、工作方式，巩固发展农业农村经济好形势。在农地经营制度改革进程中，各地官员应结合中央政策和地方实际，将农村土地制度改革工作作为统筹城乡发展和实现小康社会的重要抓手，扎实推进相关工作，激发农村活力，推进农业转型。

四、推进时序

鉴于土地制度改革牵一发而动全身，建议先总结试点区域的改革经验，再上升到国家政策逐步推开。与此同时，要对改革议程和优先顺序进行全面部署：

第一阶段（2015~2016年）：及时总结现有土地改革试点经验基础，扩大土地制度综合试点范围；完成承包地、宅基地、林地等确权登记颁证；实施以公平补偿为核心的征地制度改革，初步形成集体经营性建设用地入市制度，推进宅基地制度改革；规范地方融资平台，扩大地方自主发债范围。

第二阶段（2017~2018年）：完成农村土地征收、集体经营性建设用地入市、宅基地制度改革；推进土地利用结构优化和存量建设用地进入市场改革；重点形成城乡统一的土地市场；建立土地财产税制度，形成新的土地增值收益分配机制；形成多渠道的地方政府融资体系。

---

① 王敬尧、魏来等：《湖北省城乡社区基本公共服务均等化研究报告》，2013年7月1日。

第三阶段（2019~2020 年）：基本确立两种土地所有制权利平等、市场统一的现代土地制度和以规划和用途管制为手段的现代土地管理体制[①]。农户土地承包经营权和农民财产权的保护制度更加完善，城乡经济社会发展一体化体制机制基本建立，农村社会治理体系和农村基层组织制度更加完善，农民民主权利得到更好保障，农业现代化水平和农民生活水平进一步提升，农村经济社会发展更具活力。

① 刘守英：《直面中国土地问题》，北京：中国发展出版社，2014 年版，第 145 页。

附表 5-1　当代中国农村土地政策回溯（1949~2015 年）

阶段		时间	制度名称	制度演变
第一阶段（1949~1952 年）		1950.06	**中华人民共和国土地改革法**	**废除封建地主土地所有制，实行农民土地所有制。**承认一切土地所有者自由经营、买卖及出租其土地的权利
		1951.12	中共中央关于农业生产互助合作的决议（草案）	推进农业互助及农业互助组形式的农民组织
第二阶段（1953~1956 年）		1953.02	**中共中央关于农业生产互助合作的决议**	个体所有制开始向具有社会主义性质的制度形式依次演变
		1953.12	中共中央关于发展农业生产合作社的决议	**由个体经济向合作经济、农民土地所有制向集体所有制过渡**
		1955.10	关于农业合作化问题的决议	试办农业生产合作社，将初级社转变为高级社
第三阶段（1957~1978 年）		1958.08	**中共中央关于在农村建立人民公社问题的决议**	“一平二调”“一大二公”为特征的公社所有制农村土地制度
		1962.09	**农村人民公社工作条例修正草案（简称六十条）**	**“三级所有，队为基础”，**恢复农民的自留地与家庭副业。**生产队所有的土地一律不准出租和买卖**
		1978.12	农村人民公社工作条例（试行草案） 中共中央关于加快农业发展若干问题的决定（草案）	明确规定不许包产到户和分田单干
第四阶段（1979 年至今）	过渡和确立期	1979.04	农村工作座谈会议纪要	包产到户是倒退，要求已经搞包产到户的地方要进行纠正
		1979.09	**中共中央关于加快农业发展若干问题的决定**	不许分田单干，但开了口子，[a] **集体所有、家庭经营的农地制度**开始渐次取代公社型集体所有制
		1980.09	**关于进一步加强和完善农业生产责任制的几个问题**[b]	**指出包产到户没有复辟资本主义的危险，可以包产到组，可以包产到户，也可以包干到户**

续表

阶段		时间	制度名称	制度演变
第四阶段（1979年至今）	过渡和确立期	1981.12	**全国农村工作会议纪要（1982年1号文件）**	**肯定“双包”的社会主义性质（与集体经济相连），突破了“三级所有，队为基础”的体制框架**
		1982.12	**中华人民共和国宪法（1982年）**	**明确了农村土地的集体所有性质**
		1982.12	当前农村经济政策的若干问题（1983年1号文件）	高度评价了家庭联产承包责任制并全面推行，提出统分结合的双层经营体制，消除了分歧
	稳定和发展期	1984.01	关于1984年农村工作的通知（1984年1号文件）	**规范土地家庭承包制**（延长承包期，鼓励增加投资，培养地力）。首次提出“土地使用权”概念
		1985.01	关于进一步活跃农村经济的十项政策（1985年1号文件）	长期稳定家庭联产承包责任制，调整农村产业结构
		1986.01	中共中央国务院1986年农村工作部署（1986年1号文件）	长期稳定家庭联产承包责任制，首次提出“双层经营体制”概念，深化农村改革（统购统销、流通体制等）
		1986.04	**中华人民共和国民法通则**	首次提出**“农民的承包经营权”**概念，界定为**“财产权”**
		1986.06	中华人民共和国土地管理法	**不得侵占、买卖、出租或者非法转让土地。国家为了公共利益的需要，可以依法对集体所有的土地实行征用**
		1988.12	关于修改《中华人民共和国土地管理法》的决定	家庭联产承包责任制完成了规范化、制度化和初步法制化。**土地使用权转让的具体办法另行规定**
	稳固和深化期	1993.03	**中华人民共和国宪法修正案**	**确立了家庭联产承包责任制的法律地位**
		1993.07	中华人民共和国农业法	稳定家庭联产承包责任制，完善统分结合的双层经营体制。规定农民对承包地的转包、转让、优先承包和继承权
		1993.11	关于当前农业和农村经济发展的若干政策措施	承包期延长30年不变，提倡承包期内**“增人不增地，减人不减地”**

续表

阶段		时间	制度名称	制度演变
第四阶段（1979年至今）	稳固和深化期	1997.06	中办、国办关于进一步稳定完善农村土地承包关系的通知	对稳定土地承包关系进行部署，提出“大稳定小调整”，对“两田制”和“机动地”等提出了政策界限
		1998.08	**中华人民共和国土地管理法**	承包期30年上升为法律，严格限制土地调整。**首次提出“土地用途管制制度”，禁止土地转让用于非农建设**
		1998.10	中共中央关于农业和农村工作若干重大问题的决定	赋予农民**长期而有保障的土地使用权**
		1999.03	中华人民共和国宪法修正案	正式确立以家庭承包经营为基础、统分结合的双层经营体制的法律地位
		1999.03	建设用地审查报批管理办法	加强土地管理，规范建设用地审查报批
		1999.05	国务院办公厅关于加强土地转让管理严禁炒卖土地的通知	农民集体土地使用权不得出让、转让或出租用于非农业建设。农宅不得向城市居民出售
		2001.12	报国务院批准的土地开发用地审查办法	国土资源部审查报国务院批准的土地开发用地的范围、原则、依据、内容、程序等
	完善和转折期	2003.03	国务院关于全面推进农村税费改革试点工作的意见	推进农村税费改革试点
		2003.12	**中共中央、国务院关于促进农民增收若干政策的意见**	**工业反哺农业，城市带动乡村，**保护农民的土地承包经营权**（此后连续12年发布关于“三农”问题的“一号文件”）**
		2005.12	**关于废止《中华人民共和国农业税条例》的决定**	**取消农业税，实现了“均田免赋”的重大战略**
		2004.10	国务院关于深化改革严格土地管理的决定	禁止城镇居民在农村购买宅基地。**凡占用农用地的必须依法办理审批手续**
		2007.12	关于严格执行有关农村集体建设用地法律和政策的通知	农村住宅用地只能分配给本村村民。**任何涉及土地管理制度的试验和探索，都不能违反土地用途管制制度**
		2008.10	**中共中央关于推进农村改革发展若干重大问题决定**	逐步**建立城乡统一的建设用地市场，同地同权**。逐步缩小征地范围

续表

阶段		时间	制度名称	制度演变
第四阶段（1979年至今）	完善和转折期	2013.11	**中共中央关于全面深化改革若干重大问题的决定**	**完善产权保护制度，健全归属清晰、权责明确、保护严格、流转顺畅的现代产权制度**
		2014.01	关于全面深化农村改革加快推进农业现代化的若干意见	**完善土地承包政策、规范农村集体经营性建设用地入市、完善农村宅基地管理制度、加快推进征地制度改革**
		2014.11	关于引导农村土地经营权有序流转发展农业适度规模经营的意见	促进粮食增产与农民增收、积极培育新型农业经营主体、引导土地规范有序流转。**所有权、承包权、经营权三权分置，维护所有权、保障承包权、放活经营权**
		2015.01	关于农村土地征收、集体经营性建设用地入市、宅基地制度改革试点工作的意见	完善土地征收制度、农村宅基地制度，建立农村集体经营性建设用地入市制度，完善土地增值收益分配机制
		2015.02	关于加大改革创新力度加快农业现代化建设的若干意见	**推进农村法治建设，推动“四化”同步发展，推进农村集体产权制度改革，推进农村土地制度改革试点**

注：表中用黑体标注的制度名称是笔者整理的处于变迁节点的制度，制度内容的加粗部分为重点关注的内容。

a. 即“除某些副业生产的特殊需要和边远山区交通不便的单家独户外，也不要包产到户”。从此包产到户有了“孤门独户”的例外，“不许”改为“不要”语气缓和了很多，在当时“谈包色变”的情况下第一次突破思想禁锢。

b. 即著名的“75号文件”，包产到户得到认可并开始扩散，为农村政策改革拉开了序幕。

资料来源：中华人民共和国成立后我国颁行的农村土地制度法律、法规和政策文件。

第二篇　城市化背景下农村土地制度改革研究

土地制度是一项基础性制度安排，事关农业发展、农民增收和农村稳定大局。我国现行的土地制度是原来城乡二元结构体制的重要组成部分，曾在社会主义建设过程中发挥过重要作用，但随着我国经济社会体制的转型，土地制度的弊病逐渐显现，成为制约社会主义市场经济健康持续发展和生产要素自由流动的重要因素，也是造成当前“土地财政”困境的重要诱因，已不适应当前经济社会发展的需要，社会各方面的改革呼声很高。顺应经济社会发展的新形势，中共十八届三中全会站在改革发展全局的角度对深化农村土地制度改革提出了一系列要求，明确了相关目标任务，但改革的具体政策措施还需要进一步深入研究和细化分类。

本篇内容旨在加强农村土地制度改革研究，从理论上分析改革土地制度的必要性，在实践中寻找改革土地制度的可行性，充分借鉴国外有益经验，提出具体政策建议，为中央出台相关改革措施提供重要参考。

第六章　我国土地制度的历史沿革及其历史贡献

土地制度是一项基础性制度安排，事关农业发展、农民增收和农村稳定大局。诺贝尔奖得主诺思说过，改革路径的选择是历史在起作用，经济的发展也是如此，无论是政治制度本身，还是信仰制度都与历史密切相关，它们的产生和演变受过去影响，同时也限制了当前改革路径方式的选择；如果我们不知道自己是如何过来的，就不知道今后前进的方向[①]。因此，有必要对我国农村土地制度的历史沿革及其历史贡献进行概括梳理。研究分析我国农村土地制度演变过程中的内在逻辑，对当前我国农村土地制度的改革创新具有巨大的启示作用，同时对于我国农村土地制度未来的发展方向具有重要的指导意义。

第一节　我国古代的土地制度

在我国古代社会，土地制度不断发展，在不同的历史时期表现出不同的特点。从奴隶社会到封建社会，土地制度也随之变迁。根据我国古代土地制度的特点，我国古代土地制度的沿革大致可分为三个时期：第一个时期是夏、商、周三代，此时的井田制保留了比较多的农村村社或部落所有的痕迹，土地的私有处于萌芽状态；第二个时期从井田制瓦解到唐中叶均田制崩溃，是土地私有制的确立过程，其间国家对土地私有进行了强烈的干预；第三个时期从唐“两税法”到近代，在此期间北宋的“不立田制，不抑兼并”逐渐成为历代国策，封建地主土地所有制得到发展、成熟并

① 《诺贝尔奖得主诺思答京城听众问》，《经济学消息报》1995 年 4 月 8 日。

衰落[①]。

在我国漫长的封建社会时期，封建土地国有制、封建地主土地所有制和农民土地所有制互有消长，但总的趋势是封建地主土地所有制逐渐居于统治地位。纵观我国封建社会时期土地制度的沿革，会发现其就是国家、地主和农民三者围绕获取土地权益博弈的结果，是三种土地所有制类型的互动演进过程。

第二节　我国近代的土地制度

鸦片战争前，在几千年的封建历史中我国的土地制度虽时有易辙，但大部分土地往往集中于地主和皇权贵族手里，大批农民因失去土地沦为佃农或流民，社会因土地问题爆发的起义数不胜数。鸦片战争后，由于西方列强的侵略，我国割地赔款，地主及官僚贵族趁机加剧土地兼并，劳动人民的负担更加沉重。

一、清朝后期

清政府的腐朽统治和残酷剥削，激起了人民群众的强烈反抗，清朝末年各地农民起义运动迭起。在洪秀全的带领下，太平天国运动爆发，并颁布了《天朝田亩制度》。它的基本内容是：根据“凡天下田，天下人同耕”的原则，把每亩土地按每年产量的多少，分为上、中、下三级九等，然后好田坏田互相搭配，好坏各一半，按人口平均分配。凡 16 岁以上的男女每人得到一份同等数量的土地，15 岁以下的减半。并提出“有田同耕，有饭同食，有衣同穿，有钱同使，无处不均匀，无人不保暖”的目标方案[②]。

《天朝田亩制度》所提出的平分土地的方案，是农民阶级对封建地主土地所有制的否定。它反映了当时广大贫苦农民强烈反对封建地主阶级残酷剥削的要求，以及对获得土地、追求平等平均的理想社会的渴望。但

① 白俊超：《我国农村土地制度改革研究》，博士学位论文，西北农林科技大学，2007 年。
② 李侃、李时岳、李德征等：《中国近代史（第四版）》，北京：中华书局，1994 年版，第 62-63 页。

是，平均分配土地的方案，是在小农基础上废除私有制和平均社会财富，达到人人平等，这是农民阶级的绝对平均主义思想。

二、民国时期

“平均地权、核定地价，使耕者有其田”的思想，是孙中山先生三民主义中“民生主义”的重要内容，也是民国时期国民党土地政策的指导原则。[①] 其目的是以土地国有的手段，在消灭地主土地所有制的前提下，达到“耕者有其田”的目的，同时，以建立农民土地所有制作为通向资本主义大农业生产的过渡，为资本主义大生产的发展扫清障碍。

三、新民主主义革命时期

旧中国的广大农村，60%~70%的土地掌握在不足农村人口总数 10%的地主、富农手中。无地、少地的贫苦农民占农村人口的 70%以上。地主阶级和半地主式的富农对广大农民实施着残酷的封建剥削，农民缴纳的地租一般要占劳动成果的一半以上。这种封建土地所有制和封建的剥削关系，给广大农民造成极大痛苦，阻碍着整个社会生产力的发展。因此，土地问题成了中国社会的一项基本问题，变革土地制度成为中国民主革命的一项基本任务[②]。消灭封建地主土地所有制，实现农民土地所有制，使农民切实获得土地所有权，是我国新民主主义革命时期的主要内容，也是解决农民问题的核心所在。

第三节　中华人民共和国成立至 1978 年我国的土地制度

1978 年之前，中国农村土地制度经历了土地改革、合作化运动和人民

---

① 蒲坚、张积：《中国历代土地资源法制研究》，北京：北京大学出版社，2006 年版，第 544 页。
② 王桧林、郭大钧：《中国现代史（上册）》，北京：高等教育出版社，1998 年版，第 189 页。

公社化三个阶段。这一时期的制度变迁具有连续性的特点，主流意识形态决定了变迁的基本方向。中央政府主导和强制性变迁是这一时期中国农村土地制度变迁的基本特征。

一、土地改革时期（1949~1952 年）

1949 年 3 月，中国共产党在河北省平山县西柏坡村召开中共七届二中全会，研究中华人民共和国成立后社会建设、经济建设等一系列重大方针政策。1950 年 6 月 6 日，中共七届三中全会确立了“依靠贫农、雇农，团结中农，中立富农，有步骤地有分别地消灭封建剥削制度，发展农业生产”这一土地改革的总路线[①]。1950 年 6 月 28 日，中央讨论通过了《中华人民共和国土地改革法》。

《中华人民共和国土地改革法》明确指出我国土地改革的路线、方针和政策，指导中国农村开展工作，这是中华人民共和国成立初期标志性的法律法规，主要内容是废除封建地主土地所有制，实行劳动农民的土地所有制。这次土地改革后农村土地占有情况发生了根本变化，中国农村土地制度也发生了质变，由原来的土地所有权与经营权相分离的封建租佃经营，转变为所有权与经营权相统一的农村家庭经营，农民由此成为土地及其他生产资料的主人，初步实现了劳动者与生产资料的直接结合，极大地调动了农民的生产积极性，有力地推动了农业生产的恢复与发展；同时也确立了农民家庭在中国农村土地制度运行中的基础地位。

二、合作化运动时期（1953~1958 年）

1951 年 12 月，土地改革初步完成，即发布《关于农业生产互助合作的决议》，大力推展农业互助，推动建立农业互助组形式的农民组织。1953 年 12 月发布《关于发展农业生产合作社的决议》。构成合作化运动制度环境的主要因素是对农业的社会主义改造，即实现由农民土地所有制向集体所有制过渡；另一个重要因素是阶级斗争观念的强化，由此导致合作化运动由经济变革变成了一场由意识形态主导的政治运动。合作化运动分

---

① 刘少奇：《刘少奇选集（下卷）》，北京：人民出版社，1985 年版，第 43 页。

为两个阶段：初级合作社阶段（1953~1956 年）和高级合作社阶段（1956~1958 年）。

1. 初级合作社阶段

初级农业合作社的具体内容和基本做法：一是允许社员拥有小块自留地，其他土地必须交给农业生产合作社统一管理和使用，合作社按照社员入社时所提供土地的数量和质量，每年支付社员相应的报酬。二是初级农业合作社建立以后，入社农民仍拥有土地所有权，通过入股土地分红获取报酬，农民以此在经济上实现其土地所有权。三是土地经营使用权自此成功地从所有权中分离出来，土地的规划、利用、收益分配等统一由合作社集体行使。四是农民虽然带着土地入社，但还拥有土地的处分权，能够自由入社、自由退社，退社时可以将入社时带来的土地带走，如果原土地不能退出，则可以用其他土地代替，或给予相当的经济补偿①。

初级农业合作社的推行，可谓是土地制度的新变革，即土地制度由“农民所有、农民经营”转变为“农民所有、集体经营”，改革后土地私有制的土地性质没有根本改变，改革的只是土地使用及经营方式。这次改革，虽然存在一些急功近利的做法，但是集体经营模式在集中劳力扩大再生产、促进人民团结、大面积统一经营等方面发挥了一定作用，为国家积累了粮食和资金，并为工业化发展提供了条件。

2. 高级合作社阶段

1955 年《关于农业合作化问题的决议》在中共七届六中全会上得以通过，决议提出：要重点试办农业生产合作社；在有些已经基本实现合作化的地方，根据实际需要、农民的接受能力及当地的经济社会发展条件，探索高级社组织形式，并要按计划分批分期地将初级社转变为高级社。

高级农业合作化实质上是从根本上废除了土地私有制，变农民土地所有制为农业合作社集体所有。这一转变，推动了土地制度的又一次改革，变“农民所有、集体经营”为“集体所有、集体经营”，标志着我国农民土地私有制改造的成功实践和农村集体土地所有制的根本确立，农村土地制度自此完全具备了社会主义的性质。

3. 人民公社时期（1958~1978 年）

1958 年 8 月，中央在北戴河召开政治局扩大会议，发出了《关于在农

---

① 陈海秋：《建国以来农村土地制度的历史变迁》，《常德师范学院学报（社会科学版）》2002 年第 5 期。

村建立人民公社问题的决议》。决议的下达，把人民公社化运动推向了高潮。到1958年底，全国74万个农业合作社合并为2.6万个人民公社，全国农户的90%以上参加了公社①。在短短的几个月内，实现了全国范围的人民公社化。

人民公社化运动的兴起，导致了以“一平二调”“一大二公”为特征的农村土地制度代替了本身就暴露出很多问题的高级社条件下的农村土地制度。

为了克服人民公社运动初期的严重困难，党中央提出“三级所有，队为基础”作为整顿和建设人民公社的基本方针。这种分配方式看似按劳分配，实际上因为按工分分配抹杀了劳动者在体力和智力、劳动数量和劳动质量之间的差异，因而本质上依然是“一大二公”。

第四节　改革开放后我国的土地制度

“文化大革命”后，我国政府积极总结人民公社化时期的经验教训，使我国经济开始发生转机。尤其是中共十一届三中全会后，改革开放成为中国经济发展的主旋律，而农村为改革开启先河，土地政策就是改革的核心。人民公社“三级所有，队为基础”的经营体制开始全面解体，并逐渐确立了“包产到户、包干到户”的家庭经营体制。改革开放以来，中国农村土地政策的变迁也主要围绕家庭联产承包责任制展开。

一、过渡和确立时期（1978~1983年）

“文化大革命”结束后，我国首先需要稳定土地政策。1978年，中央强调要继续和维持1959年以来“三级所有”的体制②。同时，指出社员自留地是社会主义经济的必要补充部分，在经营方式上肯定了“包工到作业组，联系产量计算劳动报酬”的责任制，但仍规定“不许包产到户，不许

---

① 胡绳：《中国共产党的七十年》，北京：中共党史出版社，1991年版，第274、320、354、368页。
② 中共十一届三中全会《农村人民公社工作条例》，简称《六十条》，1978年12月。

分田单干”[①]。

从1979年起，政策开始放宽，初步肯定了“包产到户”的办法。1980年5月，邓小平同志正式表明了自己的态度，有力地推进了农村土地改革政策，并且在同年9月，中央文件也对家庭联产承包责任制给予了肯定。1982年1月，在中央一号文件中第一次确定了“包产到户”的社会主义性质，并指出“目前实行的各种责任制……都是社会主义集体经济的生产责任制”[②]。同年12月修订的《宪法》中也明确规定：“农村和城市郊区的土地，除由法律规定属于国家所有的以外，属于集体所有。”同时，原来的乡、镇、村体制也得到恢复。这标志着推行20多年的人民公社体制开始解体。到1983年底，全国农村实行“包干到户”的生产队达到576.4万个，占全国总数的97.8%，家庭承包经营制度在全国全面确立[③]。

二、稳定和发展时期（1984~1991年）

从1982年中央连续两年下发关于“三农”的“一号文件”之后，1984~1986年，中央又连续发出三个关注农村、农业具体发展问题的“一号文件”，农村经济体制改革快速步入法制化发展轨道，家庭联产承包责任制稳步推进，改革全面展开，转入到农产品、农业生产资料流通等领域，并且还进行了土地流转的探索和实践。

1984年，中央文件强调，要继续稳定和完善联产承包责任制，延长土地承包期。为了鼓励农民增加对土地的投资，规定土地承包期一般应在15年以上[④]。1985年中国粮食产量达到历史性的高峰，这标志着家庭联产承包经营制度这一重大改革政策获得伟大成功，但随着粮食的增收，也出现了第一次全国性的“卖粮难”的问题，因此在当时也出现了家庭联产承包经营制度在思想上和实践中的波折和动摇。针对这一现象，中央一方面提出调整农业产业结构，发展多种经营，并取消30年来农副产品统购派购的制度，将农业税由实物税改为现金税[⑤]；另一方面规定以家庭联产承

---

① 中共十一届三中全会《加快农业发展若干问题的决定（草案）》，1978年12月。
② 中共中央《全国农村工作会议纪要》，1982年1月。
③ 张红宇：《中国农村的土地制度变迁》，北京：中国农业出版社，2002年版，第41页。
④ 中共中央《关于一九八四年农村工作的通知》，1984年1月。
⑤ 中共中央、国务院《关于进一步活跃农村经济的十项政策》，1985年1月。

包为主的责任制、统分结合的双层经营体制，作为中国乡村集体经济组织的一项基本制度长期稳定下来，并不断加以完善[①]。1987 年，中央在农村改革面临两难选择的时候决定建立农村改革试验区，其中的土地制度是主要的试验项目。1988 年，在对 1982 年《宪法》修正案中规定："任何组织或者个人不得侵占、买卖或者以其他形式非法转让土地。土地的使用权可以依照法律的规定转让。"这一规定为土地转让从理论到实践提供了法律依据，进一步发展了土地制度的内涵。

三、稳固和深化时期（1992~1999 年）

1992 年邓小平南方谈话和中共十四大的召开使中国农村经济发展进入一个新的时期。关于土地政策，邓小平在南方谈话中指出："即使没有新的主意也可以，就是不要变，不要使人们感到政策变了。"在这一时期，稳固和深化家庭承包经营制度成为农村土地制度改革的主题。

1993 年 4 月，在第八届全国人民代表大会上，"家庭承包经营"作为国家的一项基本经济制度被写入修正后的《宪法》，至此，多年来关于家庭联产承包经营制度的争论和误解得以解决。同年 11 月，党中央和国务院进一步规定"在原定的耕地承包期到期之后，再延长 30 年不变"[②]，进一步稳固和发展了土地承包政策。1995 年 3 月，中央提出"要通过强化农业承包合同管理等一系列措施，使农村的土地承包关系真正得到稳定和完善"[③]，同时还规定了合同严肃性、土地承包期、经营权流转、农民负担和权益等方面的内容。1997 年 8 月，中央再次宣布土地承包期再延长 30 年不变。到 1998 年 8 月，"土地承包经营期限为 30 年"的土地政策被写入了第九届全国人大第十次会议《土地管理法》修订案中。该政策上升为法律，使稳定承包关系具有了法律保障。同年 10 月，中共十五届三中全会决定"长期稳定农村基本政策"，第三次提出坚持贯彻"土地承包期再延长 30 年"的土地政策，土地使用权的合理流转，要坚持自愿、有偿的原则依法进行，不得以任何理由强制农户转让；同时也指出，少数确实具备

① 中共中央《关于进一步加强农业和农村工作的决定》，1991 年 11 月。
② 中共中央、国务院《关于当前农业和农村经济发展的若干政策与措施》，1993 年 11 月。
③ 国务院批转农业部《关于稳定和完善土地承包关系意见的通知》，1995 年 3 月。

条件的地方，可以在提高农业集约化程度和群众自愿的基础上，发展多种形式的土地适度规模经营[①]。1999 年 1 月，中央第四次提出了承包期延长 30 年，并要求将“一证一书”，即土地承包经营权证和承包合同书全部签发到户，对其实行规范的管理，切实保证农村土地承包关系长期稳定[②]。

1992 年邓小平南方谈话以及之后中央连续四次提出土地承包期再延长 30 年的土地政策，使家庭联产承包责任制得到进一步的深化和发展，农村土地承包关系更加稳固，刺激和鼓励了农民对土地的长期投入，保证了土地收益的稳步提高和农业的不断发展。

① 中共十五届三中全会《中共中央关于农业和农村工作若干重大问题的决定》，1998 年 10 月。
② 中共中央、国务院《关于做好 1999 年农村和农业工作的意见》，1999 年 1 月。

第七章 当前我国农村土地制度的现状、困境及原因

土地制度是最具基础性的社会经济制度，土地制度的变革是一切社会制度变革的基础。农村土地制度是农村经济制度的核心，是制约农业发展的最基本的制度，它从根本上影响着农村生产力的发展，影响着农业生产的可持续发展。[①] 进入 21 世纪以来，随着我国经济社会体制的转型，现行农村土地制度存在的缺陷引发了一系列的经济和社会问题，更深层次的土地制度改革已经刻不容缓。

第一节 我国土地制度运行的具体状况

根据中华人民共和国国土资源部 2001 年 8 月 21 日印发的国土资发〔2001〕255 号文件，我国土地分为三大类：农用地、建设用地和未利用地。农用地指直接用于农业生产的土地，包括耕地、林地、牧草地及其他的农业用地；建设用地指建造建筑物、构筑物的土地，包括商业、工矿、仓储、公用设施、公共建筑、住宅、交通、水利设施、特殊用地等；未利用地指农用地和建设用地以外的土地。农村土地制度改革的对象包含两个方向：一是耕地、林地、草地等农业生产用地；二是集体经营性建设用地、宅基地等农村集体建设用地。

① 刘芳：《中国农村土地制度安排与创新研究》，博士学位论文，西南财经大学，2008 年。

一、农业生产用地制度的运行情况

（一）耕地制度的运行情况

耕地作为人类最基本的生存条件和最基本的生产要素，历来为人类社会所关注和珍视，特别是对我国这样一个人口众多、人均耕地水平较低的发展中国家，能否保有足够数量、质量的耕地资源直接关系到粮食安全、社会稳定与生态安全等，它的合理配置和高效利用直接影响到社会经济的可持续发展，我国政府为此制定和实施了一系列耕地保护政策措施。1998年中央政府对《土地管理法》进行了修改，专门增加了“耕地保护”章节，对耕地占用、开垦、保护等进行了严格的限定。不仅如此，在新的土地利用总体规划中，增加了“城乡建设用地规模”“人均城镇工矿用地”等指标，“世界上最严格的耕地保护制度”逐步上升为“世界上最严格的资源管理制度”“世界上最严格的土地管理制度”。[①] 1997年中共中央国务院中发〔1997〕11号文件首次提出了“耕地总量动态平衡”的概念，其后在以土地利用总体规划为依据的建设用地审批过程中，开始执行耕地“占一补一”的政策。

据国土资源部和国家统计局统计，截至2012年底，全国共有农用地64646.56万公顷，其中耕地13515.85万公顷（20.27亿亩），林地25339.69万公顷，牧草地21956.53万公顷；建设用地3690.7万公顷，其中城镇村及工矿用地3019.92万公顷。2012年，全国因建设占用、灾毁、生态退耕等原因减少耕地面积40.2万公顷，通过土地整治、农业结构调整等增加耕地面积32.18万公顷，年内净减少耕地面积8.02万公顷。应当承认，我国耕地保护制度的实施对于遏制城镇化中耕地资源的急剧减少起到了一定的积极作用，但不可否认，其运行效果与预期目标也存在相当差距，耕地保护行动出现了政策失灵。

（二）林地制度的运行情况

新中国成立以来，党和政府高度重视林业工作，当前我国森林资源进入了数量增长、质量提升的稳步发展时期，但同时面临一定程度的林业经营不善和有效供给不足的挑战。1981年3月，中共中央、国务院颁发《关

① 刘国凤：《中国最严格耕地保护制度研究》，博士学位论文，吉林大学，2011年。

于保护森林发展林业若干问题的决定》，要求在集体林区实行稳定山权、林权，划定自留山，落实林业生产责任制的林业“三定”改革，标志着林业家庭承包制的开始。林业“三定”改革的目的是通过明晰产权，建立有利于林业发展的激励机制。但是，1985年前后出现的大规模乱砍滥伐现象动摇了政府分林到户的决心。1987年，中共中央、国务院颁布了《关于加强南方集体林区森林资源管理，坚决制止乱砍滥伐的指示》，提出“严格执行森林采伐限额制度”，“集体所有集中成片的用材林凡没有分到户的不得再分”。至此，分林到户的进程受到遏制，有些地区甚至出现了把已经分下去的林地重新收归集体所有的现象①。另外，我国《森林法》规定，“国家所有的森林和林木以国有林业企业事业单位、农场、厂矿为单位……制定年采伐限额”。这实际上是法定生产经营单位和广大林农使用权的体现。但在实际执行过程中，这些权利都被林业主管部门的木材生产计划所取代，从而剥夺了广大林权权利人的使用权和经营权。

当前我国的林业制度运行是新一轮集体林权制度改革“嵌入”乡村社会后所形塑的结果，并处于继续深化改革的过程当中。目前，全国大部分地区成立了集体林权改革工作和领导机构，通过建章立制和颁行政策指导农村集体林改工作，积极进行林改试点、经验总结，统筹主体任务和配套改革，取得了积极的阶段性成效。一是林业生产积极性空前高涨，生产效率得以提高；二是拓展了就业空间和增收渠道，林农收入普遍提高；三是资金开始向林业聚集，促进了林业生产要素的优化配置；四是干群关系得以改善，促进了当地的民主进程与和谐稳定；五是促进了三大效益的协调可持续发展。②

尽管新一轮集体林权制度改革取得了显著成效，但同时也面临着“官方”与林农的利益冲突、公平与效率的难以兼顾、生态与增收的平衡压力等问题。根据2005年的统计，广东深山林权属争议案件多达115717宗，涉及林地面积421万亩③。在林权改革的实际进程中，村集体经济组织享有的自主决定权为林改中可能出现的违规操作和“寻租”行为提供了制度

① 海鹏、徐晋涛：《集体林权制度改革的动因性质与效果评价》，《林业科学》2009年第7期。

② 泽忱、布仁仓、胡远满：《我国集体林权制度改革存在的问题及对策探讨》，《林业资源管理》2008年第6期。

③ 邓惠珍：《在全省林地林权登记换发证工作总结会议上的讲话》，广东省林业网，http：//www.gdfgov.cn，2005年12月20日。

前提。有些村干部擅自转让、出卖山林导致本村林农无山可耕或加剧林地权属的纠纷。此外，“林改造就了少数借林权改革之机‘快速致富’的新‘林场主’阶层，而大部分农民却因社会排斥而失去了原本属于‘大家集体所有’的山场”[①]，加剧了村庄内部的利益矛盾，进一步恶化了本就趋于“原子化”“离散化”的农村社会人际关系。

（三）草地制度的运行情况

我国草地面积截至2012年底约2.1亿公顷，是仅次于澳大利亚的世界第二草原大国。改革开放以后，随着农区耕地家庭联产承包经营制度的推行，1982年内蒙古开始探索草原家庭承包制度，并率先推行“草畜双承包”，落实草牧场“双权一制”（草原所有权、使用权和承包责任制），实行草原有偿使用。2003年3月1日起施行的《农村土地承包法》及新修订的《草原法》对草原承包制度又提出了新的要求。与此同时，国务院及有关部门还出台了一系列涉及草原承包制度的政策性文件：1997年中共中央办公厅、国务院办公厅印发了《关于进一步稳定和完善农村土地承包关系的通知》；2007年农业部下发了《关于加快推进草原家庭承包的通知》；2010年中央一号文件明确指出“按照权属明确、管理规范、承包到户的要求，继续推进草原基本经营制度改革”，对于草场的承包到户的制度提出进一步的要求。

当前我国草地制度建设已经取得了阶段性的成果，初步形成了以《草原法》为基础，以相关法律法规为补充，以一系列政策、规章为支撑的草原制度体系，在保护草地和增加农牧民收入等方面发挥了重要作用。但即使到今天，青海、西藏等省份，许多放牧场仍然只是象征性地在图纸上分了，草场仍然混放混用[②]。加上天气的干旱、牧区人口增长过快以及长期以来的大规模开垦和超载放牧等原因，我国的草地资源遭到严重的破坏，草地资源沙化退化、水土流失严重，沙尘暴频繁发生，不仅制约了畜牧业的可持续发展，而且对全国的生态安全构成了严重威胁。

---

① 朱冬亮、肖佳：《集体林权制度改革：制度实施与成效反思》，《中国农业大学学报》2007年第3期。

② 魏兴琥、杨萍、王亚军等：《西藏那曲现行草场管理方式与草地退化的关系》，《草业科学》2003年第9期。

二、农村建设用地制度的运行情况

（一）农村集体经营性建设用地制度的运行情况

根据《中华人民共和国土地管理法》的规定和农村的现实状况，农村集体建设用地是归农民集体所有用于建设项目的所有农村土地，包括农民宅基地、乡镇企业建设用地和乡（镇）村的公共设施、公益事业用地几种具体类型。《土地管理法》第二条指出，“国家为了公共利益的需要，可以依法对土地实行征收或者征用并给予补偿”。《土地管理法》第四十三条明确提出，“任何单位和个人进行建设，需要使用土地的，必须依法申请使用国有土地”，同时为农村集体建设留了一个豁口，“兴办乡镇企业和村民建设住宅经依法批准使用本集体经济组织农民集体所有的土地的，或者乡（镇）村公共设施和公益事业建设经依法批准使用农民集体所有的土地的除外”。《土地管理法》第六十三条规定，“农民集体所有的土地的使用权不得出让、转让或者出租用于非农业建设；但是，符合土地利用总体规划并依法取得建设用地的企业，因破产、兼并等情形致使土地使用权依法发生转移的除外”。可以看出，现行的以《土地管理法》为核心的土地管理法律体系对农村集体建设用地有着明确的限制导向，征收和征用是农村集体建设用地转变为国有土地进行入市流转的唯一合法途径。

严格限制集体建设用地使用权流转的主要目的保护农村土地资源，特别是保护有限的耕地资源，出发点是好的。但这样的限制性规定在实践中并不利于保护广大农民的利益。一项调查表明，被征土地收益分配格局大致是地方政府占二成至三成、企业占四成或五成、村级组织占近三成、农民仅占不到一成。2009 年，北京市征地总面积 6544.6885 公顷，征地补偿费 2601401.3 万元，平均每亩补偿约 26.5 万元。而政府拍卖土地每亩均在几百万元甚至上千万元，2009 年北京市土地出让收入达 928.05 亿元。现行土地制度限制农村集体建设用地进入市场，城郊农村和农民不能合法地以土地参与城市化，致使农村集体和农民的土地财产权蒙受巨大损失。有学者认为，在过去 30 多年里，我国农民在城市化中被剥夺土地级差收入高达 30 多万亿元①。

① 彭真怀：《中国农业改革模式亟需顶层设计》，《中国经济时报》2011 年 3 月 18 日。

城乡建设用地增减挂钩是我国国土资源部门为解决城市扩张所产生的建设用地问题制定的政策补充，是在保护耕地的前提下完善城乡建设用地制度的重要探索。基于农村存量建设用地远高于城市建设用地的现实，国土资源部制定了“增减挂钩”的政策，意图在保持建设用地总量不显著增加的前提下，减少存量农村建设用地的规模，来满足城市发展所需的土地空间，从而既实现耕地保护的目标，又能保障工业化、城市化的用地供给。城乡建设用地“增减挂钩”在各地统筹城乡发展中起到了政策抓手的作用。这提供了一个“保障城市发展空间、优化农村建设空间”行之有效的工作思路，也成为农村土地资产化运作的关键举措。但也存在诸多问题：部分地区仅将其作为一种增加指标的手段，忽视拆旧区整理复垦工作，导致周转指标归还困难，归还耕地质量不高。更重要的，项目实施过程中忽视农民意愿，补偿不合理，这使农民权益极易受到侵害。需改变发展路径上“重城镇、轻农村”的倾向，以统一城乡建设用地市场为取向规范增减挂钩。①

（二）宅基地制度的运行情况

到目前为止，我国并没有专门的农村宅基地制度文本。有关农村宅基地方面的一些制度和规定，散见于《土地管理法》《农村土地承包法》《物权法》等法规文件中。总体而言，农村宅基地制度内涵，主要有以下四个方面：无偿取得和使用、限制流转和抵押、面积法定、一户一宅。脱胎于计划经济体制的农村宅基地制度，欠缺规范性和完备性。农村宅基地制度，是按计划分配的理念，将农村宅基地视为一种福利品，分配给农村集体经济组织（社区）成员，作为农村宅基地取得者的一种生活保障资料，没有体现宅基地的财产属性。这样的制度安排表明，只要是农村集体经济组织（社区）成员，就可以无偿取得农村宅基地，并可无限期地使用和继承。在分配面积上，由地方法规规定上限。其流转限于农村集体经济组织内部，禁止抵押；一户只有一次申请农村宅基地的机会，转让了宅基地而再次申请的将不被批准。但现实是，除了不准抵押外，“限内流转”“一户一宅”的约束，都被不同程度地突破。这是因为，我国实行市场经济30多年来，农村宅基地的财产属性已日趋明显；“无偿获取、零留置成本”，

① 陈昊、夏方舟、严金明：《新型城镇化背景下农村土地制度创新研究评述》，《中国土地科学》2013年第11期。

造成“多一处宅基地，就可能获得多一份收入”的预期；而且少批多建的现象也相当严重。统计表明，近年我国农村集体建设用地的面积是4亿亩（26.7万平方千米），其中农民宅基地有2.5亿亩（16.7万平方千米），农村人均用地214平方米，超过农村人均建设用地150平方米的规划标准高限64平方米。同时，现行制度本身，几乎没有宅基地的退出机制。这就必然造成“建新不拆旧，普遍闲置”的现象。正是宅基地的上述特征，使得农民申请宅基地的积极性一直未能得到有效节制，致使我国宅基地总面积持续走高。

在城镇化建设过程中，由于宅基地总面积不断增加，相应的闲置宅基地面积也随之增多，反过来同统筹城乡建设用地紧张的矛盾也更为突出。为了有效解决当前宅基地制度“瓶颈”，全国各地因地制宜出台了一系列的宅基地流转模式，集约利用闲置宅基地，满足城镇化建设用地缺口。如重庆的“地票”、天津的“宅基地换房”以及嘉兴的“两分两换”等模式，都是基于“占补平衡”的原则来进行流转的（见图7-1），并且在整个过程中，政府都是实施主体，积极引导农民进行宅基地流转。

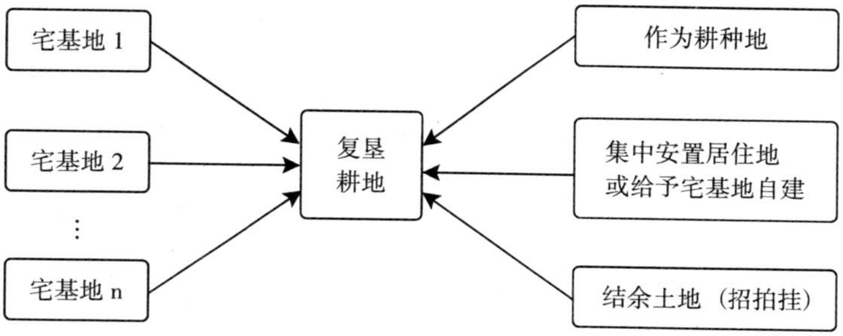

图7-1　宅基地占补平衡流转模式

资料来源：笔者自制。

第二节　我国土地制度面临的主要问题

从上述我国土地利用制度框架的阐释中，我们可以看出当前我国农村土地制度问题可以分为两部分：一是农业生产用地制度方面的问题；二是农村建设用地制度方面的问题。在本书第一篇内容当中，我们对农业生产用地经营制度，尤其是对耕地经营制度的改革与创新进行了介绍，加之城市化进程中涉及的土地制度主要是农村建设用地，因此本部分主要聚焦于建设用地制度存在的问题。这一问题也可分为两个方面：一是农用地经由政府征用转变为建设用地过程中出现的问题。现行征地制度仍然采取计划经济时期政府垄断、强制征地的方式，不仅造成资源大量浪费，损害了经济发展效率，而且积累了大量的社会矛盾。二是集体建设用地，特别是集体经营性建设用地的市场化进程严重滞后，国家对这方面问题的解决仍然缺乏明确的政策指导。

一、现行征地制度引发的问题

（一）公共利益界定不明，征地范围过大

我国《宪法》第十条规定："国家为了公共利益的需要，可以依照法律规定对土地实行征收或征用并给予补偿。"《土地管理法》第二条规定："国家为了公共利益的需要，可以依法对集体所有的土地实行征收。"公共利益通常被用来作为衡量国家是否滥用征地权的标准，但是在现实中，公共利益并没有明确的界定，公共利益是一个不确定的、泛化的法律概念。现行法律、法规并没有明确界定哪些建设项目用地是为了公共利益。正因如此，滥用征地权、征地范围过大的现象不断发生。有些地方征地早已不限于为公共利益，部门利益甚至私人商业利益都在搭乘公共利益的"便车"，土地征收实质上已经成为满足各类建设用地需求的主要途径，远远超出了公共利益的范围，似乎政府的任何征地行为都可以冠之以"公共利益"的名号，从而导致征地的滥用。这不仅会影响到我国的耕地数量和质量，还可能引发一系列的社会冲突。

（二）征地农户补偿偏低，增值分配不公

我国现行《宪法》第十条规定："国家基于公共利益的需要，可以依照法律规定对土地实行征收或者征用，并给予补偿。"但在实际操作过程中，不管是公共利益还是非公共利益，政府一律启动强制征地权，大量征收农村集体土地。同时，征地按原农业用途进行补偿，这就造成了普遍的低价征地、高价出让的城乡土地价格"剪刀差"，使农民蒙受巨大的土地财产损失。同一块土地，由于所有权性质的变化造成了价格的悬殊，农民却并没有享受到这种价格差带来的收益。据 2012 年对北京昌平区 38 个被征过

地村庄的调查，2008~2012 年，38 个村共征地 2802 亩，农民及村集体共获得补偿 3.2 亿元，平均补偿标准 11.4 万元/亩。每亩均差达 400 万元[①]。但是，由于目前国家、集体、农民三者之间利益分配机制不完善，征地补偿款往往先落款到村集体，其次才补偿到失地农民，光是经过这一环节，农民所得已经所剩不多了。2008 年农村入户调查证实，农民从土地用途改变的增值中获益甚微：被征地农户中，近 70%的农民每亩只领到 1 万~2 万元补偿款，27.4%的农民领到的土地征用补偿款不足 1 万元，实际领到补偿款超过 2 万元的农民仅占 2.9%[②]。资料显示，武汉绕城高速公路东北段征地 1.03 万亩，补偿标准为每亩 1.89 万元，但最后落实的补偿标准仅为每亩 4800 元，共少补偿给农民 1.45 亿元，降幅达 75%[③]。

（三）干群关系持续紧张，维权事件频发

随着我国城市化进程加快，因征地拆迁引发的群体性事件频频发生，已经引起社会的广泛关注。自中央逐步取消农业税以及对种粮农民实施财政补贴以来，因税收和农民负担过重引发的群体性事件大幅下降。但由于地方税收的减少，通过低价征地、高价卖地增加财政收入成为一项普遍的策略，加之城镇化进程中大量征用农民土地，由征地引发的群体性事件在数量和强度上都呈上升趋势，成为后农业税时期影响农村稳定的主要因素[④]。调查显示，接近半数的受访者（47.86%）表示对土地征用不太满意（22.19%）和很不满意（25.67%），而仅有 25.68%的受访者表示对当前补偿金额比较满意（16.01%）或者很满意（9.67%）。有 26.47%的受访者表示当前补偿金额一般。同时在征地过程中，接近 1/3 的受访者（33.04%）曾与政府或者村集体发生过土地纠纷。

二、集体建设用地市场化滞后造成的问题

（一）地方政府过度依赖土地财政，孕育财政金融风险

据统计，2009 年全国土地使用权出让收入高达 1.4329 万亿元，同比

① 光磊：《北京市新型城市化中农民土地权益发展研究报告》，2012 年 11 月。
② 中国（海南）改革发展研究院课题组。
③ 李金华：《关于 2005 年度中央预算执行的审计工作报告》，《经济日报》，2006 年 6 月 29 日。
④ 柳建文、孙梦欣：《农村征地类群体性事件的发生及其治理——基于冲突过程和典型案例的分析》，《公共管理学报》2014 年第 2 期。

增长 38.78%，同年财政收入 3.25817 万亿元，土地出让金占地方财政收入的 43.7%。2010 年全国土地使用权出让收入 29109.94 亿元，完成预算的 213.2%，同比增长 106.2%，同年财政收入为 40609.8 亿元，土地出让金占地方财政收入的 71.7%。2013 年国有土地使用权出让收入 41249.52 亿元，同年地方财政收入为 68969.13 亿元，土地出让收入占地方财政收入的 59.8%[①]。虽然比重有所下降，但地方政府的土地出让金依然占地方财政收入的一半还多，有的地方更甚，加上地方政府转让土地而从中获得的直接和间接税收收入、各种费用收入，土地已成为地方财政预算外收入的主要来源。地方财政收入过度依赖土地财政驱使地方政府更加无节制地通过征地来满足。政府用土地财政收入搞建设，本质上是“寅吃卯粮”，加大了用地企业的市场风险，降低了用地个人的生活水平。同时，这一做法也隐含了相当的金融风险。政府用土地向金融机构抵押或质押融资，是政府直接负债经营，用未来收益逐步偿还，本质上也是“寅吃卯粮”[②]。目前，土地金融的规模已经远远超过了土地财政，所谓“地方债”，绝大多数属于土地金融。许多地方政府的偿债能力严重不足，于是靠借新债偿旧债来拖延。导致这种局面的根源，是政府经营土地的制度，制度不改，这种局面仍将呈加剧之势。

（二）农村建设用地入市困难，小产权房问题突出

1988 年宪法修正案规定土地使用权可以依照法律的规定转让，但之前的《土地管理法》《村镇建房管理条例》等下位法律政策却规定“农民集体所有土地的使用权不得出让、转让或者出租用于非农建设”。后来的《土地管理法（修正本）》确认“国有土地和集体所有的土地可以依法转让……土地使用权转让的具体办法，由国务院另行规定”。1990 年，《城镇国有土地使用权出让和转让暂行条例》颁行，但农村集体土地的相关办法却至今未面世。2008 年，中共十七届三中全会提出“逐步建立城乡统一的建设用地市场……集体土地与国有土地享有平等收益权”，但实践中的农地入市仍然停留在小心翼翼的探索和试点阶段。在此背景下，大城市的小产权房大量涌现。据有关方面调查，北京的小产权房占市场总量的20%；西安的小产权房占市场总量的 25%~30%；深圳截至 2011 年底，小产权房违法

① 根据民政部和国土资源部统计数据计算。
② 黄小虎：《关于土地管理制度改革的若干建议》，《开放导报》2013 年第 6 期。

建筑达到 37.94 万栋，建筑面积高达 4.05 亿平方米，占深圳市总建筑面积的 49.27%。无论是建设数量还是市场需求，小产权房都相当庞大，成为政府不得不严肃面对的问题，因为小产权房虽然满足了部分低收入群体的住房需求，但它扰乱了正常的土地市场秩序，造成了政府土地资源收益的流失。同时，小产权房在交付使用或入住后，也存在一些不容忽视的现实问题：由于多数小产权房是毫无资质的建筑队伍在短时间内"量贩式"盖起，房屋质量明显缺乏保障；小产权房一般地处远离城市的城郊或农村，公共设施落后，交通成本畸高，还潜藏着公共安全等诸多风险；购房者在使用房屋过程中产权有不确定性，只可以使用，但不方便买卖或转让；由于难以办理土地使用证、房产证、契税证等合法手续，小产权房本身缺乏明晰的产权，购房者未来在遗产继承时也会遇到困难①。

（三）城市建设用地储备不足，城市房价日益攀升

在我国房地产市场中，土地成本在房地产开发投资中占有很大的比例，城市建设用地来源的垄断，使房地产价格受到政府和开发商自身利益的影响而与其真实价值背离。土地出让金和房地产税是地方政府的主要财政来源，这在一定程度上助长了房价的攀升。尽管国家出台了一系列金融、税收等调控手段，但在供需不均的市场条件下很难有明显的作用。而国有土地储备和招拍挂制度的实施不仅没有缓解房地产市场的供需矛盾，反而加剧了土地供应紧张局面，得到相反的效果。农村建设用地若能入市流转，不仅可以降低流转成本，减少交易费用，而且增加了建设用地来源，缓解目前城市建设用地供求紧张的局面，使房价趋于合理。城市郊区的集体建设用地会以较低的价格吸引工业企业向郊区聚集，进一步缓解城市建设用地的紧张状况。而城市内的原工业用地可用于住宅开发，尤其是加大保障性住房建设，达到平抑房价、解决居民住房的目的。

① 程浩：《中国小产权房：现状、成因与问题》，《中共中央党校学报》2009 年第 2 期。

第三节　我国土地制度困境的原因分析

一、城市化加速推进，城乡建设用地需求旺盛

改革开放以来，我国的城市化进程不断加速。2000 年，中国的城市化水平为 36.2%，比 1978 年提高 18.3 个百分点。2010 年根据第六次全国人口普查数据，我国除港澳台地区以外的 31 个省、自治区、直辖市和现役军人的人口中，居住在城镇的人口为 665575306 人，占 49.68%；居住在乡村的人口为 674149546 人，占 50.32%。同 2000 年第五次全国人口普查相比，城镇人口增加 207137093 人，乡村人口减少 133237289 人，城镇人口比重上升 13.46 个百分点。工业化、城镇化进程的快速发展导致用地需求增大，而建设用地供给能否满足需求的关键要看土地利用规划。国家每年有具体的供地计划，各省市根据当地的发展情况和国家批准的建设用地指标份额确定其供地计划，但原则上其供地计划不能超过国家规定的指标数量。但相对于巨大的建设用地需求而言，当前有计划的建设用地有限供给往往难以满足旺盛的土地需求。徐绍史指出，“十一五”以来，全国每年建设用地需求在 1200 万亩以上，每年土地利用计划下达的新增建设用地指标只有 600 万亩左右，缺口在 50%以上。可以说，建设用地指标供给不足是当前各地急需解决的用地难题，对于城市化速度较快的地区更是如此。

二、征地补偿不合理，土地增值收益分配不公

这是导致干群关系紧张、群体性事件不断的直接原因。多年来，土地征收制度在保障我国工业化、城镇化对建设用地的需求方面做出了历史性贡献。但在实践中，现行征地制度暴露出一系列突出问题。这既与现行法律法规执行不到位有关，也与征地范围过宽、征地补偿标准偏低、土地增值收益分配不公、有效的纠纷调处和裁决机制缺乏有关。现行的《中华人民共和国土地管理法实施条例》规定，土地补偿费归农村集体经济组织所

有；地上附着物及青苗费归地上附着物及青苗的所有者所有。土地补偿费是征地补偿中的大头。被征地农民只能获得被征土地上的地上附着物和青苗的补偿费，以及部分安置补助费。这种补偿办法没有体现土地的增值收益和价值，没有反映土地的社会保障功能，没有体现土地市场的供求状况，与市场经济运行规律严重不符。同时，因为农产品价格的波动，作为补偿基数的亩产值也难合理确定，很容易出现补偿不合理的状况[①]。农村土地征用时按照年平均产值确定补偿价格，而到二级市场出让时却按照市场价格、土地建设用途确定，这种价格体系显失公平，严重侵害了农民的土地财产权。

三、土地所有权残缺，土地产权主体地位虚置

集体所有权不明确体现在集体所有权的主体不明确与集体所有权的行使不明确两个方面。依照现行的有关法律，农村土地所有权主体并不明确。在不同的法律中，集体所有权主体规定很不一致。《中华人民共和国宪法》中笼统定为集体所有；《民法通则》中被界定为乡（镇）、村两级；《中华人民共和国土地管理法》中则规定为乡（镇）、村或村内农业集体经济组织。从而在微观上形成村集体经济组织或者村民委员会、村内各农村集体经济组织或者村民小组、乡（镇）农村集体经济组织对同一块土地都可以拥有所有权。由于集体所有权的不明确，作为农民集体代言人的村干部，则实际掌握着农村土地的发包、调整，农村土地使用权的流转的权利。集体所有权不明确，导致的结果是农村土地所有权的制度安排不能很好地保护普通农民的应得权益。在这种制度安排下，作为集体一员的普通农民的土地产权是模糊不清的，他们作为土地产权的主体地位是虚置的。这就是现阶段中国农村土地制度的真正症结。

四、财税体系不完善，地方严重依赖土地财政

正如本书第一篇所述，1994 年分税制改革的税种划分扩大了中央的财源，与此并行的是地方政府的事权不断增加，财政支出责任并未相应减

① 李中：《我国征地制度：问题、成因及改革路径》，《理论探索》2013 年第 2 期。

少。这是地方政府依赖土地财政的背景条件之一。同时，曾经的以 GDP 和财政收入为核心的政绩考核体制、当前的土地法律与制度存在的不合理之处，为地方政府发展土地财政提供了动力和条件。种种因素交织在一起，就形成了今天各地严重依赖土地财政的局面。

五、政绩考核不合理，刺激地方官员卖地冲动

改革开放以来，国家长期强调以经济建设为中心，与此相适应的官员政绩考核指标就是 GDP 增长率，加之以地方政府间的相对经济绩效为标准的官员晋升机制，使一些地方领导一味追求 GDP 增长。在这种强大的经济增长激励之下，拿土地做文章成为不少地方领导的现实选择。由此衍生的征地拆迁、土地出让、土地财政、土地金融等成为地方政府推动 GDP 增长、获取财政收入和进行基础设施建设的重要来源。这种“以地谋发展”的模式固然存在其合理性，但不容忽视的是，这种发展模式也带来了诸多社会问题，农民的土地权益受损即是其中之一。近年来，以 GDP 为核心的官员考核机制正在悄然转变，很多民生指标和政府负债、生态环境等被纳入考核，“GDP 冲动”得到了一定程度的抑制，但曾长期实行的官员考核体制仍然对我国的农地制度困境负有重要责任。

第八章　国外土地制度管理的经验和做法

世界各国特别是发达国家围绕土地的经营管理制度进行了有益的探索和积极的改革，尤其是在土地产权界定、土地市场运行、土地收益分配和土地征收制度等方面取得了丰富的成果积累了宝贵的经验，这些经验可以为我国当前的土地制度改革提供诸多重要启示。

第一节　土地所有制度

一、土地所有权主体明晰

土地所有权的归属是土地所有权制度的核心，土地所有权主体的确定将从根本上决定土地所有权的性质，影响接下来一系列的土地改革方向。美国的土地实行的是公私兼有的多元化土地所有制，其中，私人所有的土地占到 51%，联邦及州政府所有的土地占到 47%，印第安人保留地占 2%[①]。美国法律对土地所有权主体的权利和义务有着清晰的界定和划分。英国的土地所有制是建立在私有制基础之上的，从法律上来讲，英国的土地所有权人是英国的君主，英王形式上享有对土地的最高支配权[②]。日本现行的土地所有制是以个人为主体，国家所有、公共所有、个人与法人所有并存

---

① 熊红芳、邓小红：《美国日本农地流转制度对我国的启示》，《农业经济》2004 年第 11 期。

② 陈书荣：《不求所有但求所用——从英国土地产权制度看我国土地产权制度改革方向》，《南方国土资源》2003 年第 12 期。

的一种土地所有制度[①]。在日本农村，农民享有对土地的所有权，可以租借和买卖土地，在市场上进行土地的流转。

从总体上来看，尽管各自土地所有权主体的形式不尽相同，但是有一点是相同的，那就是土地所有权主体是明确的，所有权主体在土地流转的过程中有很大的自由，能够实现对土地的权利。可见，明确界定土地所有权主体及其权利的归属，保证权利的行使是土地制度改革中的重要问题。

二、土地所有权权能划分明确

土地所有权包括各项权能，每一项权能都可以与所有权相分离，成为一项独立的权利，为非所有权人所享有。因此，所有权权能的合理界定和明确划分有利于界定土地流转过程中土地收益的分配。赋予农民明晰、稳定和完整的土地所有权权能是调动农民积极性的根本保证，也是提高农业经营水平的前提条件。

英国的土地所有权分三个层次，即土地所有权、自由保有权、土地使用权，各项权利之间主体明确、权利界定清楚。英国真正的土地权利是从所有权中分离出来的各种不同形式的土地保有权[②]。日本对农民的土地权利进行了明确的界定，取消了农户之间租借、买卖土地的限制，允许农地产权通过市场进行租借和买卖，从而进一步扩大了农民对土地的使用权和收益权，而且赋予了农民对土地的处分权。另外，法国和美国等国家在对土地所有权及其权能划分上也有着明确的规定，土地的所有权者和权能的所有者之间的关系也很明确。

三、合法的土地所有权限制

土地作为一种重要的国土资源，与人民生活、国家建设和社会发展联系紧密，国家为了维护公共利益往往依据法律规定对个人的所有权做出规定性的限制。世界各国的土地所有权都不是绝对的，每个国家都对本国的土地所有权做出了限制。

---

① 王鹏虎：《日本现行土地制度概览》，《海外透视》2004 年第 4 期。
② 杨新海等：《借鉴英国经验完善中国土地产权流转》，《国家城市规划》2007 年第 22 期。

在美国，联邦政府和州政府享有对土地的征用权和土地管理的规划权，土地的发展权也由国家享有，国家通过发展权的转让来控制土地的开发、流转和征用[①]。英国 1947 年制定了《城乡规划法》，该法规定，一切土地的发展权归国家所有。这就是英国所谓的“土地发展权国有化”，在此规定下，任何土地所有人或其他人如欲变更土地用途，必须申请规划许可[②]。法国政府对土地所有权的限制主要表现在对土地用途保护和土地流转中，通过这些对土地所有权的限制性条件，法国实现了土地的农用和规模化经营。日本对土地所有权的限制是十分严格的，除了国家可以对土地进行征收和征用外，对土地的交易也有着严格的规定，如土地交易审批制度对交易的区域、交易的资格等都有明确的限制。

第二节 土地市场交易

一、多元的土地产权市场

发达国家的土地交易市场主要有：所有权市场，即土地或房地产的直接交换和买卖；使用权市场，即使用权的让渡，土地出租、房产出租等；开发权市场，20 世纪 70 年代初，美国华盛顿等州实行向农民购买土地开发权的政策，需要保护耕地的城郊区政府向拥有耕地的农民购买开发权，农民可继续耕种，但不得自己或售与他人进行非农开发；[③] 经营权市场，房地产商在获得土地后再把土地出售或出让；抵押权市场，实质上是房地产的证券化，即将抵押的土地或房地产上市。

---

① 陈丹、唐茂华：《国外农村土地规模经营的基本经验及其借鉴》，《国家行政学院学报》2008 年第 4 期。

② 陈勇：《英国土地制度及其实践》，《山东国土资源》2007 年第 2 期。

③ Feder, Agricultural Land Relations in the Developing World American, Journal of Agricultural Economics, 1993 (75).

二、平等的市场交易主体

在市场经济国家土地市场十分活跃，交易对象和主体广泛，几乎不受限制，只要符合法律规定，保证规划的实施，交纳规定的税收都可以参与土地的交易。在美国，政府与政府之间、政府与企业之间、政府与居民之间以及企业与居民之间都发生土地交易，而且都遵守市场规划，处于平等地位。

三、成熟的市场管理方式

（1）公众的参与和听证。土地开发和房屋拆迁必须要听取相关的社区居民或社会团体的意见，否则就很难得到通过，实际上是加强对土地市场的管理。

（2）完善的土地登记制度。许多国家运用现代通信技术和手段，房地产注册登记制度非常完善，十分公开透明。这除了可以有效保护业主的权利外，亦有利于市场的管理，防止投机和欺诈行为。

（3）收购储备制度。在一些国家和城市，当市场上土地供过于求，地价下跌时，政府会动员一部分资金收购土地，特别是需要改造的土地。

（4）设立土地市场管理机构。比如，法国的土地整治与农村安置公司、土地事务所和土地银行的设立就是为了实现土地合理和有序的交易；日本的合作经济组织从本质上来讲也是一个进行土地交易的机构①。

---

① 国务院发展研究中心宏观经济研究部：《土地政策与管理制度的国际经验》，《国土资源导刊》2009年第3期。

第三节　土地利益分配

一、政府的直接收益

政府作为土地的所有者，其收入主要有两个方面：一是出售土地收入。许多国家的政府或城市政府都会有属于政府的土地，包括储备收购的土地、收缴无主的土地等。对这些土地，政府都可以出售，成为政府的收入。二是土地出租收入。城市政府出租土地给私人企业等，政府按营业额和一定比例收取租金。以美国的圣地亚哥市为例，当时停车场按毛收入的50%、游艇泊位按毛收入的25%、旅馆客房按毛收入的6%、旅馆小酒吧按毛收入的3%交纳租金。其租金比例每隔四年调整一次，政府有关部门需要掌握土地使用者的经营情况。

二、政府的土地税收

一是不动产税。不动产税以明确的产权制度为前提。也就是说，每项课税的不动产都有确定的、唯一的、排他性的主体，所有权的界定是非常清晰的。美国因为土地产权明晰，所以很容易征收不动产税。而且不动产税一般是地方税，成为地方财政收入和进行地方公共事业建设的主要资金来源，受到地方政府的高度重视。

二是所得税。所得税是对经营房地产或土地交易所得收入所征收的一个税项，在英国称为公司税，在日本称为个人所得税或法人所得税，并按照房地产保有的时间和出卖、转卖的收入额来确定不同的税率，对个人和法人进行征收。①

除此之外，各国还根据自己的实际情况制定了相应的土地税种，如增值税、印花税、土地继承税、水税等。土地税收制度是国际上比较通行的

① 杨重光：《国外土地制度和管理及对我国的启示》，《中国房地产市场》2004年第12期。

一种制度和做法，建立和完善系统、科学、有效的土地税收制度，是我国土地收益分配制度的发展方向。

三、收益的分配方式

首先是初次分配。土地会在使用过程中或保有时期形成收益或自然增值。这种收入首先在土地所有者、经营者和使用者之间，通过供求关系、价格形成机制，即土地价格和土地租金的波动，进行收入的初次分配，调节他们之间的利益关系，保持利益的均衡。

其次是二次分配，即通过税收进行分配。政府通过税收的形式，集中土地的部分收入并进行再次分配。其主要方式是纳入中央、地方和城市政府的财政由政府统一支出①。

最后是政府政策性分配。在美国的一些州，政府低价出售土地，直接用于低收入居民的住房建设，作为政府对低收入居民的补贴，实际上已将土地的一部分收益直接分配转让给中、低收入家庭。

第四节　土地征收制度

发达国家的土地征收是指政府为了公共用途的需要，在支付公平补偿后，经过法定程序，运用公权力取得私人所有权土地及附属物的所有权以及相关权利的行为。

一、健全的法律保障

美国联邦政府的权利法案和各州政府法律都对征收做出了规定，但各州的立法形式不尽相同。有些州有单独的征地法，如伊利诺伊州的《土地强制征收法》；有些州在《民事程序法》中零散地对征地程序进行了规定②。

---

① Douglas C. Macmillan，An Economic Case for Land Reform，Land Use Policy，2000.

② 彭开丽、李洪波：《美国的土地征用补偿制度及其对我国的启示》，《农业科技管理》2006 年第 12 期。

二、明确的公共利益

在现代社会，国家因公共利益，在宪法授权的范围内，无论个人是否同意，依照宪法和法律的规定强行征收私人财产，这在世界各国都已很普遍，而且是国家主权对内最高统治权的重要体现。在市场经济条件下，各国都根据自己的具体情况，在立法中对公共利益进行明确界定。国外界定公共利益的方式主要有两种：

一是列举式界定。在日本土地征收法律法规中，穷尽性地列出了所有35种可以发动土地征收权的公益事业，主要包括国家机关用地和军事设施用地、交通用地、公共建筑物建设用地、公用事业用地、公共设施、土地改革用地六大类①，并且几乎每种公益事业均相应有一部法律来约束。在这种情况下，不可能出现“因公之名”而为私益发动征收权的现象。此外，韩国、印度、波兰等国也对公共利益进行了列举式规定。

二是概括式界定。加拿大、美国就采取了这种方式，它们在土地征收有关的法律法规中仅原则性地规定“只有出于公共利益方可发动土地征收权”，虽然对公共利益未加以明确界定，但基本用两种方式明确界定了公共利益：一种是利用议会法律来规定何者为公共利益，如澳大利亚；另一种是通过法院来判决土地征收是否符合公共利益，如美国。

三、完善的补偿标准

从各国情况来看，土地征收具体补偿标准都比较完善，并且有相应的法律作为保障，大致可分为以下三类：

第一，按市场价格补偿，即以市场价格为基础，尽可能地体现效率、平等的原则。此原则可以通过当事人双方进行必要的协商，协商不成可申请仲裁或提请法院解决。世界上大多数国家都采用这种方式，如美国、加拿大、英国等。

第二，按裁定价格补偿，指按法定征收裁判所或土地估价机构裁定或估定的价格补偿。如法国以征收土地周围土地的交易价格或所有者纳税时

---

① 杨重光：《国外土地制度和管理及对我国的启示》，《中国房地产市场》2004年第12期。

的申报价格为参考，由征收裁判所裁定补偿标准。

第三，按法定价格补偿，指按法律规定的基准地价或法律条文直接规定的标准补偿。国外有些国家的征地补偿规定主要是在法定下限的基础上协商，而我国的规定则是补偿的上限，即近三年土地平均收益的30倍。

第九章　土地制度市场化改革对地方财政的影响

第一节　土地财政收入对地方财政的影响

自 1979 年的《中外合资经营企业法》提出场地使用权可作为中方投资或由合营企业向政府缴纳使用费开始算起，土地有偿使用制度经历了 30 多年的改革，土地收益大幅增加。1994 年分税制改革之后，土地出让金全部划归地方政府，为地方政府获取财政收入留下了巨大的操作空间。由于分税制后地方政府存在的税收局限以及中央和地方事权与财权的不对等，地方政府不得不寻求新的财政渠道获得财政收入以弥补财政缺口。地方政府利用土地通过各种方式获取收入的行为被称为“土地财政”，狭义上的土地财政收入指的是土地出让收入，广义上则泛指政府所获得的与土地或房地产业相关的一切收入，包括以土地出让金为主的预算外收入、税收收入和利用土地融资的地方债务性收入。

一、土地出让收入

随着城市化进程的加快，地方政府出让土地的规模不断增加，所获得的土地收入包括土地出让金、土地租赁租金以及其他供地方式获得的收入。其中，土地出让金是出让国有土地使用权获得的收益，土地租赁租金是租赁国有土地使用权获得的收益，这部分收入属于地方非税收入，不包括在地方政府一般预算收入内。出让与租赁使用权性质上的差异使出让收益远胜于租赁收益，土地出让金对地方财政的贡献连年递增，2013 年占地方政府一般预算收入的比例更是达到近 60%[①]（见表 9-1）。

表 9-1　2000~2013 年土地出让金的纯收益及占地方政府一般收入的比例

年份	土地出让金		土地租赁租金		土地其他供应方式	
	金额	比例（%）	金额	比例（%）	金额	比例（%）
2000	595.6	9.30	4.1	0.06	25.2	0.4
2001	1295.9	16.60	4.0	0.05	18.2	0.2
2002	2416.8	28.40	5.7	0.07	31.8	0.4
2003	5421.3	55.00	4.8	0.05	279.7	2.8
2004	6412.2	53.90	3.1	0.03	43.5	0.4
2005	5883.8	39.00	9.7	0.06	48.2	0.3
2006	8077.6	44.10	3.8	0.02	27.7	0.2
2007	12216.7	51.80	2.5	0.01	28.0	0.1
2008	10259.8	35.80	3.2	0.01	151.4	0.5
2009	17179.5	52.70	25.7	0.01	79.9	0.2
2010	30108.9	74.14	—	—	—	—
2011	31500.0	59.30	—	—	—	—
2012	26900.0	43.60	—	—	—	—
2013	42000.0	59.80	—	—	—	—

资料来源：2000~2008 年地方财政收入数据来自国家统计局，2009 年数据来自财政部，2010 年以后数据是综合国土资源部、国家统计局、财政部数据得出的，具体参见 http：//news.xinhuanet.com/house/nb/2014-04-26/c_1110422851.htm。

从 2001 年开始，土地出让收入开始高速增长，其占地方财政收入的比重也开始急剧增加。这主要是因为地方政府对 2001 年发布的《关于加强国有土地资产管理的通知》的积极响应，开始大力推进经营性用地公开出让，进一步显化了土地市场价值。2005 年土地出让收入有所跌落是因为 2004 年出台的《关于继续开展经营性土地使用权招标拍卖挂牌出让情况执法监察工作的通知》要求，2004 年 8 月 31 日后各地不得再以历史遗留问题为由协议出让土地，因此很多地方政府在 2004 年集中批地，减少了

① 马雪：《财政分权下的土地问题》，《东岳论丛》2012 年第 5 期。

2005 年土地出让数量[①]。可见，土地出让制度建立、完善过程中中央政府发布的各种政策会极大地影响地方政府土地出让行为，进而对地方财政收入产生影响。

二、土地税收收入

土地相关的税收收入分为直接税收收入和间接税收收入。直接税收收入包括城镇土地使用税、房产税、土地增值税、耕地占用税和契税。这五项税收都属于地方税，即税收属于地方一般预算收入，税收资金支配权归地方政府。尽管我国实行了“史上最严厉的房地产调控政策”，各项税种仍保持较快速度增长。2012 年各地公共财政预算收入为 61078.29 亿元，税收收入 47319.08 亿元，其中城镇土地使用税 1541.71 亿元，房产税 1372.49 亿元，土地增值税 2719.06 亿元，耕地占用税 1620.71 亿元，契税 2874.01 亿元[②]，合计 10128.01 亿元，占财政预算收入的 16.58%。

依附于土地发展的建筑业和房地产业的营业税和相关税收纳入地方税收收入，属于土地相关间接税收收入。土地间接税、房地产营业税和建筑业营业税数据尚未被财政税务部门公开，暂不能放入土地财政的计算，但是房地产营业税的收入金额较大，不纳入计算土地财政的规模偏小。企业获得土地后进行生产和商业活动，提高了增值税等中央税收收入，尽管这部分税收收入不属于地方税收入，但受其影响的城市维护建设税和教育费附加税等地方税种反过来又可以增加政府的税收。

三、土地债务收入

地方政府通过融资平台利用土地抵押获取贷款也是获取地方财政收入的重要途径，地方政府债务收入越来越受到当地土地出让收入的影响。若以“承诺以土地出让收入偿还债务”总额除以“省市县三级政府负有偿还责任债务余额”来测算各地债务收入对土地出让收入的依赖度（见

---

① 朱丽娜、石晓平：《中国土地出让制度改革对地方财政收入的影响分析》，《中国土地科学》2010 年第 7 期。

② 中华人民共和国国家统计局：《中国统计年鉴（2013）》，北京：中国统计出版社，2013 年版。

表 9-2)[①]，可以发现北京土地偿债总额第一，浙江依赖度第一。2012 年底，浙江省、市、县政府负有偿还责任债务中，承诺以土地出让收入为偿债来源的债务余额为 2739.44 亿元，占省、市、县三级政府负有偿还责任债务余额 4133.91 亿元的 66.27%。即使在对土地偿债依赖度较小的省份中，也至少有 1/5 的债务要靠土地来偿还。

表 9-2　我国 23 个省份土地财政依赖度排名

省份	统计口径	土地偿债规模（亿元）	土地偿债规模排名	土地偿债依赖度（%）	土地偿债依赖度排名
浙江	省、市、县级	2739.44	2	66.27	1
天津	市级	1401.85	10	64.56	2
福建	省级、8 个市级、64 个县级	1065.09	11	57.13	3
海南	省级、2 个市级、12 个县级	519.54	20	56.74	4
重庆	市级和 36 个区县级	1659.81	8	50.89	5
北京	市级和 14 个区县级	3601.27	1	50~60	6
江西	11 个市级、90 个县级	1022.06	12	46.72	7
上海	市级和 16 个区县级	2222.65	3	44.06	8
湖北	13 个市级和 72 个县级	1762.17	6	42.99	9
四川	18 个市级和 111 个县级	2125.65	4	40.00	10
辽宁	13 个市级和 49 个县级	1983.20	5	38.91	11
广西	自治区、市、县级	739.40	16	38.09	12
山东	14 个市级和 81 个县级	1437.34	9	37.84	13
江苏	13 个市级和 73 个县级政府	—	—	37.48	14
安徽	16 个市级和 78 个县级	901.99	14	36.21	15
黑龙江	8 个市级和 18 个县级	652.88	17	36.10	16
湖南	14 个市级和 96 个县级	942.42	13	30.87	17
广东	19 个市级和 63 个县级	1670.95	7	26.99	18
陕西	10 个市级和 32 个县级	631.86	18	26.73	19
吉林	6 个市级和 18 个县级	586.16	19	22.99	20

① 刘德炳：《哪个省更依赖土地财政》，《中国经济周刊》2014 年第 4 期。

续表

省份	统计口径	土地偿债规模（亿元）	土地偿债规模排名	土地偿债依赖度（%）	土地偿债依赖度排名
甘肃	10个市级和28个县级	206.54	22	22.40	21
河北	11个市级和59个县级	795.52	15	22.13	22
山西	6个市级和10个县级	268.94	21	20.67	23

注：江苏没有公布土地偿债规模数字；北京没有公布比例数字及可供测算的数据，表中数据为估值；四川测算占比的分母为“市县两级政府负有偿还责任债务余额”，其他省份测算的分母为“省市县三级政府负有偿还责任债务余额”。数据截至2012年底。

资料来源：各省份审计部门审计工作公告。

地方政府以土地收入作为债务担保，但是土地出让收入很大部分用于征地补偿、城市基础设施建设等，这也导致了人们对地方政府偿债能力的担忧。财政部统计数据显示，2008~2011年，征地补偿等支出占土地出让收入的比重分别为37.14%、42.03%、49.66%和71.75%，城市基础设施建设支出占土地出让收入的比重分别为29.84%、27.1%、27.92%和18.11%，两者合占土地出让收入的比例大约为80%，加上教育、社会保障、农业建设等支出，土地出让收入用于偿还债务的比重是非常小的，债务隐患促使我们不得不进行更深入的土地制度市场化改革。

第二节　集体建设用地市场化改革对地方财政的影响

农村集体土地包括农业生产性土地和集体建设用地，农业生产性土地包括耕地、林地和草地等，集体建设用地则包括宅基地、非农建设用地和经营性建设用地。受制于18亿亩耕地红线的约束以及宏观经济政策的影响，透支农业生产土地获取财政收入是不稳定且不可持续的，如何促进集体建设用地市场化是改革的重点，其中集体经营性建设用地直接入市对地方财政的影响和风险评估更是重中之重。

一、宅基地市场化流转对地方财政的影响

从目前地方推行的宅基地流转模式来看，在流转农村宅基地的过程中，前期的搬迁安置过程的确会对地方政府产生一定的财政压力，因为地方政府需要大量资金用于宅基地流转、宅基地置换等，土地二次流转后的开发也需要相应的资金支持，但是一旦整个流转过程完成，将为地方政府带来巨大收益。在现行宅基地制度情况下，因为受到宅基地所有权流转限制，通常情况下都是由地方政府作为实施主体组织农民进行宅基地流转，而地方政府在参与组织并引导农民进行宅基地置换的过程中，复垦的土地一般除去耕地和农用建设用地外，都会结余一部分土地，也就是宅基地置换后所产生的用于城镇化建设的土地，这一部分土地流转到政府手中后，通过招拍挂等方式出让土地，获得土地出让金。这一部分收入占地方政府财政收入很大的比重，对于促进地方财政收入增长做出了卓越的贡献。

一旦宅基地进行市场化改革，农民主体便可以自行进行宅基地流转。在流转过程中，农民直接同开发商谈判，剔除了政府的介入，大幅度地增加了土地流转所获得的经济收益，从而使一部分过去流入政府口袋中的出让金直接转向农民自己的口袋。但是在这个过程中，地方政府处于交易的过程外，必然会严重影响到地方政府所获得的土地收益，从而大幅度地压缩了地方政府土地出让的合同收入，使地方财政收入严重缩水。此外，如果由农民主体同开发商直接谈判，农民主体必然处于弱势地位，为了保护农民的权益不被开发商严重侵占，必然会建立第三方监督机构，而承担监督职能的任务又必然会落到地方政府的肩上，必然也会增加地方政府的财政负担。另外，由于在经济利益的促使下，必然会极大提高农民流转宅基地的积极性，农民会在经济利益的诱使下大量流转，甚至是违规申请审批以供流转宅基地来套取经济利益，从而很有可能突破国家18亿亩耕地的红线，而地方政府为了维护18亿亩耕地红线，必然要采取一定的保障措施，这也会在一定程度上消耗地方政府的财政资金，加重地方政府的财政负担。

二、集体非农建设用地市场化对地方财政的影响和风险

非农建设用地是相对于农业建设用地而言的，是农业之外的一切工程建设以及其他建设设施所占用的土地。随着城镇化的推进，非农建设用地的流转也会对地方财政的收支产生一定影响。

从近年部分地方财政数据便可看出，非农建设用地直接入市并不会对地方财政收入方面产生巨大冲击。以广东部分地区为例，2005 年广东成为首个改革试点，广东南海地区的地方财政一般预算收入增长81%，达 45 亿元；城乡居民储蓄存款增长近七成，接近 1000 亿元，总量居全国县级首位。2006 年，地方财政一般预算收入 48.4 亿元，增长27.4%。到 2013 年，地方公共财政预算收入达 146 亿元，增长 13.1%；城镇居民人均可支配收入 39656 元，农村居民人均纯收入 18590 元，分别增长 9.1%和 11.5%。[①] 浙江湖州 2012 年政府工作报告显示，财政总收入246.9 亿元，其中地方财政收入 138.6 亿元，分别增长 12.7%和 13.5%；城镇居民人均可支配收入 32987 元，农村居民人均纯收入 17188 元，分别增长 12.3%和 11.7%。2013 年政府工作报告显示，财政总收入 271.7 亿元，其中地方财政收入 154.7 亿元，分别增长 10%和 11.6%；城镇居民人均可支配收入 36220 元，农村居民人均纯收入 19044 元，分别增长 9.8%和10.8%。[②] 通过数据对比我们发现，当地土地制度改革并没有给地方财政收入带来巨大冲击，在实行土地流转的地区，地方财政仍然保持快速增长的势头。另外，非农用建设用地还可以使地方财政的税收部分获得一定增长，地方政府可根据本地经济发展情况适当调整土地增值税以增加本地的财政收入；同时可增加税种，地方政府对非农建设用地流转的税收调整也有利于培育地方主体税种，规范地方财政收入来源，扭转土地财政的依赖。如广东佛山顺德区自 2002~2006 年开展土地流转以来，通过税收方面的调整共获得流转收益 3410 万元、契税 1461 万元。[③] 撇开税收部分，地方政府还可通过非农

① 资料来源：根据广东南海市 2013 年政府工作报告整理。
② 资料来源：根据浙江湖州市 2013 年政府工作报告整理。
③ 张兴国：《农村集体建设用地流转三地比较》，《中国土地》2006 年第 9 期。

建设用地的流转收取一定比例的流转费，从而在某种程度上调整地方财政结构，缓解地方财政对土地的依赖。如部分省份就采取了这种做法，在乡镇土地流转过程中按5%收取手续费，安徽省则在使用权初次流转时，按流转过程中发生费用的2%收取，土地登记费按0.8元/平方米收取[①]，再次流转时可按照国有土地的流转标准予以收费，此外，土地相关部门可根据上级规定收取一定费用。

其次，非农建设用地入市在财政支出方面的影响也是有限的。通常地方政府对于失地进城农民都会给予一定的社会保障，虽然这一部分保障资金也会对地方财政产生一定影响，但其影响较为有限。通过分析部分省份的社会保障资金的来源可知，其基本上都是由政府、集体和个人分别从土地出让金、土地补偿费以及征地安置补助费进行列支和一定比例分摊，浙江、山东、江苏及福建等地通常由政府、集体和个人分别以大致30%、40%和30%的比例进行分摊。也就是说，政府给予农民的社会保障支出很大程度上来自农民集体土地，对于保障资金的支出不会造成地方财政的吃紧，然而市场一旦放开，地方财政的压力也会进一步减小。

三、集体经营性建设用地市场化对地方财政的影响

农村集体经营性建设用地是村组织将集体建设用地租赁、转让给企业或个人使用的一种建设用地类型，但是目前我国集体经营性建设用地存在着一种尴尬局面，虽然集体经营性建设用地的所有权属于集体所有，但是仍然处于“人人有份，人人无权”的局面，通常是由个别领导干部说了算，而一旦涉及土地规划及土地流转方面的问题，则又是政府涉足，整个过程将权利主体边缘化。所以说，在目前我国集体经营性建设用地流转过程中，通常是由地方政府进行操作，而地方政府操作的最大的动机不单纯是为了合理规划统筹城乡建设，其背后的巨额财政收入也是重要因素。现今，很多地方政府通过大面积规划及流转农村集体建设用地来缓解、弥补城镇化建设用地缺口，而在集体建设用地流转的整个过程中，除去给予农民一定的土地赔偿以外，地方政府通过高价出让土地获得的巨额结余收入自然也会顺利流入地方政府口袋之中，从而为地方财政大幅创收。但是，

① 卢吉勇：《农村集体非农建设用地流转创新研究》，博士学位论文，南京农业大学，2003年。

从权利主体的利益方面来看，这在一定程度上损害了农民权利主体的利益，并不符合我国统筹城乡建设的切实利益，所以，国家对不完善的农村集体经营性建设用地制度改革呼声颇高。

中共十八届三中全会提出，“建立城乡统一的建设用地市场，在符合规划和用途管制前提下，允许农村集体经营性建设用地出让、租赁、入股，实行与国有土地同等入市、同权同价”。这一政策让农民分享更多的土地增益的同时，也将对地方政府财政产生重大影响，主要表现在以下两个方面：

首先是对土地出让收入的影响。土地财政的主要来源是土地出让金，而土地出让金具有即时性和一次性的特点，即土地出让金是一次性收入，解决地方财政一时的困难，不具有可持续性。而地方财政支出具有刚性，若将一次性收入作为经常性支出的财源，必然会加剧地方政府对土地财政的依赖①。当前，地方政府财政严重依赖土地，有的土地出让金占地方财政收入仍高达 60%，甚至在 70%以上。农村集体经营性建设用地平等入市、同权同价，将大幅度压缩地方政府垄断利润的空间，减少地方政府土地财政收入，进而对地方政府整个财政来源和结构产生重大的影响。

其次是对债务风险的影响。中国地方政府的债务融资始于 20 世纪 80 年代，通过各种建设债券、银政合作和融资平台借款，在地方基础设施建设、吸引投资和经济发展方面发挥了不可或缺的作用，而这些债务风险是否可控也成为当前中国经济健康状况的重要指针之一。截至 2010 年底，全国地方政府性债务余额 107174.91 亿元，相当于当期全国 GDP 的 27%。2013 年 8 月 6 日审计署公布了对 36 个地方政府本级 2011 年以来政府性债务情况的抽查结果：“截至 2012 年底，36 个地方本级政府性债务余额 3.85 万亿元人民币，两年来增长 12.94%。”集体经营性建设用地直接入市造成地方政府土地财政收入减少，必然进一步加剧地方政府的债务风险。相当多的地方是承诺用土地出让收入作为偿债来源，一旦土地出让金及相关土地财政收入减少，势必影响地方政府偿债能力和偿债信誉，对地方财政的债务收入部分也会造成连带影响。

① 许安拓、修竣强：《破解地方依赖土地财政的畸形发展模式》，《人民论坛》2012 年第 8 期。

第十章 改革土地制度的相关政策建议

第一节 推进我国农村土地制度改革的总体思路

对于土地市场化而言，由政府主导的强制性制度变迁似乎已到了难以为继的地步。无论是在中央政府层面，还是在地方政府层面，均有着滞缓土地市场发育的考量因素。当强制性制度变迁方式面临着难以逾越的障碍时，土地市场化改革的根本出路便只能是渐进过渡到与市场经济内在要求一致的需求诱致性制度变迁方式。向诱致性制度变迁方式渐进转换，是强调农民作为微观土地市场主体应主动参与，成为土地市场化改革的“第一行动集团”，通过与权力中心的良性互动，自发组织并实施制度创新。以微观市场主体为主导的诱致性制度变迁的确面临着现实条件的严格约束，但我们之所以认为土地市场化改革能够实现向诱致性制度变迁方式的渐进转换，是基于对以下因素的详细考察：

第一，潜在制度创新收益的不断显现。对于微观土地市场主体而言，严重滞后的土地市场化进程和土地资本化的整体趋势意味着无数的潜在获利机会，这构成了诱致性制度变迁的内在动力。第二，土地产权制度改革不断深化。微观土地市场主体在现行宪政框架下的土地产权边界得以逐渐厘清，不仅有效提高了微观土地市场主体的安全性预期和感知获利能力的机会，也使微观土地市场主体具有从事制度创新行为的更强烈欲望。第三，谈判力量的变迁。在市场机制逐步完善的过程中，微观土地市场主体与政府之间的力量对比发生了显著的变化。当政府的意愿制度供给与微观土地市场主体的制度创新需求严重偏离时，微观土地市场主体常选择“以脚投票”的抵制方式。与此同时，原政治体系之外的个人和团体也通过各种方式参与到政策决策过程中来，实力逐渐增强的微观土地市场主体已初步具备了与政府讨价还价的能力。第四，集体行动困境的破解。从短期来看，微观土地市场主体可以通过农村集体经济组织、行业协会以及公关游说集团等组织来达成并实施集体行动；从长期来看，提高公众之间的信任和互助水平、拓宽社会信任和合作半径、提高社会成员在社会事务中的参与程度，是治理集体行动困境和推进诱致性制度变迁转换的长效之道。第五，知识获取和分配的变化。微观土地市场主体在持续学习的过程中，不断进行相关知识的积累，加之微观土地市场主体在信息搜集方面的天然优势，均为制度变迁方式的转换做好了知识上的准备①。

制度变迁方式的转换并非一朝一夕能够完成，土地制度改革的推进也无法一蹴而就。在当前条件下，农村土地制度改革的总体思路是：沿用“政策完善—布局试点—全面推进”的政策完善与执行路径，促进土地适度规模经营和集体建设用地平等入市，以土地产权制度、财税分配制度和官员激励制度改革为重心，通过明确农民产权主体地位等十大措施，逐步解决当前农村土地制度中存在的主要问题，探索赋予农民更多财产权利，明晰产权归属，完善各项权能，激活农村各类生产要素潜能，使农村土地制度与新型城镇化、农业现代化内洽，让农民成为改革的积极参与者和真正受益者。

第二节　推进我国农村土地制度改革的具体措施

一、消除集体经营性建设用地入市障碍

第一，完善法律法规，依法确立农村建设用地使用权直接平等交易。简化建设用地供需双方的交易成本，能消除现阶段农村建设用地市场的混乱和负外部性。同时取消国家对集体土地使用权的不合理限制，解决《宪

① 黄砾、张梁：《土地市场化路在何方》，《财经问题研究》2014 年第 6 期。

法》和《土地管理法》相互矛盾的问题[①]。

第二，创新农村住宅制度，维护农民宅基地用益物权。一是切实遵守《物权法》，保障农民宅基地用益物权；二是放松农民住宅产权管制，允许和规范农民按照市场经济规律流转住宅，不应受地域、身份等限制，农民应当通过市场退出宅基地和住房[②]；三是实行农村宅基地福利分配与市场配置双轨制；四是允许和规范农村集体和农民在符合规划的前提下面向市场建设住房；五是将农民纳入住房保障体系，农民与城市居民一样拥有住有所居的权利。

第三，明确农村集体经济组织、村委会与土地使用方三者之间的关系。在产权明晰的前提下，组建新型农村集体经济组织，如股份经济合作社、土地合作社等，作为非农建设用地的所有权代表，管理和经营农民集体的股份和土地。农村非农建设用地入市后，各村委会可作为群众自治组织对集体经济组织的运作进行监督，非农建设用地在入市之后，土地利用者在遵循有关合同的同时，也要接受土地合作社或村委会的监督，偿付因土地增值而带来的收益。

第四，明确建设用地流转范围和条件，规范土地流转形式和程序。首先，非农建设用地的入市条件和范围应该符合用地规划。农村非农建设用地入市的范围可以先限定在存量建设用地，待市场发育完善和时机成熟时再扩展到增量建设用地，允许城镇规划区内外的农村集体非农建设用地入市流转。其次，非农建设用地流转时，必须于合同中明确土地流转期限。最后，地方政府可根据各自的实际情况向土地使用方收取土地流转收益以及流转业务费、登记费等，具体费用项目可参考国有土地收费项目。

第五，规范政府与其他市场主体的竞争行为，减少服务缺位和管理越位。对土地财政依赖很大的地方政府，能否与其他市场主体平起平坐、公开竞争农村建设用地，这就需要逐步健全农村建设用地市场体系，加快培育农村建设用地市场主体步伐；政府应作为农村建设用地市场的管理者，而不是直接经营者，应让利于民而不与民争利，服务于民而不强加于民；与此同时，要严格规范和监督政府的交易行为，加强政府的外部监督。

---

① 胡利玲：《农村集体建设用地流转的法律现状、问题与出路》，《湖南师范大学社会科学报》2010 年第 2 期。

② 李青柏：《农村住宅市场化流转的必要性及途径》，《吉林建筑工程学院学报》2011 年第 5 期。

二、逐步建立宅基地市场化流转机制

首先是建立和完善宅基地入市的相关制度。需明确宅基地入市的对象、条件、范围、方式，以及流转的主体、程序、收益处置与管理等，为其入市提供法律依据；完善农村社会保障体系建设，可将宅基地所肩负的居住保障职责置换出来，使其使用权还原为生产要素，发挥出宅基地财产功能[①]。其次是坚持相关土地法规原则并且实行严格土地管控。地方政府和村集体务必要按照相关法规坚持“一户一宅“的原则，堵住“一户多宅”的不正当流转，对宅基地的申请、流转、退出等环节，建立规范而严格的审批程序。此外，地方政府应该建立相应的土地资源税种，对已经拥有超标的、闲置的宅基地的村民收取一定的资源税，并且在农户转让宅基地时，对其收取一定比例的因超标所得的出让金用于村集体公益事业建设，从而从整体上严控土地管理。最后是理顺国家、集体和个人三者之间的利益分配关系。作为管理者，政府已经无权直接分享产权人的流转收益，但可以通过收取过程中的税费间接地参与到利益分配中来；集体经济组织作为宅基地的所有者可以分享流转产生的部分收益，向政府有关部门缴纳完相关税费后，流转收益比例由集体经济组织同农民主体自己进行合理比例分配，原则上遵循农民主体获得绝大部分流转收益，集体组织获得小部分土地流转收益。

第三节　推进我国农村土地制度改革的配套措施

一、明确农民产权主体地位

全面开展农村集体土地所有权、集体建设用地使用权、宅基地使用权和农村房屋产权确权登记颁证，对现存农地进行清产核实。在确地的基础

① 李琼、赖雪梅：《浅谈宅基地进入市场的利弊》，《当代经济》2014年第16期。

上更重要的是确权。赋予农民明确、稳定、完整而有效的土地产权。就是在现有制度框架内，明确土地产权的“责、权、利”，进一步弱化集体所有权，把占有权、使用权、收益权和处分权下放给农民，建立“归属清晰、权责明确、保护严格、流转顺畅”的现代农村产权制度。

二、构建服务平台和监管机制

当前农村土地使用权的保护、流转及合理利用，需要加快构建服务平台，为农民群众和经济组织提供更便捷、及时的服务。一是土地管理技术和信息平台。将地理信息系统与土地权证系统结合起来，并实现对土地交易的实时监控和管理。二是土地流转和交易平台。逐步实现集体土地直接进入市场，平等交易。三是为了防止农民失地、土地投机和兼并风险，集体建设用地直接入市流转必须配有相应的市场监督管理机构。四是构建城乡土地储备制度，使政府保持一定的对土地市场的宏观调控能力，能够协调土地供需，防止土地市场出现市场失灵、寡头垄断等问题[①]。

三、加快基层组织体制改革

明晰村集体经济组织的产权，实行村社分离、政经分开，剥离村集体组织与村民自治组织。构建新型农村合作经济组织和新型土地股份合作社，确立农村合作经济组织的独立自主的产权和经营地位，并将原来由村集体经济组织承担的社会管理和服务功能回归政府和社区组织，从而理顺农村基层的社会管理与集体经济组织的关系。村委会组织或者成为村民合作经济组织，走向市场，自主经营，自负盈亏，或者根据村民意愿改组成为农村一般群众性社会组织；新社区成为农村居民自治组织，承接国家公共管理和公共服务，实行民主自治。

四、完善农村土地征用制度

政府征地必须严格限制在公共利益需要的前提下。第一，必须以立法

① 安拓、修竣强：《破解地方依赖土地财政的畸形发展模式》，《人民论坛》2012 年第 8 期。

形式明确界定公益性用地的范围，将以公共利益的名义进行征地的项目逐一列出。第二，要建立公开、公平、公正和高效的土地征用管理体制和程序，保证被征地集体和被征地农户的知情权、参与权和申诉权。第三，改革征地补偿制度，公允地确定征地补偿标准[①]。明确农民在土地增值收益中的分配比例。改变现行《土地管理法》规定的对被征耕地按原农业用途进行补偿的规定，而是要按市场价进行补偿，同时要考虑土地对于农民以及社会的多种功能。

五、推进财政体制深化改革

财政制度的不完善是土地财政产生的一个重要的体制因素。要进一步推进分税制改革，完善中央与地方之间及地方政府之间的税制统筹，明确地方税收来源和比例。应逐步建立和完善财产税制度，构建以土地税、房产税为基础的地方主体税体系。要积极、稳妥地化解地方政府对土地财政的依赖，就必须加快地方财政体制改革的步伐。首先，合理界定地方政府的财权与事权范围，规范财政管理体制，积极推进省级以下财政体制改革；其次，建立基层政府基本财力保障机制，为基层政府提供基本公共服务提供财力保障；最后，建立并完善科学合理、结构优化、公开透明的政府预算体系，使之能够全面反映政府收支总量、结构和管理活动。

六、加大制度改革资金投入

农村土地的确权、确地、流转、改制等都需要大量的财政投入和专项资金的支持。如为了引导、支持和鼓励农村土地流转，构建城乡一体的土地流转市场，建议设立农村土地流转基金（包括土地整治资金和土地市场建设资金）。农村土地流转基金由政府财政投入或通过市场融资、企业入股和集体集资等多种方式筹措，由地方政府统一管理，接受地方人大和群众监督，专款专用于农村土地流转、储备及整治。

---

① 张勇、包婷婷：《我国农村土地整治中农民土地财产权保护探讨》，《经济问题探索》2013 年第 3 期。

七、切实推动政府职能转变

在土地管理中，政府集管理者与经营者于一身，这势必会造成以低价征收农民集体土地，再高价出让土地，以获取高额土地差价的局面。政府的一身二职，既不利于土地管理，也不利于农民土地财产权保护。应当将政府的土地管理权与土地经营权分开，将土地经营权分离出去，只行使土地管理权，强化政府的社会管理和公共服务职能。同时，加快地方政府机构改革和重建。土地收入减少及财政收支矛盾加剧将迫使地方政府机构改革。一是政府事权改革，进一步减少政府直接经济经营的职能，让市场和社会参与公共设施建设；二是精简机构和人员，减轻政府人员经费开支①。

八、完善官员绩效考核体制

现行的考核体制是地方政府短期行为的体制性根源之一，应加大资源消耗、新增债务、民生工程等指标的权重，通过绩效改革加快政府职能和官员理念的转变。借此缓解“GDP竞赛”下城市建设用地的低效率使用和对农民土地权益的忽视，规制地方政府利用土地财政和土地金融杠杆筹集巨额资金进行建设的冲动。此外，要弥补官员任期制的缺陷，防止地方官员利用现行土地制度下农民土地产权的相对残缺，大肆侵占、出售农民土地。

（袁鑫、项婷和叶成参与了本篇内容的资料收集和整理工作。）

---

① 张勇、包婷婷：《我国农村土地整治中农民土地财产权保护探讨》，《经济问题探索》2013年第3期。

第三篇　地方财政视角下的农民市民化成本研究

中国的城市化在促进经济增长、统筹城乡发展的同时也深刻改变了经济和社会结构，城市化进程涉及人口、土地、财政等诸多因素，当前面临的问题主要集中在两个方面：一是人口城市化滞后于土地城市化；二是户籍人口城市化滞后于常住人口城市化。城市化的目标既不是土地的城市化，也不是常住人口城市化，而是户籍人口城市化，即农民市民化。农民市民化需要的并非一纸户籍证明，而是市民身份背后的权益保障，核心在于公共服务的均等化，使市民化的农民享受与城市原住居民一致的公共服务。中国城市化的核心在于进城农民的市民化，而农民市民化的关键是城市基本公共服务的均等化，为合理、有序地推进城市化进程，有必要对城市地方政府相应的财政成本进行测算。

基本公共服务均等化作为我国民生建设的重要内容，目标虽然明确，但尚无公认评估指标。通过分解公共服务供给流程，比较各个评估对象的特性，发现公共服务结果均等要比过程正义更为重要，同时财政资金投入和服务供给数量无法取代居民对公共服务的满意度水平，以湖北省调研数据进行实证分析可以证明服务产出和公民感受的非一致性。为制定符合各地实情的公共服务供给策略，达到基本公共服务均等化的战略目标，不仅要建立社情民意采集系统，强化政策制定流程透明度，还需要将居民满意度进行分离，在保证基本满意度的基础上，确定差异化的弹性满意度标准。

针对现有研究结果的不足，根据城市区域划分和规模大小分别测算不同地区大中型城市各项基本公共服务的年人均财政投入，并以此推算出2014~2020年农民市民化的地方财政成本增量、流量和总量。由于农民市民化财政成本具有动态累积性，并非一次性支付，在达到稳定状态前必然会导致地方财政压力逐年递增，为缓解资金来源问题，仅靠土地转让的一次性收入必不可取，应建立统筹人口、土地和财政政策的“人—地—财”挂钩机制，缓解城市化进程中的财政成本压力。

第十一章 研究思路与内容

中国的城市化在促进经济增长、统筹城乡发展方面发挥了巨大的作用。2005 年世界银行报告指出，农民从农村流向城市，从农业流向其他行业，极大程度上推动了城乡经济的共同发展①。我国进城务工农民广泛分布于社会的各个领域，是实现城市带动农村、工业带动农业的有效载体，为我国社会经济和城市发展做出了重要的贡献。然而，这一庞大的社会群体却是生活在城市边缘的弱势群体，工作方面无法享受就业保障，只能从事那些苦活、累活、脏活，薪酬待遇普遍偏低，还不时出现工资无法按时发放的情况；生活方面难以获得与本地市民同等的养老、医疗、住房等保障，生活状况艰苦，居住条件简陋；教育方面不仅自身被认为素质低下，其子女也难以进入公立学校享受公共教育资源。这些数量庞大的进城务工农民如果长期游走于城乡之间，不能及时实现完全市民化并获得当地户籍，不但会影响我国城市化、工业化和现代化的顺利实施，而且很有可能成为影响社会安定和谐的重要隐患。

中国的城市化并非一般意义上的城市化，与发达国家的城市化相比，“半城市化”现象异常突出。当前，我国城市化进程已进入高速发展期，面临的问题主要集中在两个方面：一是人口城市化滞后于土地城市化，二是户籍人口城市化滞后于常住人口城市化。中共十八大报告指出，要“加快改革户籍制度，有序推进农业转移人口市民化，努力实现城镇基本公共服务常住人口全覆盖”。2013 年中央经济工作会议进一步提出，要把有序推进农民市民化这一任务抓实抓好。同年，中央城镇化工作会议将农民市民化作为城镇化的首要任务。《国家新型城市化规划（2014~2020 年）》明确提出，到 2020 年“常住人口城市化率达到 60%左右，户籍人口城市化

① World Bank，“Integration of National Product and Factor Markets: Economic Benefits and Policy Recommendations”，No.31973，2005.

率达到45%左右”。2013年我国常住人口城市化率为53.7%，户籍人口城市化率只有36%，这意味着到2020年，约有1.26亿农村人口转化为城镇户籍人口①。城市化的核心是人的城市化，也就是进城农民的市民化，最重要的是解决农民进入城市后的身份户籍转变问题。一纸户籍证明为何如此重要？其代表着进城农民与当地市民在公共服务、社会福利等方面享受同等待遇，可见农民市民化的关键就是基本公共服务的均等化，远非户籍的一转了之那么简单。作为基本公共服务的提供者，地方政府需要多少财政资金以应对不可逆城市化趋势中的农民市民化是一个不可忽视的问题，对于社会稳定发展和“三农问题”解决具有重要现实意义。

从理论上来讲，西方经典的二元结构理论、人口迁移理论等关于劳动力转移的研究虽然取得了丰硕的成果，为中国的农民市民化问题研究提供了有益的借鉴，但由于中国独特的城乡二元壁垒和人口户籍制度与欧美地区存在较大差异，这些适用于西方世界的经典理论在我国特有环境下具有一定的局限性，难以解释我国复杂的农业人口流动问题。同时，西方关于移民的国民化研究与国内农民市民化问题虽然较为相似，但其更关注于移民福利状况，而对政府财政成本的研究尚且不足。

国内对城市化的研究已经取得了积极的进展，城市化对效率（促进经济发展）和公平（缓解城乡差距）的贡献不容置疑，但学界对城市化的路径是遵循小城镇遍地开花还是大城市集中发展还存在不同的声音，关于指引农民市民化方向的理论依据尚不足以令所有人信服。在农民市民化的研究方面，大量学者从各自的学科角度，对农业流动人口的产生原因、农村剩余劳动力向城市的迁移行为、农民工群体对城乡经济的影响，以及进城务工农民的社会地位和权益保障等方面进行了全方位研究，逐渐认识到农民市民化的过程实质上就是公共服务均等化的过程，但对公共服务均等化的评估指标尚无公认标准，对农民市民化的财政成本具体数额的研究不仅不多而且存在较大差异。

可见，在我国城市化快速发展的大背景下，农民市民化的财政成本是各级政府特别是地方政府都必将面临的问题，也是学界需要加大重视的研究领域，对其展开深入挖掘是一个有价值的研究课题，具有重要的现实意

---

① 利用中国人口与发展研究中心PADIS（人口宏观管理与决策支持系统）平台，按照TFR = 1.8预测，中国2020年人口总数达14.2亿人。

义和理论价值。

城市化的重点在于农民市民化，而农民市民化的实质是公共服务均等化，虽然我国基本公共服务均等化的目的明确，但对何为“均等化”的衡量对象，中央政府并没有给出清晰的解释，学界对于公共服务均等化也尚不存在公认的评估标准，财政投入能否作为公共服务水平的衡量标准？如何选取合适的衡量指标将公共服务供给的绩效水平有效量化是首先需要解决的问题。为了使众多的农村转移人口能有效融入城市生活，必然需要政府在公共服务的供应方面加大财政投入。由于目前对农民市民化成本的分摊机制、评估对象、测算角度、影响因素等观点不一致，导致不同研究小组对财政成本的测算结果存在一定差异，因而有必要建立一套具有说服力的测算体系，更精确地进行成本预算，明确“需要多少钱”，方便各级地方政府对如火如荼的城市化进行充分准备，做到有的放矢。目前，我国各地的现状是，土地财政作为地方政府筹集资金的主要方式，提前预支了大量财政资金却并没有完全投入到相应的公共服务项目，为农民市民化的顺利进行埋下隐患，因而各级政府应该配合人口和土地政策，形成“人—地—财”三位一体的政策组合，解决“钱从哪儿来”，有效处理城市化进程中农民市民化、土地非农化及收入二元化这三大问题。

基于以上思路，本篇的写作框架由以下几部分组成：第一部分为第十一章研究思路与内容和第十二章文献综述，第十一章介绍研究的背景和意义、思路和框架、创新与不足，并引出本文的基本观点：中国城市化的关键是农民市民化，而农民市民化的本质在于公共服务的均等化。第十二章介绍国内外的相关文献资料，包括西方城市化、市民化和公共服务均等化的经典理论，以及我国学者关于农民工和市民化问题的研究成果。

第二部分包括第十三章、第十四章和第十五章。第十三章主要是对相关问题的明确：首先通过对城市化和城镇化概念的辨析对市民化的路径进行选择；其次从理论上阐述农民市民化不仅是城市化的核心，实质更在于公共服务的均等化；再次在对公共服务供给流程分解的基础上准确找出公共服务水平的评估对象；最后从承担对象、研究范围和数据形式三个角度对农民市民化成本的内涵进行限定，为准确测算成本数据定下基调。第十四章着重分析基本公共服务均等化与财政投入的关系，通过实证研究证明居民满意度的重要性，发现不同地区的经济发展水平与公共服务绩效水平呈负相关性。第十五章基于第十四章的结论选择研究对象，按照城市区域和规模对农民市民化的地方财政成本分别进行量化分析，通过建立农民市民化成本测算模型，结合统计数据按增量、流量和总量预估2014~2020年我国市民化的地方财政成本。

第三部分为第十六章，对本篇进行了总结与进一步思考，探讨地方政府在面对农民市民化成本的巨大财政压力下，如何消除对土地财政的依赖性，并建立统合人口政策、土地政策和财政政策的“人—地—财”循环体系，促进地方政府合理、有序地完成农民市民化。

本篇主要从地方财政的视角分析农民市民化成本问题，力图在以下三个方面有所创新：

第一，不同于以往的基本公共服务均等化评估以财政投入和服务产出为主，本篇引入居民满意度指标，通过分解基本公共服务供给流程，研究财政投入、服务产出和公民感受作为基本公共服务均等化评估指标的优劣，利用实地调研数据进行实证分析，发现基本公共服务效用与财政投入的不一致性，为按不同类型城市分别测算农民市民化地方财政成本提供理论支持。

第二，与笼统的市民化成本相区别，根据分摊机制分析农民市民化地方财政成本的含义，按分摊对象对一般意义上的市民化成本进行详细分解，将农民市民化地方财政成本定性为地方政府为市民化的农业转移人口提供基本公共服务而新增的财政支出，明确地方政府在城市化进程中应该承担的财政责任。当前测算农民市民化成本的研究多按年限简单相加得出总成本，本篇强调财政成本的动态累积性，通过建立测算模型从增量、流量、总量三个方面同时进行计算，得到更为精确的结果。

第三，相较现有文献对城市化过程中土地、人口和财政的研究以两两之间的影响为主，本篇更加注重三者的关联性，统筹考量联动效应。我国特有的人口政策和土地政策共同影响着城市化进程中的财政政策，三者构成一个动态平衡，要解决任何一个问题都要同时顾及三方面的影响，以农民市民化财政成本为切入点，从土地资源的空间优化和财政资金的多元投入两个方向建立以财政政策为核心的“人—地—财”挂钩机制以解决相关问题。

本篇的不足之处在于：首先，由于水平和时间有限，实地调研数据范围限于湖北省，实证结果可能仅具有一定的代表性。其次，在对农民市民化的地方财政成本进行分析与测算的过程中，由于相关统计资料的获取难度，为方便行文对方案进行了简化，要获得更为精准的结果需要对模型进一步细化。最后，本篇虽然通过建立“人—地—财”三位一体的整体性框架，从宏观制度层面为解决农民市民化财政成本压力提供了一定的政策建议，但要进入微观操作层面，研究尚且不够深入。

第十二章　国内外研究综述

第一节　国外研究综述

传统农业社会转化为现代工业社会的过程首先在西方发达国家进行，伴随着城市的爆发式发展，西方学界对城市化问题进行了大量的研究，也产生了许多值得我们借鉴的研究成果。在以中国为代表的发展中国家由传统农业经济向现代工业经济过渡的历史进程中，必然出现城市经济和农村经济并存的城乡二元结构，而农民市民化的过程，实质就是宏观的城乡二元经济结构背景下，农村剩余劳动力伴随城市化进程发生微观的人口迁移行为，实质在于进城农民和城市居民享受均等化的就业、医疗、教育等基本公共服务。

一、关于城市化的相关研究

（一）城乡一体化理论

马克思、恩格斯等学者认为，社会分工会引起城乡间的分离与对立，而资本主义社会不仅不能消除这种分离与对立，还会使两者的矛盾日益尖锐，产生严重的城乡差别[①]，但“消灭城乡之间的对立是社会统一的首要条件”，生产力和生产关系的发展必将逐步消除分离与对立，从而进入城乡融合阶段。

---

① 中共中央马克思恩格斯列宁斯大林著作编译局：《马克思恩格斯选集》（第 3 卷），北京：人民出版社，1995 年版，第 174 页。

英国城市学家霍华德（Ebenezer Howard，1898）在《明日的田园城市》中首次提出要建设田园城市，这是一种兼具城市和乡村优点的理想城市，实质上是城和乡的结合体。不过，霍华德的设计仅仅是为了实现其构想的社会结构，而非为了消除城乡差别与对立，不是完全意义上的城乡一体化。

加拿大地理学家麦吉（J. G. Mcgee，1987）通过研究发现，亚洲一些国家或地区，如中国、韩国、印度等国产生了与发达国家大都市带相仿的城市集群，但在这些空间区域内，还存在着大量城乡混杂地区，这些城乡交界地区存在大量的劳动密集型产业，与西方传统的城乡结构有很大的不同。麦吉将这种城市模式称为城乡一体化区域理论，也就是“灰色区域”，这是一种独特的城乡关系模式，实质在于对城市和乡村进行统筹协调实现共同发展，也就是城乡一体化理论。

（二）城市发展阶段理论

美国学者诺瑟姆（Ray M. Northam，1979）在研究世界各国的城市化历程后总结出“诺瑟姆曲线”，他认为城市化进程主要分为三个阶段：第一阶段是起步阶段，城市化水平较低，小于30%，经济发展速度较慢，处于工业化前期，农业占据主导地位；第二阶段是加速阶段，城市化水平处于30%~70%，经济发展速度加快，进入工业化中期，人口和产业向城市聚集；第三阶段是成熟阶段，城市化水平较高，稳定在70%~80%，此时经济发展进入工业化后期，城市化的速度趋缓甚至出现停滞。

（三）非均衡增长理论

非均衡增长理论认为，区域经济空间最基本的地域结构模式为核心—外围二元结构，由于规模经济效益和聚集经济效益的存在，经济活动将会集中于某些特定区域。法国学者佛朗索瓦·佩鲁（F. Perroux，1945）首先提出了增长极（Growth Pole）理论，他指出增长极并非同时出现在各个地区，而是出现在某些特定区域，并以不同的强度呈现，然后通过各式各样的渠道向其他区域扩散，并最终对整个经济体系产生不同的影响。佩鲁的追随者布代维尔（J. R. Bvoudeville）在增长极的理论基础上更进一步，发现城市的创新活动主要产生于较发达的主导产业中，而这些主导产业会逐渐扩张并诱导城市区域内经济活动的进一步发展。

增长极理论强调了对经济发展的积极作用，却忽视了对其他地区的消极影响。缪尔达尔（K. G. Myrdal，1957）对此提出了循环累积因果论，认为基础条件较好的地区经济会首先发展起来，而这些发达地区往往会利用超前发展带来的经济优势，通过累积因果过程继续加速发展，导致那些落后地区的资本和劳动力向发达地区流动，即所谓的“回流效应”(Backwash Effects)。但当发达地区发展到一定程度后，生产成本的上升使外部经济效益逐渐变小，发达地区的资本、劳动力、技术等资源就会向落后地区扩散，也就是“扩散效应”（Spread Effects）。赫希曼（A.O. Hirschman，1958）在《经济发展战略》中提出不平衡增长理论，他的研究都表明回流效应通常远大于增长极的扩散效应，使发达地区更发达，落后地区更落后。

美国经济学家威廉姆森（Williamson，1965）通过实证研究发现，地区经济发展与区域差异之间存在倒 U 形关系，他借鉴库兹涅茨倒 U 形收入分配假说提出了倒 U 形区域不平衡理论。弗里德曼（J. Friedman，1966）在此基础上提出了核心—外围理论，认为空间经济系统可分为中心区和外围区，其中中心区为经济发展处于支配地位的区域，也是创新变革的主要区域，外围区则是经济发展较差的边缘区域。资本、劳动力等资源在市场经济的作用下，会逐渐从外围区向中心区流动，导致不同地区间经济发展的失衡，从而需要政府进行干预。

二、关于市民化的相关研究

（一）二元结构理论

美国经济学家刘易斯（Lewis，1954）在《劳动无限供给条件下的经济发展》一文中首次提出二元经济结构模型，他认为发展中国家同时存在现代工业部门和传统农业部门，其中经济发展的主导力量在于现代工业部门。费景汉（John C. H. Fei，1961）和古斯塔夫拉尼斯（Gustav Ranis，1961）对刘易斯的二元结构模型进行了完善和发展，他们认为工农业均衡发展对破解发展中国家的城乡二元结构具有重要意义，进一步强调技术进步和农业增长对经济发展的作用。

刘—拉—费模型是建立在劳动无限供给的假设上的，无法解释 20 世纪 60~70 年代发展中国家城市中出现的严重失业问题，对此美国经济学家托达罗（Todaro，1969）提出了城乡预期收入模型，引入了非正规部门的概念，合理解释了城市居民失业的同时为何大量乡村人口仍然涌入城市。托达罗认为，要消除城市失业和控制城乡移民，就必须实施合理、有效的农村发展战略，减轻城乡就业机会不均等的现象，特别是要控制城乡收入差距。

（二）人口迁移理论

最早从经济发展的角度来解释人口迁移行为的是英国古典经济学家威廉·配第（William Petty），他发现农业部门和其他部门间的收入差异会促使农业部门劳动力向其他部门转移。克拉克（Clark）通过进一步研究发现，第一产业的劳动力比重会随着经济增长逐渐下降，同时第二产业和第三产业的相对比重逐渐上升，第三产业的上升幅度尤为明显。古典经济学家李嘉图（David Ricardo）在《政治经济学与赋税原理》中对农业部门劳动力转移进行了研究，他认为农业部门存在收益递减，并且工业部门能够有效吸收是其前提条件。

拉文斯坦（E. G. Ravenstein，1889）的《人口迁移规律》开创性地对人口迁移的有关规律进行了研究，巴格内（D. J. Bagne）在此基础上提出了人口学的"推拉理论"，该理论的主要观点是，人们以改善生活条件为目标，在推力和拉力的共同作用下进行人口转移，其中"推力"是人口迁出地的不利生活条件，"拉力"指人口迁入地中利于改善生活条件的因素。李（E. S. Lee，1966）在《人口迁移理论》一文中，进一步发展了拉文斯坦有关人口迁移规律的理论，并认为流出地和流入地都同时存在推力和拉力。

库兹涅茨（Kuznets，1957）认为，在宏观方面农业劳动力的转移与经济增长相互影响、互为因果，而在微观方面人口的特征因素对农业劳动力转移存在影响。舒尔茨和斯加斯塔（Schultz & Sjaastad，1962）的研究表明，人们的迁移决策主要取决于迁移的预期收益和成本的对比，这就是所谓的"成本—收益"理论。斯塔克（Stark，1991）提出新劳动力迁移经济学，他认为城乡迁移者在计算预期收入时应加入对市场风险的考虑，这种风险导致的不确定性会对未来收入和个人效用带来直接影响。

（三）移民的国民化研究

农民市民化是一个具有中国特色的问题，由于欧美国家居民流动的自由性，西方学者对国内二元壁垒下的人口迁移研究较少，比较关注国际移民的国民化研究，这些研究主要探讨国外移民迁入后，本国当地政府为其提供的社会保障和福利措施以及为此支付的成本。汉森和洛斯特罗姆（Hansen & Lofstrom，2008）通过对 1990~1996 年的大型面板数据进行分析，研究了进入瑞典的移民和本地居民之间的福利差异；路得（Ruth，2011）发现，政府对福利的同等投入在不同的移民群体中产生不同的效果；巴雷特和麦卡锡（Barrett & McCarthy，2008）、德林沃特和伊德（Drinkwater & Eade，2009）分别对欧盟主要经济体进行比较研究，发现移民特点不同和选择迁入地的策略不同，会导致福利制度的影响也不同。

三、关于公共服务均等化的相关研究

（一）公共服务的界定

公共服务与公共产品都是由公共部门提供，两者往往并列使用，关系密不可分。美国经济学家萨缪尔森（Paul A. Samuelson，1954）将具有非竞争性和非排他性、与私人产品相对应的产品定性为公共产品。公共服务也具有非竞争性与非排他性，但并不等同于公共产品。法国法学家莱昂·狄骥（Leon Duguit）最早对公共服务概念进行了界定，认为有助于社会团结且应该由政府规范和控制的活动为公共服务。玛格丽特·斯蒂芬和保罗·格莱特（Margaret Stevens & Paul A. Grout）则将公共服务定义为提供过程中存在着潜在的严重市场失灵的服务。

（二）公共服务均等化理论

福利经济学和社会正义论共同构成了公共服务均等化供给的理论基础。庇古（Arthur Cecil Pigou，1920）在其著作《福利经济学》中认为，通过合理的分配制度使社会成员相对合理地享受均等化的公共服务，可以有效增加社会福利。卡尔多（Nicholas Kaldor）、希克斯（John Richard）、阿罗（Arrow）、萨缪尔森（Paul A. Samuelson）等认为，若社会的资源配置使得在其他人的境况不变差的情况下，没有人的境况会变得更好，那就是处于帕累托最优的状态，此时社会资源的配置最有效率。因此，应当在社会成员间进行合理的公共服务供给与分配，通过帕累托改进达到帕累托最优状态，实现公共服务均等化，从而使社会福利达到最大化。

1971年美国哲学家约翰·罗尔斯（John Bordley Rawls）在卢梭（Jean-Jacques Rousseau）和康德（Immanuel Kant）等的经典社会契约论基础上完成了《正义论》，他的社会正义理论首次在公共事务中运用理性原则，在这本著作中提出了自由平等和机会均等这两个正义原则。罗尔斯认为，社会的公平正义包含机会公平、过程公平和结果公平，它们构成了社会公正的基本结构，体现了公共服务均等化所遵循的公平思路。

（三）公共服务供给理论

早期西方理论界的主流思想一致将公共服务的供给划归为政府的基本职能，亚当·斯密（Adam Smith，1776）在《国民财富的性质和原因的研究》中最早涉及公共服务供给理论，认为政府应扮演“守夜人”的角色，职能限于国防、司法和某些公共设施领域。面对20世纪30年代的经济大萧条，英国经济学家约翰·梅纳德·凯恩斯（John Maynard Keynes，1936）在其经典著作《就业、利息和货币通论》中提出政府应直接干预经济，通过扩大财政支出和公共投资以弥补市场的有效需求不足。美国财政学家理查德·马斯格雷夫（Richard Musgrave）将政府的公共财政职能分为资源配置、收入分配、经济稳定和发展。

20世纪80年代，由政府单一供给公共服务的形势发生了重大变革，大量学者开始探讨公共服务的多元化供给模式，新制度经济学创始人罗纳德·哈里·科斯（Ronald H. Coase）的两篇代表作《企业的性质》（1937）、《社会成本问题》（1960）为公共服务市场化打开了思路。邓肯·布莱克（Duncan Black）、詹姆斯·布坎南（James McGill Buchanan）、戈登·塔洛克（Gordon Tullock）和阿罗（Arrow）等支持的公共选择理论认为，与经济市场类似，政治市场上的“经济人”将政治选票投给能为其带来最大收益的公共产品和政府政策，若政府使供给的公共服务能满足公众的真实偏好，实现公共效用和社会福利的最大化，就必须能有效监督政府决策的顺利执行。

第二节　国内研究综述

改革开放以来，我国大量学者对农村劳动力剩余在转移过程中形成的具有中国特色的农民工问题进行了深入研究，不仅对农民工问题产生的原因、农业转移人口的迁移行为、农民工的社会地位与权益保障等方面进行了全方位研究，而且对农民市民化问题的研究也取得了积极的进展。具体来看，研究成果主要包括以下方面：

一、关于农民工一般问题的研究

（一）二元体制下的农民工产生原因

张培刚（1949）在《农业与工业化》中就指出，城乡二元体制下城市与乡村的收入差距会对农村剩余劳动力产生拉力，同时传统农业部门低下的生产效率也对其产生推力，农村剩余劳动力在推力和拉力的共同作用下，必然会大规模地向城市转移。蔡昉（1990）认为，改革开放后劳动密集型产业巨大的劳动力需求与农村土地资源的贫乏引发农村剩余劳动力的大规模流动。辜胜阻、刘传江等（2000）通过研究发现，我国的农民工问题实质上是独特的社会经济条件下城乡人口流动的表现形态。陆益龙（2003）则认为，我国农民工问题产生最直接的原因在于户籍制度。陈吉元等（2007）分析发现，导致农村劳动力剩余的内在原因是科技进步的无限性与农业资源的有限性之间的矛盾，直接原因则是农业劳动力充分供给与农业生产有限需求之间的矛盾。简新华、黄昆等（2008）通过经济层面和制度结构的研究认为，农业转移人口的产生受城乡二元制度的影响最为显著，其次的影响因素是城乡间的预期收入差距。

（二）城市化进程中的人口迁移行为

韩俊（1994）研究发现，农村剩余劳动力能否顺利转移出去的关键在于选择合理的非农产业和适宜的城市化发展战略。李培林（2003）认为，农业人口转移表面上是人口流动和职业转换，实质上体现出了流动地区社会结构的变化过程。简新华（2005）、刘传江（2008）等学者认为，中国的农业人口迁移行为呈现独特的"中国路径"，该过程分为两个明显的阶段：首先是非农化，即农民到农民工的转变；其次是市民化，即农民工到市民的转变。蔡昉（2006）的研究表明，农村剩余劳动力的流动行为是社会经济发展的必然过程，对城乡经济发展、劳动力市场发育、比较优势发挥、人力资本积累等方面具有积极效应。都阳（2006）认为，伴随着工业化和城市化，农村剩余劳动力主动向城市迁移是为了追求家庭效用最大化的理性行为。《中国流动人口发展报告 2011》指出，农民工举家迁移和长期居留趋势明显，其中携家庭成员流动的外出农民工比重达到 66%，农民工在流入地区的平均居留时间接近五年。

（三）农民工的社会地位与权益保障

Wang、Zuo（1999）的研究发现，中国农民工虽然进入城市，但往往只能在城市非正规部门就业，从事当地居民不愿意干的脏活、累活、险活，以满足城市对低层次劳动岗位的需求。陆学艺（2002）认为，进城农民工大多数处于社会的底层阶级，缺乏政治资源、经济资源、社会资源和人力资源，难以享受社会的正常保护。刘传江、程建林（2008）也认为，中国的绝大多数农民工正处于城市社会的边缘地带，无法被城市认同，难以融入城市，但新生代农民工大都具有强烈的市民化意愿，同时具有与城市居民类似的价值观念和生活习惯。

刘怀廉（2005）在《中国农民工问题》中针对进城务工农民面对的社会经济地位和权益保障现状，建议政府应尽快出台相关法律条款用以确保农民工可以享受与城市居民一样的就业、养老、教育、医疗等基本公共服务，从制度上消除农民市民化障碍。邓鸿励、陆百甫（2012）的研究表明，农民市民化是我国走出城乡二元结构的根本要求，需要加快推进有关制度改革，逐步形成进城务工农民与城市本地居民地位平等的社会体系。

二、关于农民市民化问题的研究

（一）农民市民化现状研究

刘传江、程建林（2009）构建了一个由群体农民市民化进程、个体农民市民化进程和外部制度因素三部分组成的农民市民化进程测度指标体系，用以研究不同代际的农民市民化比率。国务院发展研究中心课题组（2010）的研究表明，通过减少居民收入差距、增加人力资本积累和提高城市规模水平可以加快农民市民化进程，从而推动我国城乡经济进一步均衡发展。黄锟（2011）考察了城乡二元经济结构对农民工市民化意愿、市民化能力和市民化进程的影响，通过实证研究发现城乡二元体制和自身市民化能力严重制约广大农民工强烈的市民化意愿。周密（2011）运用Probit模型从供求角度对样本地区的农民市民化程度进行了测度，并在此基础上进行了稳健性检验。

（二）农民市民化实质研究

王春光（2002）发现，农民市民化最基本的条件是能和城市居民一样享受公平的国民待遇。钱正武（2006）的研究结果表明，社会政策的改革可以有效加快农民市民化进程，需要在工作就业、养老保险、医疗教育、社会保障等方面构建起促进农民市民化的社会政策支持体系。周小刚（2010）认为，政府部门应该提高对与农民工融入城市有关的基本公共服务的重视程度，从制度上便于农业转移人口融入城市，建立健全覆盖城乡居民的养老、医疗保险体制和以失业保障、最低生活保障为主要内容的社会保障体系。国务院发展研究中心课题组（2011）在报告中提出，要加快推进劳动就业、义务教育、公共住房和社会保障等公共服务制度改革，允许符合条件的农民在城镇就业和落户，逐步形成与城镇居民身份统一、权利一致、地位平等的公共服务制度体系。

（三）农民市民化成本研究

陈广桂（2004）认为，超大城市、大中型城市和小城市（镇）的市民化边际成本分别为2万元、1万元与0.5万元。中国科学院可持续发展战略研究组（2005）研究结果认为，新增一个城市人口的最低投入为2.5万元。建设部调研组（2006）报告显示，每新增一个城市人口，小城市需2万元、中等城市需3万元、大城市需6万元、特大城市需10万元。张国胜（2009）按照区域和代际划分，研究发现经济发达地区第一代与第二代农民工市民化的成本分别约为10万元与9万元，经济较不发达地区的第一代与第二代农民工市民化的成本分别约为6万元与5万元。国务院发展研究中心课题组（2011）根据郑州、重庆、嘉兴、武汉四城统计，依照2010年的物价水平推断农民工市民化的成本支出在8万元左右。中国社会科学院（2012）的调查结果显示，农民工市民化的人均成本为10万元。

第十三章　相关问题的明确

第一节　农民市民化路径的选择

一、城市化与城镇化的起源

城市化是全球性的经济社会演变过程，是人类社会发展的必然趋势，也是各国实现现代化和工业化的必然途径。“城市化”一词源于拉丁文“Urbanization”，最早出现这一概念的可能要追溯到1867年西班牙工程师塞尔达（A. Serda）的著作《城市化基本理论》（*Basic Theory for Urbanization*），他在该书中首次区分了“城市化”和“乡村化”。随着18世纪产业革命的爆发，工业化的兴起和发展促使城市化进程迅速加快，在随之而来的上百年间“城市化”这一名词也风行世界。城市化是一个复杂的社会经济现象，涉及人类政治、经济、社会、文化等诸多方面内容。由于各个学科切入角度的不同，不同专业对城市化的定义产生较大差异，导致不同学科对“城市化”概念的界定莫衷一是，但总的来说，城市化是指人口向城市集聚、城市规模扩大以及由此引起的一系列经济社会变化的过程。

与国外城市化的概念普遍不同，城镇化属于典型的中国特有名词，不少学者认为中国的城市化与外国一般而言的城市化不同，鉴于20世纪80年代中国改革开放初期城市化起步阶段以农村人口向小城镇转移和集中为主，城镇化似乎更能体现这一特征，为了显示这种特殊性，有学者把我国的“Urbanization”译为“城镇化”并广泛应用开来。我国官方文件中首次出现“城镇化”一词则是在2001年3月公布的《国民经济和社会发展第十个五年计划纲要》中，该文件第一次提出“要不失时机地实施城镇化战略”。

二、城市化还是城镇化

在我国，“城市化”与“城镇化”两个名词往往共同使用，高佩义（2009）总结了有关城市化和城镇化的几种观点：本质一致论、完全同义论、有所区别论、各有千秋论、非农化论等。辜胜阻（1999）认为，根据中国特点研究，城镇化有必要使用四种概念，即城市化、社会城镇化、农村城镇化以及城镇农村化。不少学者坚持统一用“城市化”，1982 年中国地理学界和城市与区域规划学界在南京召开的“中国城镇化道路问题学术讨论会”上，建议以“城市化”替代“城镇化”，以避免误解①。由原联合国人口委员会秘书长乔治·塔皮诺斯（Georges Tapinos）主持编写，用英、法、德、西等多种文字出版的《人口学词典》中，Urbanization 指居住在城市地区的人口比例的增长。塔皮诺斯认为，城市分为大、中、小不同规模，其中小城市又包括镇（Town），因而 Urbanization 应解释为“城市化”，而不能译为“城（City）镇（Town）化”。

官方的相关文献中，“城镇化”的出现频率尽管明显大于“城市化”，但这两个概念经常混用。仔细分析《中华人民共和国国民经济和社会发展第十二个五年规划纲要》可以发现，其中第五篇第二十章的题目是“积极稳妥推进城镇化”，核心内容表述为“优化城市化布局和形态，加强城镇化管理，不断提升城镇化的质量和水平”，同时第一节又以“构建城市化战略格局”为题目。城市化与城镇化仅一字之差，要讨论它们之间的不同意义，并非咬文嚼字，而是关系到我国农民市民化路径的方向选择，正确判断农村剩余劳动力转移的主要目标是城市还是城镇是研究农民市民化成本的前提。

三、城市规模对农民市民化的影响

我国目前对于不同规模的城市实行有区别、有分类的户籍政策，国务院《关于进一步推进户籍制度改革的意见》指出，要全面放开建制镇和小

---

① 魏后凯等：《中国城镇化——和谐与繁荣之路》，北京：社会科学文献出版社，2014 年版。

城市落户限制，有序放开中等城市落户限制，合理确定大城市落户条件，严格控制特大城市人口规模。尽管小城镇的户籍已基本对农村居民开放，可效果并不明显，一方面是因为目前小城镇和部分中小城市缺少产业支撑，就业和创业机会无法与大中型城市相比，同时大中型城市的基础设施和公共服务更加完备，对于希望进入城市的农民吸引力也更强，这导致我国外出农民工主要流向大中型城市，转化为当地市民的意愿也更为强烈。2013 年在全国地级以上大中型城市就业的农民工占 63.9%，其中直辖市占 8.5%，省会城市占 22.0%，地级市占 33.4%。与 2001 年相比，在地级以上城市就业的农民工比重增加了 6.7%，在小城镇和其他地区就业的农民工比重则由 42.8%降到了 36.1%（见图 13-1）。另一方面，近年来出台的惠农政策使农业户籍拥有者可以得到承包地的各种补贴和土地流转、增值收益，随着城乡居民社会养老保险以及异地高考等政策的实施，小城镇和农村间存在于养老、教育等方面的城乡差别正日益缩小，对于本地农民工而言，小城镇的公共服务相较农村并不具备很大的优势，导致小城镇并非农业转移人口的主要目标。以上两种现象共同作用的结果是农业转移人口倾向于选择大中型城市实现市民化，导致市民化财政成本压力主要集中在大中型城市的地方政府身上，因而在测算市民化地方财政成本时应将大中型城市作为主要观察对象。

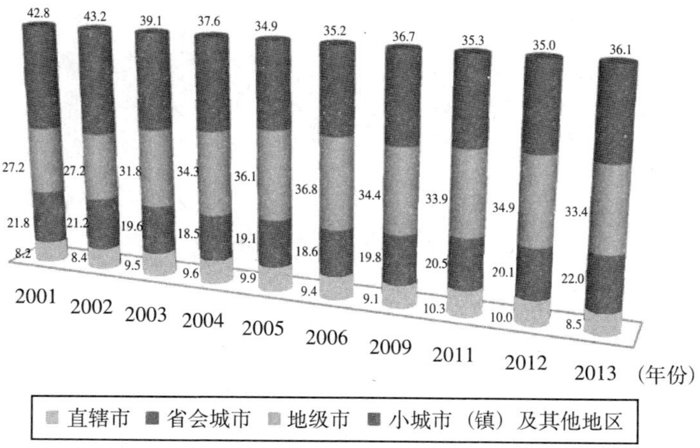

图 13-1 按城市规模划分的外出农民工构成（单位：%）

资料来源：根据历年全国农民工监测调查报告相关数据整理。

第二节　农民市民化的实质

一、城市化的核心在于农民市民化

中国长期以来的二元结构模式将整个社会划分为城市和农村两大部分，与此相对应的是市民和农民、非农业人口和农业人口的区别，两者分别被纳入不同的制度和体制之中，从根本上具有不同的身份待遇和社会地位，之间存在着一条不可逾越的鸿沟。近年来，大量农业转移人口有机会进城务工，中国的城市化进程也取得了飞速发展，但这却是一种典型的不完全城市化，片面强调“土地城市化”，并非以人为核心。这些农民工虽然居住在城市地区并被统计为城市居民，但他们并没有真正融入城市，仍游离于城市体制之外，处于非城非乡的尴尬境地，市民化程度堪忧。

农业转移人口市民化进程严重滞后，造成他们与城市原住居民之间各种权益的不平等，如果不尽快解决这个问题，不完全的城市化将难以为继，甚至可能诱发社会动乱，成为不稳定因素。要实现由不完全的半城市化向完全的城市化转型，核心是加快推进农民市民化进程，使所有居民都能分享城市化带来的成果和利益。从中国的实际情况看，农民市民化大致可分为两个过程：第一步是由农民转变为准市民，也就是进城务工并长期居住在城市，同时保留在农村的土地。尽管按照我国城市化统计方法，这些城市地区的常住人口也划归为城市人口，但由于尚未取得城市户籍，只能称为准市民。第二步是由准市民转变为市民，在城市定居取得城市户籍，并放弃其在农村的土地。

二、农民市民化的实质是公共服务均等化

农民市民化具体而言，就是指从农村转移到城市的人口，在经历城乡迁移和职业转变的同时，获得城市户籍并和城市居民平等享受各项公共服务的过程。在统筹城乡发展和新型城市化的大背景下，农民市民化有其独

特而丰富的内涵，不仅仅是农民到市民的身份转换和农村到城市的地域转移，更重要的是各种社会关系的重构过程。也就是说，要确保进城农业转移人口在取得城市户籍的基础上，与城市居民享受均等的工作就业、基础教育、医疗卫生、社会保险、住房保障等方面的公共服务，促进基本公共服务向城市常住人口全覆盖，消除农业转移人口在公共服务方面受到的歧视。从这个意义上来讲，农民市民化的实质就是公共服务均等化。

第三节　公共服务评估对象

一、基本公共服务供给流程

早期的公共服务主要由政府部门提供，20 世纪 70 年代开始，新公共管理运动的兴起促使政府参考企业家式的治理方式，强调发挥市场机制作用来改善公共服务，提高政府运作绩效。公共服务市场化的大力推行使政府公共服务的生产与配置职能分离，政府彻底成为掌舵者而非划桨人。在公共服务的生产阶段，政府部门通过自身的角色分化，把部分成本收益效应较强的公共服务转由市场部门经营，对公益性较强的公共服务采取自我生产的途径。与此同时，作为政府和市场外的第三种力量，以社区机构、公益团体等自愿组织为代表的社会部门通过整合社会资源有效弥补了公共服务中政府失灵和市场缺陷留下的空白。

由于新公共管理在重视公共服务供给效率的同时，忽视了公共服务的公平性，美国学者丹哈特夫妇提出了新公共服务理论，更加关注公民对公共服务的使用感受，以基于居民满意度水平的公民感受作为衡量公共服务供给效用的标准。一般商品垄断市场上，垄断厂商为了获得最大利润而在一定程度上控制价格或产量，导致该市场无法达到帕累托最优。传统福利经济学理论普遍采用帕累托原则的功利主义作为效用最大化的标准，根据这种标准，如果在其他人的境况不变差的情况下，没有人的境况会变得更好，那就是处于帕累托最优的状态。帕累托效率标准的贡献在于避免了效用不可比较的难题，在理论上趋于完美，但我们要注意到，帕累托效率只关心每个人的绝对福利，而忽略了不同人的相对福利，并不关心平等、公正的问题。对其而言，使贫穷者状态不变，而富裕者变得更好的变化仍然是帕累托改进。基本公共服务的特殊性质要求更关注公平问题，不能一味地追求帕累托最优，这并非单凭市场化就能解决，因而应将各部门生产出的公共服务集中在由政府为核心的公共部门手中，通过政治程序决定公共服务的垄断性配置。《国家基本公共服务体系“十二五”规划》明确指出，“提供基本公共服务是政府的职责”，建立健全基本公共服务体系要求“牢牢把握基本公共服务的公益性质，明确政府的主体责任”。

综上所述，可以将公共服务供给流程分为两个阶段，即生产阶段和配置阶段，与之对应的则是三个节点：财政投入、服务产出与公民感受。具体流程如图 13-2 所示。

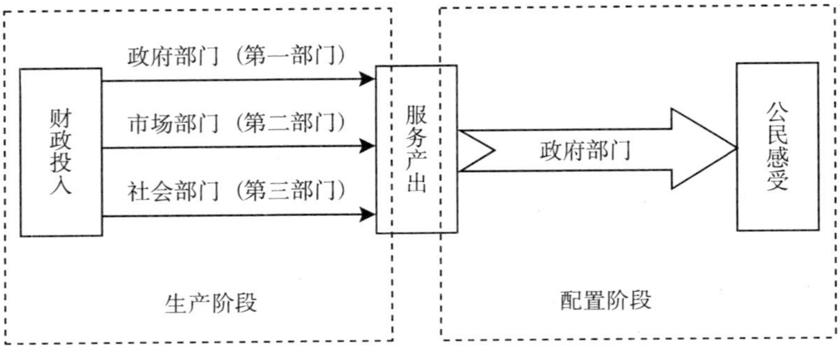

图 13-2　基本公共服务供给流程

资料来源：笔者自制。

二、形式平等与实质平等

通过观察公共服务供给流程，可以发现公共服务衡量对象分为阶段过程和节点结果两个方面，相应地，对均等化的理解就可以分为两个角度：一是均等化的过程，强调公共服务供给的具体程序，即生产阶段和配置阶段中政府为主导所采取的方法手段；二是均等化的结果，关心不同群体享受的公共服务，包括政府对公共服务的财政投入、公共服务的产出数量以及居民对公共服务的满意程度。

过程的均等化单纯依靠程序的公平排除外在因素的影响，属于程序正义，而我国基本公共服务均等化要求每一个人都能享用基本而有保障、符合最低统一标准和水平的公共服务，追求的是一种实质正义，而非形式上的平等。政府有必要改变以过程为导向的控制机制，转而谋求以结果为导向，相较于均等化的过程，均等化的结果意味着实质上的平等，也更具有代表性。

三、服务数量与服务质量

公共服务的经济效率可以分为生产效率和配置效率，前者衡量的是投入和产出的比例，后者关注的则是公共服务供给与居民需求偏好的匹配程度。萨瓦斯（Savas）认为，由于管理不善、“寻租”以及贫困瞄准不确等原因，有限的财政资源可能并没有真正使用到改善那些确实需要基本公共服务的人群身上。仅仅强调公共服务财政经费的投入远远不够，均等的财政投入并不一定代表公共服务的均等供给，财政投入作为度量基本公共服务绩效水平的评估指标有失偏颇。

罗纳德·德沃金（Ronald Dworkin）将分配平等分为资源平等和福利平等，前者要求人们享用的物品和服务大致相等，后者则考虑了个体偏好的差异性，认为不同的个体需要享有同等的幸福。公共服务绩效的评估体系应包括量和质两方面规定性，即提供公共服务的数目和提供公共服务的结果。目前，我国学界对公共服务绩效水平的评估方案主要集中在以公共服务供给数量这一客观指标为衡量标准。安体富和任强（2008）从地区间公共服务产出的角度出发构建中国公共服务均等化水平指标体系，包括普通初中师生比、万人拥有医疗机构床位数等 25 项指标，并运用这一体系对我国 2000~2006 年的公共服务均等化水平加以评价。龚锋和卢洪友（2013）在研究地方公共服务配置效率时，将小学升学率、初中升学率、15 岁及以上人口识字率和人均受教育程度作为义务教育水平的收益指标。

这种利用客观指标的方法优点在于数据的可获得性，缺点是无法观察公共服务带来的福利效应。与关注于服务产出这一节点不同，新公共服务理论倾向于直接面对公民的服务感受。霍尔茨（M. Holzer）等的研究认为，“市民对质量的评价是服务结果的指示灯，而依据市民满意度来改进公共服务质量就是一项颇具吸引力的改革途径”。国内的研究文献中，张会萍、闫泽峰等（2011）以宁夏回族自治区银川市为例，通过对居民公共服务满意度的问卷调查，分析了当地公共服务体系特征。高琳（2012）使用微观个体样本嵌套于县级政府的截面数据研究财政分权如何影响公共服务的满意度。

第四节　农民市民化成本的内涵

一、政府、企业和个人

劳动力的迁移主要包含两个过程，首先是迁移者从迁出地转移出去，接着是这些迁移者在迁入地居住下来。目前国际上除了非法的劳动力流动外，大多数的人口迁移行为都在同时完成这两个过程。但我国的农民市民化过程有一定的特殊性，非农化（农民向农民工的转变）和市民化（农民工向市民的转变）之间存在明显的时间断层。一般来说，农民市民化的成本发生在农民成为农民工进入城市后，基本上是现有城市市民生活水平的个人投入与政府提供的必要的公共服务投入之和。申兵（2012）将农民市民化成本理解为原本只覆盖拥有当地户籍居民的基本公共服务扩展到农民工群体的额外资金投入。张国胜、陈瑛（2013）将市民化的社会成本分为私人成本和外部成本，认为应在通过内部化的机制变革尽可能使农民工承担各自应该承担的成本的同时，推动公共财政承担不能内部化的外部成本。谌新民、周文良（2013）的研究表明，农民市民化成本不能也不应该完全由政府、转移人口个人或企业中的某方独自承担，而应该基于中央政府、地方政府、个人、企业在人口城市化进程中的收益来决定各自所承担的比例。

可见，农民市民化成本按类型可以分解为私人消费成本和公共福利成本：私人消费成本主要指的是农民工个人及其家庭为在城市定居生活所支付的生活费用；公共福利成本从投入来源角度可分为政府成本、企业成本和个人成本，由政府、企业和个人共同分摊，其中地方政府主要负责为农业转移人口提供基本公共服务而增加的财政支出，也就是农民市民化的地方财政成本，聘用农民工企业根据《劳动合同法》的相关规定承担基本的养老保险、医疗保险等社会保险资金，农民工个人则支付社会保障、城市保障性住房等相关费用。

二、城市区域和规模

王敬尧、叶成（2014）通过实证研究发现，作为基本公共服务水平的重要衡量指标，居民满意度受当地经济发展水平的影响较大，经济越发达，当地居民对同样公共服务的满意程度越低，这意味着为达到基本公共服务均等化的目标，经济发达地区需要更高的财政投入。我国幅员辽阔，按区域划分可分为东部、中部和西部三大地区，各地区经济发展水平各异，同时由于经济的集聚效应，城市规模大小的不同导致大型城市（一般为直辖市、省会城市和其他副省级市）与中型城市（一般为地级市）的经济水平也存在巨大差异。以山东省为例，《中国城市统计年鉴 2013》显示 2012 年青岛全市人均 GRP 为 82680 元，而日照市人均 GRP 为 47851 元，仅为同期青岛市的 57.9%。由于地区发展的不平衡和城市规模的差异性，农民市民化财政成本在不同城市间差异明显，进行具体测算时有必要按区域与规模对城市进行分类，细化不同类型城市的财政成本差异，从而做到因地制宜、有的放矢。

三、流量、存量和增量

现有的研究在测算市民化成本时有意无意地忽略了各个时期成本的变化情况，按当期所得数据乘以一定年限得出市民化人均总成本。但是成本流量和成本总量的关系并非如此简单。首先，由于利率、通货膨胀等不稳定因素的影响，各年的成本流量必然存在差异；其次，不同公共服务的供给年份也各不相同，如基础教育服务主要集中在义务教育阶段，社会保障和就业服务的提供期从参加工作开始一直到退休，医疗卫生服务更是贯穿人的一生。因而，在测算农民市民化成本的流量和总量时为了得到较为精确的结果，需要将各项基本公共服务成本进行一定的组合、分解、再组合，即在测算当年各项公共服务财政成本的基础上组合为当年市民化地方财政成本流量，接着将其分解为单项服务成本后，按不同服务不同供给年限和不同时期不同供给成本的原则再次组合为市民化地方财政成本总量。

中国的城市化率自改革开放以来，特别是进入 21 世纪后，一直处于高速发展时期，从 1978 年的 17.9%到 2000 年的 36.2%，再到 2013 年的 53.7%，已经有大量的农村人口涌入城市转化为城市人口，未来必然有更多的农业转移人口。由于地方政府对农民市民化成本并非一次性支付且每年都有一批新的农业人口转化为城市人口，因而市民化财政成本流量由两部分组成：一是向已经市民化的原农业转移人口投入的财政固有成本，即成本存量；二是向当期新转化的市民投入的财政资金，即成本增量。根据现有数据可以大致判断农民市民化的财政固有成本，而合理推算未来农民市民化的财政成本增量就是本专题意图解决的问题。

第十四章　基本公共服务评估指标分析

第一节　公共服务均等化评估现状

随着我国在经济领域取得举世瞩目的成就，民生问题受到越来越多的重视，基本公共服务均等化作为政府保障民生的重要组成部分，已成为当前我国经济社会发展中的重要目标。“十二五”规划纲要提出：“坚持民生优先，完善就业、收入分配、社会保障、医疗卫生、住房等保障和改善民生的制度安排，推进基本公共服务均等化，努力使发展成果惠及全体人民。”中共十八届三中全会再次指出，要“紧紧围绕更好保障和改善民生、促进社会公平正义，深化社会体制改革，改革收入分配制度，促进共同富裕，推进社会领域制度创新，推进基本公共服务均等化，加快形成科学有效的社会治理体制，确保社会既充满活力又和谐有序”。

基本公共服务均等化虽然目的明确，即逐步缩小城乡之间、区域之间和群体之间的基本公共服务差距，促进社会公平，确保社会和谐，但对何谓“均等化”的衡量对象，中央政府并没有给出清晰的解释，学界对于公共服务均等化也尚不存在公认的评估标准。从国内现有成果看，研究主要集中在三个方面：一是强调公共服务的制度安排，主张从法律保障、组织结构等方面确定服务供给是否公平；二是认为中央与地方的财政分权是导致公共服务供给差异的主要原因，应从起点的财政投入衡量均等化水平；三是针对公共服务供给数量的效用分析，通过建立数量化指标进行评价。这些研究在一定程度上有助于判断我国公共服务的供给水平，不足之处在于忽略了服务受众的具体感受。如何选取合适的衡量指标将公共服务供给的绩效水平有效量化，并在此基础上对均等化水平做出合理的判断是本章希望探讨的问题。

第二节 区域差异影响公共服务配置效果

一、无知之幕与配置扭曲

从直观上看，公共服务的产出与居民对公共服务的感受具有一致性，居民享受的公共服务越多，对公共服务应该越满意。然而，以公共服务产出的数量指标代替公众对公共服务的满意度水平的缺点关键在于对居民个人和社会特征的忽视。罗尔斯在《正义论》中认为，“无知才能公平，公平就是没有偏见”，“无知之幕”固然可以排除知识和各种其他因素的干扰，保证在进行基本公共服务均等化决策时的公正性，然而当前我国社会的多元化发展趋势必然产生各不相同的公共服务需求层次，不同区域的公众个体之间的偏好差异必然导致对相同的服务供给产生不同的反应，从而导致公共服务的配置扭曲。陈振明和李德国（2011）认为，公共服务的设施、装备、数量、条件，如医院床位数、儿童入学率等，是反映公共服务投入效果以及政府服务能力的客观标准，但并不能反映公共服务的质量以及可及性、满意度等实际使用感受。以数量代替质量的评价体系，表明公共服务均等化的推进对于居民的实际使用质量、感受和结果并不重视。在对基本公共服务均等化的定位过程中，追求的不能是公共服务产出数量的均等化，而是居民对公共服务满意度的均等化。

二、区域差异与价格歧视

价格歧视是指垄断厂商对不同消费者以不同价格出售同一商品，一般分为三级：完全价格歧视、数量价格歧视和买者价格歧视。在公共服务的供给过程中，生产阶段的市场化趋势已成为主流，但在配置阶段，由于公共服务特有的性质，政府有必要肩负起重要任务。我们可以将公共服务的配置视为一个垄断市场，政府作为垄断者向公众提供公共服务这一特殊商品，所不同的是，公众对于一般商品是以货币作为衡量商品效用的手段，而对于公共服务则以满意度水平反馈给政府。

在完全价格歧视的情况下，垄断厂商向顾客索要其愿意为所买的每单位商品支付的最高价格，这是一个理想化的概念，在现实中几乎不存在。数量价格歧视则要求垄断厂商按不同的价格出售不同单位的产量，价格与消费者特征无关，仅仅取决于购买的数量，不适合考虑地区差异的影响。买者价格歧视意味着垄断厂商对不同的人按不同的价格出售产品，是最普遍的价格歧视形式。假设存在两个相互独立的地区 A 和 B，政府容易对其实施分割，y_A 和 y_B 分别表示对 A 和 B 地区提供的公共服务数量，P_A 和 P_B 分别表示 A 和 B 地区居民对单位公共服务的满意度，$C(y_A+y_B)$ 表示提供公共服务的总成本，ε_A 和 ε_B 分别表示 A 和 B 地区居民对公共服务满意度的需求弹性。政府提供公共服务的目标可以表示为：

$$\max_{y_A,y_B} P_A(y_A)y_A + P_B(y_B)y_B - C(y_A+y_B) \tag{14-1}$$

均衡条件为：

$$MR_A(y_A) = MR_B(y_B) = MC(y_A+y_B) \tag{14-2}$$

可见，不同地区公共服务供给满意度的边际收益应相等并必须等于边际成本。

引入需求弹性公式，可以将上式改写为：

$$P_A(y_A)\left[1-\frac{1}{|\varepsilon_A(y_A)|}\right]=P_B(y_B)\left[1-\frac{1}{|\varepsilon_B(y_B)|}\right]=MC(y_A+y_B) \tag{14-3}$$

因此，当 $\varepsilon_A<\varepsilon_B$ 时，$P_A(y_A)>P_B(y_B)$。对公共服务的需求弹性较大的地区，当地居民获得单位公共服务时满意度较小。也就是说，居民对公共服务的满意度与服务提供数量并非完全线性关系，而与所在地区公共服务需求弹性有关，这与服务越丰富，满意度越高的直观感受存在差异。如何对直观感受和理论分析进行判断？本章通对湖北省公共服务居民满意度的调研结果进行实证分析，以期得到结论。

第三节　居民满意度实证研究

一、变量选取与数据来源

笔者选取基础教育和医疗卫生服务作为考察居民公共服务满意度的研究对象，理由有两点：首先两者都是具有代表性的地方公共服务，其次是出于数据收集上的考量。公共服务满意度作为一种主观评价，不可避免地受到社会和个人特征变量的影响，个人层面的特征变量主要包括性别、年龄和文化程度。关于地区异质性影响公共服务满意度的问题，首先要考虑的是各地的经济发展水平，这里引入了人均 GDP 作为替代变量，对于公共服务供应水平则利用千生专职教师数和千人卫生床位数作为替代变量，各变量定义具体如表 14-1 所示。

表 14-1　公共服务满意度各变量定义

变量名称		变量解释
被解释变量	基础教育服务满意度（Se）	0 = 不满意，1 = 满意
	医疗卫生服务满意度（Sh）	0 = 不满意，1 = 满意
解释变量	人均 GDP（Gdp）	
	千生专职教师数（Tea）	
	千人卫生床位数（Bed）	
	性别（Sex）	0 = 女，1 = 男
	年龄（Age）	1 = 21 岁以下，2 = 21~30 岁，3 = 31~40 岁，4 = 41~50 岁，5 = 51~60 岁，6 = 60 岁以上
	文化程度（Edu）	1 = 没上过学，2 = 小学，3 = 初中，4 = 高中（中专），5 = 大专，6 = 本科及以上

资料来源：笔者自制。

本章中个人信息和满意度数据来源于 2013 年 4~6 月对湖北省武汉、宜昌、襄阳、十堰和鄂州五个城市中 10 个区（县）20 个社区（村庄）关于基本公共服务的入户调查，每个社区（村庄）随机发放 20 份左右的问卷，共发放问卷 406 份，有效样本 396 份，其中关于基础教育服务的有效样本 364 份，有效回收率 89.7%，关于医疗卫生服务的有效样本 328 份，有效回收率 80.8%，表 14-2 提供了全部调查对象的个人基本情况。

表 14-2　调查样本基本情况

统计指标		有效样本	比例（%）
性别	男	199	50.3
	女	197	49.7
年龄	20 岁及以下	3	0.8
	21~30 岁	88	22.2
	31~40 岁	94	23.7
	41~50 岁	87	22.0
	51~60 岁	77	19.4
	60 岁及以上	47	11.9
文化程度	没上过学	15	3.8
	小学	30	7.6
	初中	117	29.5
	高中（中专）	136	34.3
	大专	63	16.0
	本科及以上	35	8.8

资料来源：笔者自制。

居民对基础教育和医疗卫生服务满意度信息的收集来自问卷题目“您认为本地的教育情况怎样？”和“社区（村）里的医疗效果好吗？”。题设计采用了李克特五级量表法，五级态度分别赋值为：很好 5 分，比较好 4 分，一般 3 分，不太好 2 分，很不好 1 分。由于被访者可能出于“搭便车”的动机而策略性地报低满意度水平，在回归分析中我们有意识地提高了满意度水平，将“很不好”和“不太好”合并为“不满意”，赋值为 0，而将“一般”“比较好”和“很好”合并为“满意”，赋值为 1，采用双变量 Probit 模型进行回归分析。

各地区的人均 GDP、千生专职教师数和千人卫生床位数来源于 2011

年湖北省各市州、各区县国民经济和社会发展统计公报及各市州统计年鉴，部分没有直接来源的数据经过整理所得①。

二、实证分析结果

（一）初步观察

通过数据整理得到5市10区（县）居民对基础教育和医疗卫生服务满意度评分和排名，如表14-3所示，从表中可以看到，武汉市武昌区的基础教育服务满意度以4.14分排名第1，武昌区作为武汉的教育文化中心，这一结果符合直观感受。武汉市江汉区人均GDP（70003元）和千生专职教师数（84.77人）均为10区（县）最高值，但其基础教育服务满意度仅仅排在第9位，与直观感受出现较大差异。与江汉区类似的是经济发展水平和基础教育服务水平仅次于武汉市的宜昌市，其夷陵区（原夷陵

表14-3　湖北省5市10区（县）公共服务满意度评分

		基础教育服务满意度	排名	医疗卫生服务满意度	排名
武汉市	江汉区	3.32	9	2.97	10
	武昌区	4.14	1	3.31	7
宜昌市	伍家岗区	3.51	6	3.26	8
	夷陵区	3.42	8	3.40	6
襄阳市	樊城区	3.89	4	3.89	2
	南漳县	3.97	2	4.47	1
十堰市	茅箭区	3.95	3	3.82	3
	郧县	3.76	5	3.24	9
鄂州市	鄂城区	3.50	7	3.50	5
	华容区	3.21	10	3.58	4

资料来源：调查数据采集于2013年4~6月，而人均GDP和公共服务供给数据来自2011年统计资料，之间存在一定的间隔，为了研究方便，我们忽略数据的滞后，将它们作为同一截面数据进行分析。

① 调查数据采集于2013年4~6月，而人均GDP和公共服务供给数据来自2011年统计资料，之间存在一定的间隔，为了研究方便，我们忽略数据的滞后，将它们作为同一截面数据进行分析。

县）和伍家岗区的基础教育服务满意度分别排在第 8 位和第 6 位，排名相对靠后。出现这一现象的原因可能在于经济发达地区的公共服务供给水平虽然相对较高，但同时当地居民对公共服务的需求更高，这样就导致发达地区的公共服务满意度可能低于次发达地区。

表 14-3 中各地居民对医疗卫生服务的满意度排名更令人惊讶，拥有同济医院、协和医院等三甲医院的武汉市江汉区医疗卫生服务满意度仅为 2.97 分，是唯一低于 3 分（一般满意）的地区，在 10 个区（县）中处于最后一位，与排名第 1 的襄阳市南漳县相差 1.5 分。除了因为经济发达地区居民收入水平较高，更注重身体健康，对医疗卫生服务的要求也更高外，也可能由于该地区优质的医疗服务吸引了其他地区患者的跨地区就医行为，从而产生“挤出效应”，对本地区居民享受医疗卫生服务造成负面影响。同基础教育服务情况类似，宜昌的两个区（县）居民对医疗卫生服务满意度排名也较低。

五个城市中表现比较优秀的是襄阳市，其下辖的樊城区和南漳县居民对公共服务满意度都保持在较高的排名，说明其公共服务供给与经济发展在一定程度上取得了平衡。其余城市中，无论是基础教育服务还是医疗卫生服务，十堰市茅箭区的满意度稳定在一个较高的层次。鄂州市的华容区医疗卫生服务满意度比较理想，但基础教育服务的满意度则排名垫底。

总的来说，初步观察的结果显示，各地区对基础教育服务和医疗卫生服务的满意度与该地区的经济发展水平大致上呈现负相关性，与服务供给数量的关系较复杂，具体影响系数有待进行进一步分析。

（二）回归分析

通过对公共服务满意度与个人特征变量、地区人均 GDP、千生专职教师数、千人卫生床位数采用双变量 Probit 模型进行回归分析，可以得到表 14-4 所示的实证结果。

表 14-4 公共服务满意度的 Probit 回归结果

	基础教育服务（模型 1）	医疗卫生服务（模型 2）
人均 GDP	-0.018 （0.010）*	-5.24E-06 (9.22E-06)
千生专职教师数	2.97E-06 (8.83E-06)	—

续表

	基础教育服务（模型 1）	医疗卫生服务（模型 2）
千人卫生床位数	—	-0.082 (0.069)
性别	-0.079 (0.225)	-0.004 (0.205)
年龄	0.042 (0.093)	-0.155 (0.086)*
文化程度	0.255 (0.110)**	-0.069 (0.097)
McFadden R-squared	0.056	0.057
LR statistic	9.292	11.398
Prob（LR statistic）	0.098	0.044
obs	364	328

注：***、**、* 分别表示在 1%、5%、10%的显著性水平；括号中的数字为标准差。

资料来源：调查数据采集于 2013 年 4~6 月，而人均 GDP 和公共服务供给数据来自 2011 年统计资料，之间存在一定的间隔，为了研究方便，我们忽略数据的滞后，将它们作为同一截面数据进行分析。

表 14-4 中模型 1 的回归系数显示，人均 GDP 对基础教育服务满意度具有负向影响，并在 10%的统计水平上显著，这与直接观察的结果一致。经济发展水平较高的地区，即使基础教育服务的投入相当，居民的满意度反而较低。龚峰、卢洪友（2013）认为，经济越发达的地区，居民对义务教育服务具有越高的需求偏好，超过了地方政府的服务供给水平，导致基础教育服务供给不足状况更为明显。千生专职教师数对基础教育服务满意度的正向影响较小且在统计上并不显著，说明基础教育服务的供给对居民满意度有一定正面影响但并不明显。个人特质性方面，性别和年龄对基础教育服务满意度的影响系数在统计上并不显著，文化程度则具有较明显的正面影响，且至少在 5%的统计水平上显著。接受教育水平越高的居民对基础教育服务的满意度越高，这与其对教育的重视程度有关，文化程度越高的父母，对子女的教育关注度也越高，在一定程度上对基础教育服务满意度会产生促进作用。

从表 14-4 中模型 2 的结果来看，人均 GDP 估计系数符号为负，表明该变量与居民对医疗卫生服务满意度负相关，虽然不太明显，但基本吻合初步观察的结果。千人卫生床位数对卫生医疗服务满意度有很小的负面影响，但在统计上并不显著。就个人变量而言，医疗卫生服务满意度受年龄因素的负面影响较明显，并且具有10%的统计显著性水平。显然，随着年龄的增长，对医疗卫生服务的要求也相应提高，特别是老年人口更是需求较多的医疗资源，对相同的医疗卫生服务水平，年龄较大者可能满意度会更低。相对而言，性别和文化程度对医疗卫生服务满意度的影响很微弱且统计显著情况不太理想。

（三）稳健性检验

在前面进行的双变量Probit模型回归分析中，我们出于谨慎考虑将居民公共服务满意度进行了一定程度的高估，为了检验以上计量结果的稳健性，我们对满意度水平再次赋值，将“很不好”“不太好”和“一般”合并为“不满意”，赋值为0，而将“比较好”和“很好”合并为“满意”，赋值为1，对二次赋值我们再次运用双变量Probit模型进行估计。检验结果显示，人均GDP对公共服务满意度存在不显著的负面影响，千生专职教师数对基础教育服务满意度在10%的统计水平上有微弱的正面影响，千人卫生床位数对医疗卫生服务满意度影响并不显著，这说明前文的模型基本是稳健可信的。

第四节　小　结

实证研究的结果表明，在不考虑个人特征变量的情况下，相较于公众所处的具体社会环境，公共服务的供给数量并不能对居民满意度起到决定性影响，服务产出量与公民感受度间并不能画上等号。同时，人均GDP水平与居民对公共服务满意度呈负相关性，经济发展水平较高地区居民对相同数量公共服务供给的满意度水平较低。

通过以上研究我们可以发现：首先，公共服务供给的过程均等化固然是结果均等化的必要条件，但由于基本公共服务均等化追求的是实质平等而非形式平等，因而并不能以具体程序的方法和手段是否平等作为考察“均等化”的指标。其次，对于公共服务供给过程的节点，也就是财政投入、服务产出和公民感受来说，三者之间并非完全一致，居民对公共服务的满意度无法用财政投入和服务产出的相关数据进行替代。特别针对利用公共服务供给数量指数作为均等化水平评估指标的观点，通过实地调研和实证研究，发现各地居民对公共服务的满意度水平并不单方面由公共服务的供给数量决定，还受到个人特征变量和当地经济发展水平的极大影响。这表明，为实现均等化，政府不能单纯地提供平均数量的公共服务，而应该结合各地区的经济发展水平和居民需求偏好等制定符合当地实际情况的公共服务供给策略，为达到这个目的，就需要从以下几点进行加强：

第一，社情民意采集系统的建立，包括前期的信息收集与后期的信息反馈。我国公共服务均等化政策具有明显的“自上而下”性质，各级政府尤其是地方政府主观判断占据主导地位，表现出高度的随意性，公共政策制定前忽视了对社情民意的收集，政策实施后没有一套完善的公众反馈意见收集体系，忽视信访工作。政府不能有效关注民众诉求，极有可能脱离公众的需求现状，耗费大量资源而得不到有效结果。在这方面可以借鉴西方国家的有关政策，如加拿大从1998年起先后进行了一系列名为“公民为先”（Citizens First）的全国性调查，寻找影响公共服务品质的关键因素；在美国，城市政府每年都会针对公共服务的品质进行市民满意度调查（Citizen Satisfaction Survey）或者社区态度调查（Community Attitude Survey），着重从满意度和公民需求的角度对公共服务质量进行评估，并为未来的规划提供需求评估。

第二，加强政策制定流程的透明度，提高政府与公众间的互动。公共服务使用者在不了解服务制定程序要求和服务提供者能力水平的情况下，会将其主观推测等同于真实需求，从而影响对公共服务的满意度。我国公共政策制定前的听证制度和公示制度流于形式，公众对公共服务的不满在一定程度上是对政策制定流程的不了解所致，而政府与公众的双向沟通可以使公众更好地理解服务过程，更为理性地对待服务需求。互动角度下理想的公共服务政策制定流程是，首先政府就待提供的服务设计初步方案并征求公众意见，并将设计过程中的考虑因素加以解释，其次由公众结合自身情况做出评价并提出意见，最后由双方进行协商并确定服务提供事项。这一过程虽然需要一套辅助制度完成政府信息的公开与公众意愿的表达，但可以有效地避免公共资源的浪费。

第三，推行居民满意度“两部制”，实现基本满意度和弹性满意度分离。不同地区的经济发展水平差异导致了各地居民对公共服务需求层次的差异，必须首先保证公众对基本公共服务的保障性需求，其次将有限的财政资源在差异化的偏好间进行排序，向不同地区提供多样性的公共服务组合，在保证所有居民基本满意度的基础上再追求弹性需求的满意度均等化。但要注意，对经济较发达地区即对公共服务需求弹性较大的地区，为达到与经济不发达地区完全相同的居民满意度水平，势必需要投入更多的公共服务，不符合基本公共服务均等化的公平原则，需要强调的是，这里的弹性满意度均等指相对价值均等而非绝对数值均等。

第十五章　农民市民化的地方财政成本测算

第一节　当前研究概述

改革开放以来，中国的城市化速度令世界瞩目，但中国的城市化并非一般意义上的城市化，“半城市化”现象异常突出，主要体现在两个方面：一是人口城市化滞后于土地城市化，二是户籍人口城市化滞后于常住人口城市化。城市化的核心是人的城市化，也就是进城农民的市民化，尽管农民市民化需要大量资金投入已成为一个共识，但对具体成本数额的相关研究却并不多见。即便在已有研究成果中，不同学者对农民市民化的成本估算也各不相同。观察这些研究成果可以发现两个显著特点：一是倾向于按研究当期成本根据年限测算出农民市民化的人均总成本，二是不同时期的研究结果随着时间推移出现了大幅度的增加。这表明，不同时期的农民市民化成本存在差异，农民市民化成本具有明显的动态累积性，按某个年份的当期成本简单叠加必然会导致不同时期测算的总成本产生不必要的误差。另外，研究结果的各不相同还在于对农民市民化成本尚无明确定义，导致主体视角有别、模型指标各异。

农民市民化的关键是解决农业人口进入城市后的身份户籍转变问题。一纸户籍为何如此重要？其代表着进城农民与当地市民在公共服务、社会福利等方面享受同等待遇，可见农民市民化的重点在于基本公共服务的均等化。作为基本公共服务的提供者，地方政府需要多少财政资金以应对不可逆的城市化趋势是一个不可忽视的问题。本章意图从地方政府的视角，利用基本公共服务的财政支出数据测算农民市民化成本的增量、流量和总量，在最大程度上得到较为精确的结果，为进一步推动城市化和户籍、土地、财政制度改革提供可靠的依据。

第二节　农民市民化成本测算模型

一、模型构建

在测算农民市民化的地方财政成本之前，首先要明确一个概念，即我们所指的“市”到底范围有多大？从历史上看，西方城市以自治和贸易为发展先决条件，而中国是建立在农耕社会基础上的中央集权制国家，当前中国的“市”作为一个行政单位往往包含着市辖区及下属的县级市、县、镇和乡村，大部分的统计资料也是以这种广义的概念进行数据收集。我们现在所指的农民市民化中的“市”则是表示各级行政区的城区部分，因而在收集数据进行计算时有必要将一般意义上的全市数据和市辖区数据进行分辨。

基于以上分析和第十五章关于农民市民化成本内涵的分析，我们可以构建如下测算模型：

$$c=\sum_{i=1}^{n} c_i=\sum_{i=1}^{n}\left(\frac{C_i \times r}{R}\right)=\sum_{i=1}^{n}\left(\frac{C_i \times F_1/F_2}{R}\right) \tag{15-1}$$

其中，c 为农民市民化年人均财政成本，c_i 为市辖区单项基本公共服务年人均财政成本，C_i 为全市单项基本公共服务年财政支出，r 为市辖区基本公共服务财政支出占全市基本公共服务财政支出的比重，R 为市辖区年平均人口，F_1 为市辖区地方财政一般预算内支出，F_2 为全市地方财政一般预算内支出。

二、指标选取

考虑到区域划分和城市规模对城市基本公共服务财政成本的影响，本章首先按地区在东部、中部、西部选取了山东省、河南省和广西壮族自治区作为代表性省份，这是因为《2013年中国区域经济统计年鉴》显示，2012年各地区的人均GDP为东部57722元、中部32427元、西部31357元，同期山东、河南和广西的人均GDP为51768元、31499元和27952元，较为接近本地区平均水平，具有一定的代表性。每个省选取了一个省会城市或副省级城市作为大城市的代表（山东省为青岛市，河南省为郑州市，广西壮族自治区为南宁市），选取了两个地级市（山东省为济宁市和日照市，河南省为洛阳市和鹤壁市，广西壮族自治区为北海市和玉林市）作为中型城市的代表。

《国家基本公共服务体系“十二五”规划》指出，“基本公共服务范围，一般包括保障基本民生需求的教育、就业、社会保障、医疗卫生、计划生育、住房保障、文化体育等领域的公共服务”，在地方财政一般预算内支出中，基本公共服务财政支出主要包括教育支出、医疗卫生支出、一般性公共服务支出、社会保障和就业支出、文化体育与传媒支出和住房保障支出六项，目前各地农民工在享受以上几项公共服务方面与当地市民存在较大差距。我国农民工子女中仅有少量随父母进城，绝大多数属于留守儿童。国家虽然要求各地政府将农民工子女纳入公办义务教育体系，但仍有相当多的农民工随迁子女只能就读于农民工子弟学校，这些子弟学校多数得不到地方公共财政支持，只能靠收费维持运转。医疗卫生方面，当前农民工尚没有被纳入城市医疗救助范围，无法享受与城市居民相同的公共卫生和基本医疗服务。《2013年农民工监测调查报告》显示，当年雇主或单位为农民工缴纳养老保险、工伤保险、医疗保险、失业保险和生育保险的比例分别为15.7%、28.5%、17.6%、9.1%和6.6%，虽然比例逐年提高，但社会保障覆盖面依然过低。文化体育方面，农民工很少享受到图书馆、体育馆等公共设施带来的便利。《2013年农民工监测调查报告》发现，农民工得到雇主或单位提供的免费住宿的比重为46.9%，相较上年下降2.6个百分点；从雇主或单位得到住房补贴的农民工比重为8.2%，相较上年下降1个百分点；在务工地自购房的农民工仅占0.9%。公共财政收支项目中住房保障包括保障性住房、廉租住房、棚户区改造等，目前城市的经适房、廉租房等仅对城市居民开放，农民工尚游离于住房保障体系之外。这说明地方财政在农民市民化过程中需要为以上公共服务项目提供必要的资金投入，也就是农民市民化地方财政成本的主要组成部分。

三、数据来源

表 15-1 中的数据为 2012 年所选各市的单项基本公共服务财政支出，统计口径为全市数据，包括市辖区和下辖的县级市、县、镇和乡村，本章的农民市民化财政成本指的是农民移入城区的财政成本，因而应将各项基本服务的财政支出进行处理从而得出投入到城区的基本公共服务财政支出。表 15-2 给出了各个城市市辖区和全市的地方财政一般预算内支出，据此可以算出市辖区地方财政一般预算支出占全市的比重，以之作为市辖区基本公共服务财政支出占全市基本公共服务财政支出的比率 r 的替代变量。

表 15-1　2012 年各市基本公共服务财政支出

单位：元

		基础教育 C_1	医疗卫生 C_2	一般公共服务 C_3	社会保障和就业 C_4	住房保障 C_5	文化体育与传媒 C_6
山东	青岛	1432445	338630	1143270	558018	130947	146670
	济宁	891067	338518	407421	303784	63980	87222
	日照	316053	115180	132641	136446	53956	20705
河南	郑州	1240176	460530	827634	557360	174544	108517
	洛阳	791906	260208	400823	317883	118432	92101
	鹤壁	166482	65435	83877	90904	83888	14479
广西	南宁	367193	187703	280610	210752	83947	56722
	北海	91584	44543	83394	25725	22633	6624
	玉林	108451	62770	112799	45027	25605	5436

资料来源：《2013 年山东省统计年鉴》《2013 年河南省统计年鉴》和《2013 年广西壮族自治区统计年鉴》。

表 15-2　2012 年各市相关数据

		地方财政一般预算内支出（万元）		人均地区生产总值（元）		年平均人口（万人）	
		市辖区 F1	全市 F2	市辖区	全市	市辖区 R	全市
山东	青岛	5621311	7659801	130514	82680	362.6	768.0
	济宁	950962	1380239	83355	47851	126.4	288.6
	日照	1184594	3624886	63369	39165	118.0	847.0
河南	郑州	4804750	7006980	63850	62054	313.0	762.8
	洛阳	1600230	3451128	50895	45316	182.5	710.4
	鹤壁	506949	834956	43041	34456	62.1	163.6
广西	南宁	2511690	3765096	65301	35133	273.7	712.5
	北海	709122	987310	58819	40418	62.5	168.0
	玉林	568981	1926529	28050	19822	103.9	688.4

资料来源：《2013 年中国城市统计年鉴》。

第三节　农民市民化成本

一、测算结果

将相应数据带入测算模型（见式 15-1）可以发现，不同区域和城市规模之间农民市民化的地方财政人均年成本存在较大差异。以 2012 年数据为基数，各个城市农民市民化人均地方财政年成本具体数据如表 15-3 所示。由于各地区中型取样城市为两个，在对测算数据取均值后可以发现不同地区的市民化成本为：东部地区大型城市 7589 元，中型城市 6774 元；中部地区大型城市 7380 元，中型城市 4986 元；西部地区大型城市 2892 元，中型城市 2089 元（见表 15-4）。可以发现，西部地区农民市民化财政成本明显低于东、中部地区，同一地区内东、西部大型城市和中型城市的农民市民化财政成本差距不大，而中部地区不同规模城市的市民化财政成本存在显著差距。

表 15-3　2012 年各市农民市民化的人均地方财政成本

单位：元

		基础教育	医疗卫生	一般公共服务	社会保障和就业	住房保障	文化体育与传媒	合计
山东	青岛	2899.15	685.36	2313.88	1129.38	265.03	296.85	7589.64
	济宁	4857.05	1845.20	2220.78	1655.87	348.74	475.43	11403.07
	日照	875.29	318.98	367.34	377.88	149.43	57.34	2146.27
河南	郑州	2716.93	1008.91	1813.15	1221.04	382.38	237.74	7380.16
	洛阳	2012.02	661.12	1018.38	807.65	300.90	234.00	5034.08
	鹤壁	1627.71	639.76	820.07	888.78	820.18	141.56	4938.06
广西	南宁	894.97	457.50	683.94	513.67	204.61	138.25	2892.94
	北海	1052.46	511.88	958.35	295.63	260.09	76.12	3154.53
	玉林	308.28	178.43	320.64	127.99	72.78	15.45	1023.56

资料来源：《2013 年中国城市统计年鉴》。

表 15-4　2012 年各地区各类型城市农民市民化人均成本

单位：元

	东部地区	中部地区	西部地区
大型城市	7589	7380	2892
中型城市	6774	4986	2089

《国家新型城镇化规划（2014~2020 年）》明确提出，到 2020 年“常住人口城镇化率达到 60%左右，户籍人口城镇化率达到 45%左右”。2013 年我国常住人口城镇化率为 53.7%，户籍人口城镇化率仅为 36%，同期我国人口总数为 136072 万人，其中城市户籍人口数为 48985 万人，若假设 2020 年我国人口数达到 136800 万人，这意味着未来七年约有 1.26 亿农村户籍人口转化为城镇户籍人口，平均每年要完成 1800 万农民的市民化。《2012 年全国农民工监测调查报告》显示，2012 年在东部地区务工的农民工 16980 万人，占农民工总量的 65.1%；在中部地区务工的农民工 4706 万人，占农民工总量的 17.9%；在西部地区务工的农民工 4479 万人，占农民工总量的 17.1%。从外出农民工就业的地点看，在直辖市务工的占 10%，在省会城市务工的占 20.1%，在地级市务工的占 34.9%，在县级市务工的占 23.6%。2012 年农民工在不同区域、不同规模城市的分布比率如表 15-5 所示，据此预计 2014 年需要完成市民化的农民工人数约为：东部

大型城市 351 万人、东部中型城市 407 万人、中部大型城市 97 万人、中部中型城市 112 万人、西部大型城市 92 万人、西部中型城市 108 万人。

表 15-5　2012 年农民工流向分布

单位：%

	东部地区	中部地区	西部地区
大型城市	19.5	5.4	5.1
中型城市	22.6	6.2	6.0
小城市（镇）	23.0	6.3	6.0

资料来源：根据《2012 年全国农民工监测调查报告》相关数据整理。

由于农民市民化成本的动态累积性，在推算 2014 年农民市民化财政成本时需要考虑到通货膨胀的影响。《2013 年中国统计年鉴》显示，2012 年我国居民消费价格指数（CPI）为 579.5（设 1978 年为 100），2011 年为 565，根据 CPI 可以算出我国 2012 年通货膨胀率约为 2.6%，假定至 2020 年我国通货膨胀率保持在这一水平，可以测算出 2014 年我国大中型城市农民市民化的地方财政成本增量为 756.53 亿元。

二、成本流量与总量

为简化计算，我们对市民化农民工做出以下假定：①农民工市民化当期的年龄设定为 30 岁；②每个农民工抚养 1 个子女，且其子女在市民化当期达到义务教育年龄（6 岁）；③退休年龄为平均退休年龄 55 岁，寿命为平均人口寿命 73 岁[①]。基于以上假定，我们可以看到一个农民在市民化后至少可以享受以下基本公共服务：9 年的子女义务教育服务，25 年的社会保障和就业服务，43 年的医疗服务、文化体育与传媒服务、住房保障服务和一般性公共服务。由于我国城市化快速发展的时间尚短，前期已经市民化的农民基本都处于享受基本公共服务的阶段，这也意味着地方政府需要为之支付相应的财政成本。

2000 年我国户籍人口城市化率约为 24.7%，城市户籍人口数为 31305 万人，2000~2013 年城市户籍人口增长 17680 万人。排除人口自然增长率

① 丁萌萌、徐滇庆：《城镇化进程中农民工市民化的成本测算》，《经济学动态》2014 年第 2 期。

（人口出生率-人口死亡率）的影响（按平均0.5%计算），2000~2013年约有1.5亿农民完成市民化，根据表15-5数据可以推算出其分布为：东部大型城市2925万人、东部中型城市3390万人、中部大型城市810万人、中部中型城市930万人、西部大型城市765万人、西部中型城市900万人。仅考虑这1.5亿农业人口转化的市民，加入通货膨胀率的影响可算出2014年农民市民化地方财政成本存量约为6302.26亿元，加上当年的农民市民化地方财政成本增量可算出2014年农民市民化地方财政成本流量为7058.79亿元。

由于农民市民化财政成本属于逐年支出，若每年有相同数量的农民完成市民化，从2014年开始计算，可以发现每年的成本呈累积递增。按此判断，在考虑通货膨胀因素的影响下，为达到《国家新型城镇化规划（2014-2020年）》的目标，预计2020年我国地方财政为农民市民化支出的成本约为11597.97亿元，2014~2020年的地方财政总成本约为65298.66亿元。

第四节 小 结

《2014年中国统计年鉴》的数据显示，2013年地方公共财政收入为69011.16亿元，公共财政收入增长速度为10.2%，若消除通货膨胀率的影响，公共财政实际增长速度为7.6%①。按此计算，2014年地方公共财政收入可以达到74256.01亿元，2020年此数据约为115240.53亿元，我国为应付农民市民化的地方财政支出占地方财政收入的比重将由2014年的9.5%提升至10.06%。

在营改增逐步扩大范围、房产税迟迟难以问世、土地财政日益受到质疑的背景下，地方财政收入在可预见的将来要想保持当前增长速度不容乐观。由于我国城市化进程在一定时期内将持续进行，不会发生太大的变化，可以肯定的是，2020年后地方财政的相关支出仍会处于递增状态，直到最初一批市民化的农民不再享受基本公共服务的时候达到稳定并逐渐回落。这意味着未来几十年大中型城市的地方政府将面临巨大的财政资金压力，需要我们未雨绸缪，提前做好准备以应对这一难题。

① 此处通货膨胀率按2012年的2.6%计算。

第十六章　结论与建议

第一节　总结思考

城市化的核心是人的城市化，也就是农民市民化，而农民市民化的实质是公共服务均等化。实现农民市民化，从国外来看是世界各国的普遍现象和社会发展的根本要求，从国内来看则是扩大内需和经济转型的必然选择。妥善解决大量农业转移人口有效融入当地城市和平等享受公共服务，是我国未来城市化面临的重大挑战和突出障碍。

当前我国的城市化进程正处于高速运行阶段，农民工人口数量庞大，市民化成本居高不下，地方政府面临的财政压力在短时间内无法避免，合理有序地推进农民市民化将是一项长期而艰巨的任务。稳步推进农民市民化，需要中央和地方政府按照以人为本、政府主导、多方参与、统筹兼顾的原则，依托人口制度、土地制度和财政制度的综合体制改革，三管齐下，共同确保城市化和市民化在地方财政合理容纳范围内有效推进。

第二节　政策建议

通过前文的分析，可以从数据上直观地发现地方政府在面对农民市民化趋势下巨大的财政压力，在明确“需要多少钱”的基础上，解决“钱从哪儿来”对各地政府来说更为迫切。作为制约城市化的重要约束性条件，人口、土地、财政相互影响、相互关联（见图 16-1），单独针对一个方面的改革政策无法从整体上解决城市化进程中的农民市民化成本问题，建立统筹三者的宏观改革方案也就成了必然选择。解决城市化进程资金来源问题，仅靠"土地财政"获取一次性收益显然不可取，需要通过构建"人—地—财"循环体系，减轻地方财政对土地的依赖性，有效解决城市化进程中农民市民化、土地非农化及收入二元化这三大问题。

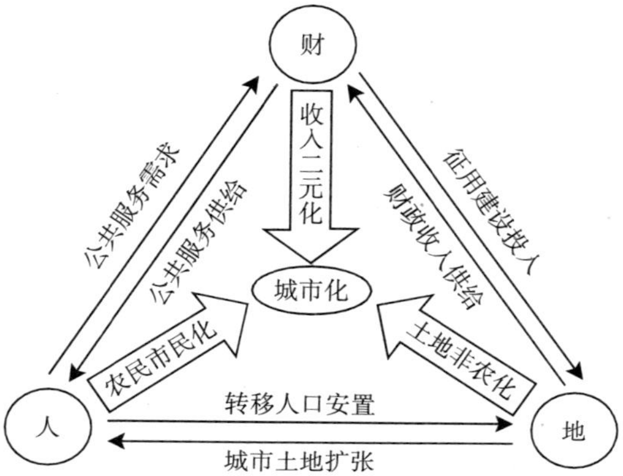

图 16-1　城市化与人口、土地、财政的关系

资料来源：笔者自制。

一、建立"人—财"挂钩机制，推进中小城镇发展

人口和财政的矛盾在于公共服务需求与供给的不匹配，城市户籍人口的增加意味着公共服务的增多和财政压力的加重，大多数地方政府对解决外来农民工的落户问题动力不足，重要原因在于他们认为当地农民工创造的大部分经济收益已通过增值税等方式被中央拿走①，地方政府作为农民市民化财政成本的提供者，在基础教育、医疗卫生、社会保险、就业培训、住房保障等方面承担主要责任，而从中获得的财政收入不足以弥补所需支付的财政成本。中央政府需要对农民工流入集中、定居意愿强、外部效应大、资金压力重的城市加大财政转移支付补贴力度，建立"人—财"挂钩机制，将当地人口规模和财政转移支付规模挂钩。具体而言，即中央和省级财政设立农民工市民化的专项转移支付，主要用于提供城市落户农

① 李铁：《城镇化是一次全面深刻的社会变革》，北京：中国发展出版社，2013 年版。

民的各项基本公共服务，依照“人多财增”的策略方针有效缓解两者间的矛盾。

除了在财政政策方面开源，还需要对大中型城市市民化农业人口进行节流。相较于大中型城市，农业转移人口定居小城镇意愿较低的原因主要在于就业机会和公共服务方面的差异。一方面，由于集聚效应的缺乏，小城镇对投资和人口的吸引力不足，无法创造足够多的就业机会；另一方面，小城镇公共服务的人均投资和运营成本比大中型城市更高，加上财政投入在各级城市间的不平衡，不同规模城镇的公共服务水平存在较大差异[①]，同时，由于农村条件的大幅改善，小城镇在相关方面的优势也正在逐渐缩小。要解决小城镇所面临的窘境，若采用单纯的行政手段强行发展小城镇，往往无法达到规模经济，小城镇要完善耗资很大的基本公共服务设施建设，人均成本明显高于大中型城市，可能造成无谓的资源浪费。与其将财政资金平均地投入到所有的小城镇，不如选择部分发展前景良好的中小城镇做出重点规划，推动其步入大中型城市的行列，从而产生集聚效应，吸引外出的农业转移人口，同时促进周边小城镇的共同发展，减缓大中型城市农民市民化压力。

二、明确“人—地”产权关系，加强资源有序配置

中国要素市场的区域性分割限制了劳动力、土地、资本等生产要素跨地区的自由流动，农民市民化意愿较强的城市往往也是经济比较发达的城市，这些地区要安置转移人口必然需要进行城市扩张，对土地的需求也水涨船高。国土资源部为解决我国农村存量建设用地远高于城市建设用地的状况，研究制定了名为“增减挂钩”的土地政策，目的是保证城市扩张所需的土地空间，在减少农村建设用地存量的同时使建设用地总量不显著增加，从而同时达到保护农村耕地和保障城市化用地供给的要求。“增减挂钩”这一土地政策在各地统筹城乡发展中起到了政策抓手的作用，保证了“保障城市发展空间、优化农村建设空间”土地思路的有效实施。土地要素就其天然属性而言不可流动，而不同地区的土地价值存在较大差异，沿海大城市近郊土地价值远远高于内地土地是不争的事实，这也制约了土地

① 王小鲁：《中国城市化路径与城市规模的经济学分析》，《经济研究》2010 年第 10 期。

资源在全国范围的顺畅流转。要解决人口与土地分离的问题，应通过确定统一的建设用地指标进行土地价值量化，解除区位影响并赋予其跨地区交易性，做到“地随人走”，按占补平衡的原则统筹各地用地规划，实现劳动力和土地资源的跨地区再配置，这将极大调动各地政府接纳农民工落户的积极性。

确地的基础是确权，需要对现存农地进行清产核实，全面开展农村集体建设用地使用权的确权登记颁证，赋予农民明确、稳定、完整而有效的土地产权。在现有制度的框架内，明确土地产权的“责、权、利”，进一步弱化集体所有权，把占有权、使用权、收益权和处分权下放给农民，建立“归属清晰、权责明确、保护严格、流转顺畅”的现代农村产权制度。“坚持农村土地集体所有的前提下，促使农村土地承包权和经营权分离，形成所有权、承包权、经营权三权分置、经营权流转的格局”是当前推进农村土地制度改革的总体思路。实践中应沿用“政策完善—布局试点—全面推进”的思路促进土地适度规模经营和集体建设用地平等入市，以土地产权制度改革为重心，通过明确农民产权主体地位、破除建设用地入市障碍、推进宅基地市场化流转等，逐步解决当前农村土地制度中存在的主要问题，探索赋予农民更多财产权利，明晰产权归属，完善各项权能，激活农村各类生产要素潜能。使农村土地制度与新型城镇化、农业现代化内洽，让农民成为改革的积极参与者和真正受益者。

三、减轻“财—地”依赖程度，完善财政收入结构

自 1979 年的《中外合资经营企业法》中提出了将场地使用权可作为中方投资或由合营企业向政府缴纳使用费开始算起，土地有偿使用制度经历了 30 多年的改革，土地收益大幅增加。1994 年分税制改革的结果之一就是土地出让金收入全部划归地方政府，为地方政府获取财政收入留下了巨大的操作空间。由于分税制后地方政府存在的税收局限以及中央和地方事权与财权的不对等，使地方政府不得不寻求新的财政渠道获得财政收入以弥补财政缺口。地方政府利用土地通过各种方式获取收入的行为被称为“土地财政”，狭义上的土地财政收入指的是土地出让收入，广义上则泛指政府所获得的与土地或房地产业相关的一切收入，包括以土地出让金为主的预算外收入、税收收入和利用土地融资的地方债务性收入。土地出让收

入在地方财政收入中的份额逐年增大，2013 年国有土地使用权出让收入为 41249.52 亿元，同年地方财政收入为 69011.16 亿元，土地出让收入占地方财政收入的 59.8%，土地已成为地方财政收入的主要来源。

首先，地方政府要摆脱对土地财政的依赖就必须要找到能填补其空白的资金来源，现有的观点主要包括两点：一是改变税制结构，逐步建立以房产税为主的持续性地方财政收入结构；二是发行地方融资债券，多元化资金来源渠道。不过也要看到，世界上所有国家对城市融资的还款来源无外乎公共基础设施的使用收费和房产税，而我国的城市运营机制限定了水价、电价、公交价格等多依靠补贴实现，无法完全实现市场化，也就不能达到还款的效果，这表明扩大房产税征收范围、确保地方财政收入已经是势在必行。

其次，根据中共十八届三中全会提出的“建立城乡统一的建设用地市场，在符合规划和用途管制前提下，允许农村集体经营性建设用地出让、租赁、入股，实行与国有土地同等入市、同权同价”的意见，集体建设用地的入市必然对土地财政产生重大影响，不仅要推进财税体制深化改革，还要做到完善农村土地征用制度、加大土地流转资金投入和构建土地服务监管机制。

（本篇内容由作者和叶成共同完成。）

第四篇　农地经营规模化与农村治理现代化研究

土地制度设置是农村社会制度的核心内容，当代中国农地产权制度的几次嬗变深刻地影响了乡村社会的结构形态和治理模式。现今，土地确权、三权分置、土地流转和规模经营共同构成推进农地产权改革和实现农业现代化的逻辑链条并次第推进。在此过程中，农地规模经营的加速所引致的资源涌动、主体进退、组织兴衰和权威流变等对基层产生了广泛而深刻的影响，农村社会治理的转型也是推进农地规模经营的重要条件。本篇立基于我国农地规模经营的研究现状和现实图景，引入“资本—资源”的视阈分析了农地规模经营与农村治理的关联机制，并初步建构起一种内嵌于产权嬗变的农村治理模式，提出了农地规模经营背景下农村治理回应的可能路径，对农村治理体系和治理能力的优化进行了尝试性探讨。

第十七章　研究述评：农地产权制度与乡村治理的整合性分析

在此之前，农地产权改革是研究热点，农村社区治理也备受关注，但将两者置于综合性框架下进行研究的成果相对较少。根据我们的初步梳理，已有的研究成果主要涉及以下几方面：

第一节　农地流转和规模经营多维度研究

王敬尧等（2011）对中国农村研究的特色与趋势进行了深入的研究，发现已有成果具有明显的“政策导向式”特点[①]。综合来看，对土地流转的研究包括对流转意愿和影响因素[②]、土地流转方式[③]、土地流转绩效[④]、土地流转中介服务[⑤]以及土地流转存在的问题与对

① 王敬尧、宋哲：《中国农村政策与中国农村研究：影响力考察》，《吉林大学社会科学学报》2011年第5期。

② 季虹：《论农村土地使用权的市场化流转》，《农业经济问题》2001年第10期；金松青、Klaus Deininger：《中国农村土地租赁市场的发展及其在土地使用公平性和效率性上的含义》，《经济学》(季刊) 2004年第3期；贺雪峰：《土地流转意愿与后果分析》，《中国乡村建设》2009年第2期；张会萍、倪全学、杨绍艳：《土地流转的影响因素分析——基于宁夏银北地区平罗县样本农户的调查》，《农村经济》2011年第1期；罗必良：《农村土地流转的市场逻辑——“产权强度—禀赋效应—交易装置”的分析线索及案例研究》，《南方经济》2014年第5期。

③ 王安春：《农村土地流转的必然性及流转方式初探》，《改革与战略》2010年第10期；赵丙奇：《发达地区与欠发达地区土地流转方式比较及影响因素分析》，《农业经济问题》2011年第11期。

④ 钱忠好：《农村土地承包经营权市场流转：理论与实证分析——基于农户层面的经济分析》，《经济研究》2003年第2期。

⑤ 钟涨宝、狄金华：《中介组织在土地流转中的地位与作用》，《农村经济》2005年第3期；林乐芬、王军：《农户对农村土地股份合作社满意认可及影响因素分析——以浙江余姚市瑶街弄村昌惠土地股份合作社为例》，《南京农业大学学报（社会科学版）》2010年第12期。

策[①] 的研究。农地流转与规模经营具有紧密的联系，当前对农地规模经营的研究主要集中于以下几方面：对农地规模经营必要性的论述，包括质疑论[②] 和支持论[③]；对农地规模经营效率的研究，包括生产绩效提高[④] 和规模报酬不变[⑤] 等观点，这折射出当前理论界对规模经营的目标和评价标准尚未达成共识[⑥]；不同的评价目标同时也会影响到规模经营的"适度"问题，国内学者对此进行了大量研究，主要通过分析不同地区的资源禀赋、经营环境、生产力水平等，衡量规模经营的适度问题[⑦]。

第二节　农地流转与乡村治理关联性研究

农地流转与乡村治理关联性研究，择其要者，有冲击论、契机论和中立论等观点：第一，农地流转对乡村治理造成冲击。农地流转重组农村社

---

① 陈锡文、韩俊：《如何推进农民土地使用权合理流转》，《农业工程技术（农业产业化）》2006 年第 2 期；张军：《农村土地流转存在的问题与对策思考》，《农业经济》2007 年第 8 期；黄祖辉：《农村土地流转：现状、问题及对策》，《浙江大学学报（人文社会科学版）》2008 年第 2 期。

② Johnson D. G.Does China Have A Grain Problem. China Economic Review，1994，4（1）：1–14；Yang D. T. Knowledge Spillovers and Labor Assignments of the Farm Household，Chicago：The University of Chicago，1994；任治君：《中国农业规模经营的制约》，《经济研究》1995 年第 6 期；刘凤芹：《农业土地规模经营的条件与效果研究：以东北农村为例》，《管理世界》2006 年第 9 期。

③ 张光辉：《农业规模经营与提高单产并行不悖——与任治君同志商榷》，《经济研究》1996 年第 1 期；韩俊：《从小规模均田制走向适度规模经营》，《调研世界》1998 年第 5 期；梅建明：《再论农村土地适度规模经营——兼评当前流行的"土地规模经营危害论"》，《中国农村经济》2002 年第 9 期。

④ 钱贵霞、李宁辉：《不同粮食生产经营规模农户效益分析》，《农业技术经济》2005 年第 4 期；胡初枝、黄贤金：《农户土地经营规模对农业生产绩效的影响分析——基于江苏省铜山县的分析》，《农业技术经济》2007 年第 6 期；刘玉铭、刘伟：《对农业生产规模效益的检验——以黑龙江省数据为例》，《经济经纬》2007 年第 2 期。

⑤ Feder G.，Lau L. J.，Lin J. Y.，et al.The Determinants of Farm Investment and Residential Construction in Post-Reform China，Economic Development and Cultural Change，1992，41（1）：1–26；Wu Z.，Liu M. Davis J. Land Consolidation and Productivity in Chinese Household Crop Production，China Economic Review，2005（16）：28–49.

⑥ 林善浪：《农村土地规模经营的效率评价》，《当代经济研究》2000 年第 2 期；王昉：《农村土地规模经营：目标与评价》，《农业经济》2003 年第 1 期；罗必良：《农业经营制度：制度底线、性质辨识与创新空间——基于"农村家庭经营制度研讨会"的思考》，《农业经济问题》2014 年第 1 期。

⑦ 张海亮、吴楚材：《江浙农业规模经营条件和适度规模确定》，《经济地理》1998 年第 1 期；张侠、葛向东、彭补拙：《土地经营适度规模的初步研究》，《经济地理》2002 年第 3 期；许庆、尹荣梁：《中国农村土地适度规模经营问题研究综述》，《中国土地科学》2010 年第 4 期。

会的阶层结构，导致社会分层、阶层分化[①]；农地物权化和农地市场的形成将会导致农民失地，农地流转方式的改变会重组农村社会的阶层结构，影响社会稳定[②]；农地流转使农户家庭收入、劳动力流动、农村社会结构等发生了变化，冲击了乡村治理的环境、主体、内容和模式[③]。第二，农地流转是乡村治理转型契机。徐勇（2000）认为，农地流转和农民流动缓解了人地矛盾，减轻了乡村治理的压力，乡村发展“空心化”和乡村秩序失衡性等乡村治理困境需要实现从人口流动到土地流转的体制创新[④]。第三，农地流转对乡村治理的影响尚无法评估。如张晓山（2008）认为，农地流转对乡村治理有正面作用，也可能侵害农民权益，对乡村治理的影响持谨慎态度[⑤]。

第三节　农村土地与乡村政治整合性研究

农村土地与乡村政治整合性研究主要分为两部分：第一，土地占有与乡村政治研究，包括无关论和有关论。其中，无关论者认为传统社会不存在严重的土地集中问题[⑥]，土地占有与乡村政治没有必然联系[⑦]；有关论者

① 陈成文、罗忠勇：《土地流转：一个农村阶层结构再构过程》，《湖南师范大学社会科学学报》2006年第4期；陈柏峰：《土地流转对农民阶层分化的影响》，《中国农村观察》2009年第4期；林辉煌：《土地流转与乡村治理的阶层基础——以江汉平原曙光村为考察对象》，《中州学刊》2012年第2期。

② 于建嵘：《土地问题已成为农民维权抗争的焦点——关于当前我国农村社会形势的一项专题调研》，《调研世界》2005年第3期；贺东航、储建国、朱冬亮：《集体林权制度改革中的社会公平研究》，《社会主义研究》2009年第2期；王德福：《农村土地流转模式对农村社会稳定的影响——一个阶层分析的视角》，《学习与实践》2012年第6期；贺雪峰：《农村土地集体所有是“三农”底线》，《同舟共进》2016年第2期。

③ 吴晓燕：《农村土地承包经营权流转与村庄治理转型》，《政治学研究》2009年第6期；何思好：《农村土地流转对乡村社会治理的影响以及改革建议》，《农村经济》2014年第5期。

④ 徐勇：《挣脱土地束缚之后的乡村困境及应对——农村人口流动与乡村治理的一项相关性分析》，《华中师范大学学报（人文社会科学版）》2000年第2期；张志胜：《土地流转视域下的“空心村”治理》，《新视野》2009年第2期。

⑤ 张晓山：《关于走中国特色农业现代化道路的几点思考》，《经济纵横》2008年第1期。

⑥ 费正清、费维恺：《剑桥中华晚清史》（下卷），北京：中国社会科学出版社，1985年版；秦晖、苏文：《田园诗与狂想曲——关中模式与前近代社会的再认识》，北京：中央编译出版社，1996年版，第53页。

⑦ 瞿同祖：《清代地方政府》，北京：法律出版社，2003年版，第285、287页；张仲礼：《中国绅士研究》，上海：上海人民出版社，2008年版，第40页；李怀印：《华北村治：晚清和民国时期的国家与乡村》，上海：中华书局，2008年版，第295-297页。

探讨了土地与乡村政治的关系[①]，对土地占有数量和农民行为、村庄权力关系的研究又可分为部分因果论[②]（土地占有与农民政治行为和村庄权力大小只有一定的因果关系）和直接因果论[③]（土地决定村庄权力，政治地位和经济地位交叠）。从视角上看，一个视角是以马克思、费正清为代表的宏观视角，由此“土地兼并一农民战争”成为马克思主义者解释中国历代政治事件的主要叙事模式，地主一佃农对立也成为分析中国近代史的主流话语[④]；另一个视角是以谢林、黄宗智为代表的微观视角，从村庄层面分析土地与村庄（士绅、宗族）权力（结构）的关系[⑤]。邓大才（2012）对土地与乡村政治研究的两种观点和两个视角进行了系统的梳理，并在此基础上阐述了小块土地的社会效应和政治效应对村庄政治的影响[⑥]。

第二，农地产权与乡村治理研究。农村的治理方式与农村土地制度密切相关[⑦]。产权与乡村治理研究主要包括三种观点：首先，产权特性决定治理结构。项继权（2002）通过对三个个案村的历史研究认为集体产权形式的变化对村庄的治理结构有着重大的影响，但随着工业化的发展，土地所有制对社区产权结构及治理结构的影响也随之降低[⑧]；也有学者指出，产权集中性和稳定性之间的不同组合形塑着村庄的权力结构和治理模式[⑨]。其次，产权发展引领治理转型。不同的土地产权制度使我国乡村社会的治理格局经历了从乡村自治、纵向官治到乡政村治的变化，并开始迈向多元

① 李景汉：《定县土地调查》，转引自马若孟《中国农民经济》，南京：江苏人民出版社，1999 年版，第 249 页；陈翰笙：《中国的农村研究》，载《陈翰笙集》，北京：中国社会科学出版社，2002 年版，第 32、59、36 页；费孝通：《乡土中国》，南京：江苏文艺出版社，2007 年版，第 5–10 页。

② 亨廷顿：《变化社会中的政治秩序》，王冠华等译，上海：生活·读书·新知三联书店，1989 年版，第 237、345 页；费正清：《美国与中国》，张理京译，北京：世界知识出版社，1999 年版，第 33、38 页。

③ 黄宗智：《华北的小农经济与社会变迁》，上海：中华书局，2000 年版，第 249–250 页。

④ 秦晖：《“大共同体本位”与传统中国社会》，载《传统十论》，上海：复旦大学出版社，2005 年版，第 63 页。

⑤ 谢林：《乡民经济的本质与逻辑》，载沃尔夫《乡民社会》，台北：巨流图书公司，1983 年版，第 179 页；黄宗智：《华北的小农经济与社会变迁》，上海：中华书局，2000 年版，第 27、229–258 页。

⑥ 邓大才：《土地政治：两种观点和两个视角——农村土地与政治的相关性研究》，《社会科学》2012 年第 6 期。

⑦ 陆雷：《农村土地制度与村治方式——以广东南海的土地留用制度为分析对象》，《东南学术》2008 年第 2 期。

⑧ 项继权：《集体经济背景下的乡村治理》，武汉：华中师范大学出版社，2002 年版，第 370、367 页。

⑨ 邓大才：《产权发展与乡村治理：决定因素与模式——以粤、湘、鄂、鲁四村为考察对象》，《中州学刊》2014 年第 1 期。

治理[①]。最后，产权改革影响社会整合。张厚安、白钢、俞可平等认为，家庭承包责任制促进了基层民主的发展，整合了分散的乡村[②]；也有学者认为，分田到户导致农民（村庄）“原子化”，削弱了村民自治的传统经济基础和社会基础[③]。此外，有学者引入“单位”的概念，认为产权单位与治理单位存在关联性，两者间的对称性决定产权和治理的绩效[④]。

上述研究无疑极具启发意义，也是后续研究的基础，但是存在以下几个方面的不足：首先是理论关照有待延展。农地产权改革俨然成势并将深入推进，但现有研究主要是对产权改革本身进行微观层面上的分析或解读，也有少量对农地产权（流转）与基层治理进行的统合性研究，但从总体上看，较少将农地产权改革和农村社区治理纳入一个综合性框架下给予足够的理论关照。其次是专项研究有待提升。现有研究多为对具体问题的描述、解释和评价，较少关注农地规模经营对农村社区治理资源、结构和制度的冲击，也较少对农村社区的回应性治理进行历时和深入的考察与研究。最后是个案对比有待丰富。实践中，各地的农地规模经营方式多元、形态各异。这些实践需要深入对比，抽离出特定因子进行分析，以找出治理之策，而现有研究中这类成果不多。

因此，本研究无疑具有一定的理论意义与应用价值：在理论层面上，通过农地规模经营与农村社区治理的关联性研究，检视或延展现有理论，提升理论研究的解释力与回应性，在产权政治学、农村政治学的理论研究上进行探索；在实践层面上，通过研究破解现实难题，为农地规模经营的高效有序推进、农村社区治理的转型和优化做一些方向性探索，提出针对性的制度设计、行动策略和路径选择，以供决策参考。

在对已有研究进行系统梳理、对研究主题进行综合把握的基础上，我

---

① 吴晓燕：《农村土地制度产权变革与基层社会治理转型》，《华中师范大学学报（人文社会科学版）》2013 年第 11 期。

② 张厚安：《乡政村治——中国特色的农村政治模式》，《政策》1996 年第 8 期。

③ 徐勇：《论中国农村“乡政村治”治理格局的稳定与完善》，《社会科学研究》1997 年第 5 期；李培林：《村落的终结》，上海：商务印书馆，2004 年版；娄世桥：《慎防村庄原子化阻滞中国现代化》，《中国乡村发现》2007 年第 6 期；另参见曹锦清：《黄河边的中国——一个学者对乡村社会的观察与思考》，上海：上海文艺出版社，2000 年版；吴毅：《村治变迁中的权威与秩序——20 世纪川东双村的表达》，北京：中国社会科学出版社，2002 年版；贺雪峰：《乡村治理的社会基础——转型期乡村社会性质研究》、《乡村研究的国情意识》等。

④ 邓大才：《产权单位与治理单位的关联性研究——基于中国农村治理的逻辑》，《中国社会科学》2015 年第 7 期。

们将农地规模经营—治理冲击与困境表达—农村社区治理优化作为论述思路，以农地产权改革实践样态为研究基点，以农地经营规模化与农村治理现代化之间的关联为研究重心，以新形势下农村社区治理优化为研究旨归，将实证研究、案例研究和规范研究作为主要研究方法。概言之，本文围绕“一大背景”（农地产权改革）、“两大主题”（规模经营与社区治理）和“三大论域”（产权实践，实践影响，治理转型）的研究路线将内容分为历史镜像、现实图景、内在关联、治理调试和对策建议五大部分。

第十八章　历史镜像：农地产权制度变迁和农村社区治理转型

农村土地制度是农村基本的经济制度，是乡村治理产生和发展的经济基础。历史上每一次土地分配及产权归属的重大变化，最终都引致农村社会结构及组织管理制度的变迁①。传统中国是以农立国的国家，小块土地的分散生产方式影响了国家权威性资源积累的限度，国家权力的局限性使基层社会存在自治空间；中华人民共和国成立后，土地改革确立了农民"私有私用"的产权制度，这一进程伴随着国家权力向农村的渗透，中央政府彻底推翻了乡村的旧秩序，获得了巨大的组织动员能力，实现了"重建基层"的历史任务②；在此后更长的时间内施行的是农地"公有公用"(集体所有、集体经营)，与此相适应的农村组织架构则是高度集权、政社合一的人民公社体制，农村的治理主体是上下贯通的政权组织；改革开放以来，家庭联产承包制的逐步推行摧毁了人民公社的经济基础，村民自治得以生发，农村社区治理转向"乡政村治"模式。

第一节　小土地所有制与传统乡村自治

从历史分析的角度来看，历史学家黄仁宇（2007）曾指出：在"间架性设计"（Schematic Design）中，地方组织、赋税和土地制度都彼此联系，加之中央集权的官僚体系，将整个帝国组织起来。这种办法贯穿了中国历

① 陈世伟、尤琳：《农村土地制度变迁与农村社会管理》，《重庆社会科学》2012 年第 4 期。

② 杜润生：《杜润生自述：中国农村体制变革重大决策纪实》，北京：人民出版社，2005 年版，第 18–20 页。

史。另外，帝国时代的扩展或收敛与“一切靠抽税而转移”（李约瑟语）的历史命题紧密相连，而税收与土地制度直接相关，两者也需要与中枢行政配合，“如是之牵扯构成中国宏观历史中之一大特色”①。

从历史经验的角度来看，土地制度对政治和社会稳定起着重要作用②，土地问题不仅关乎传统社会的治乱兴衰，也深刻影响着农村治理的制度安排。传统时期小块土地、家庭经营的产权特点使农业生产方式具有封闭性和分散性，加之数目字管理的困难和中央集权的早熟，使“潜水艇夹心面包”的社会结构逐渐成型并日趋稳定，即中国的社会结构具有紧密结合的上层官僚和自成一体的底层农民，但处于中间的管理层却是羸弱、松散的③。因此，“皇权止于县”成为传统中国权力延伸的节点，乡村的生产难题和社会的延续依赖于熟人社会的社区力量，并依托乡绅家长和村规民约等多元力量形成了基层自治体系。正如吴晓燕（2013）所言，传统中国在国家治理下，乡村社会有高度自治的空间，而这正是小土地所有制下一家一户的小农经济决定的④。

第二节　农地集体所有与基层政权重组

在农地集体所有之前，中国共产党通过中华人民共和国成立前后的土地改革成功构建了以党组织为核心、农民协会为主体的农村基层组织，改变了农村的政治结构和格局⑤，将一个传统的乡绅社会改造为一个现代政党领导和组织下的政治社会⑥。土地改革时期，基层政权的主要形态是区乡村政府体制，随着合作化过程中乡镇的合并和此后人民公社的扩大，基

① 黄仁宇：《中国大历史》，北京：生活·读书·新知三联书店，2007 年版，第 54 页。

② 在 2000 多年的封建社会中，历代统治者无不重视土地问题，以土地政策维持社会稳定。治国盛世的出现大多伴之以轻徭薄赋、抑制兼并和休养生息的政策，王朝灭亡的灾难也经常引致于苛政重税、土地兼并和流民问题的加剧。尽管当前的时代与过去的历史相比发生了巨大的变化，但我们仍然无法回避“土地是中国最大的政治”这一命题。

③ 黄仁宇：《中国大历史》，北京：生活·读书·新知三联书店，2007 年版，第 127、255 页。

④ 吴晓燕：《农村土地制度产权变革与基层社会治理转型》，《华中师范大学学报（人文社会科学版）》2013 年第 11 期。

⑤ 陈世伟、尤琳：《农村土地制度变迁与农村社会管理》，《重庆社会科学》2012 年第 4 期。

⑥ 徐勇：《政党下乡：现代国家对乡土的整合》，《学术月刊》2007 年第 8 期。

层乡村制度又发生了多次转变[①]。在农业合作化时期，初级社承接了乡（行政村）政权机关在农村公共管理的职能，高级合作社除管理生产、经营活动之外，也将农民的生活纳入管理，形成了无所不包的组织体系和“村社合一”的组织特征[②]。

1958 年，《中共中央关于在农村建立人民公社问题的决议》发布，仅两个月后就在全国基本上实现了农地公社所有制，与此因应的基层组织体制是“组织军事化、行动战斗化、生活集体化、政社合一”的人民公社体制[③]。人民公社具有基层经济单位与基层政权组织的双重属性，既管理经济事务，又行使行政职能，由此土地产权制度的嬗变直接形塑了农村治理的结构和方式，离散的乡土社会被政权体系整合，国家通过政治权力渗透和政权组织的功能扩展使政治动员和资源吸纳能力得到大幅提升。

第三节　家庭联产承包与乡政村治模式

作为“领袖的理想和农民的幻想在一个时点上相互交合的产物”[④]，人民公社体制对中国传统村落社会的超越只是故事的一个方面，农业生产在此期间的利益漏失和效率损耗同样是巨大的[⑤]。20 世纪 80 年代初，家庭联产承包责任制在农村普遍实行，人民公社逐渐消亡，乡镇人民政府组织普遍成立并进入运行：1983~1985 年，国家进行了大规模的撤社建乡工作，到 1988 年底，全国共有乡镇 6.98 万个[⑥]。

特定历史阶段的生产力水平会寻找适合它发展的组织结构及运行机制[⑦]，改革开放后以土地产权重构为核心的经济体制改革再次引领了基层政治体

---

① 项继权：《中国乡村治理的层级及其变迁——兼论当前乡村体制的改革》，《开放时代》2008 年第 3 期。

② 陈世伟、尤琳：《农村土地制度变迁与农村社会管理》，《重庆社会科学》2012 年第 4 期。

③ 王敬尧、魏来：《当代中国农村土地制度的存续与变迁》，《中国社会科学》2016 年第 2 期。

④ 张乐天：《告别理想：人民公社制度研究》，北京：东方出版中心，1998 年版，第 6 页。

⑤ 王敬尧、魏来：《当代中国农村土地制度的存续与变迁》，《中国社会科学》2016 年第 2 期。

⑥ 张厚安、白益华：《中国农村基层建制的历史演变》，成都：四川人民出版社，1992 年版，第 198 页。

⑦ 张冠生：《中国乡镇组织结构及运行机制的促变因素》，马戎、刘世定、邱泽奇主编：《中国乡镇组织变迁研究》，北京：华夏出版社，2000 年版，第 440–441 页。

制改革，实行土地承包后“乡政村治”的基层社会治理模式是在农村经济体制改革尤其是农村土地产权制度改革中兴起的[①]。人民公社解体后，原有的农村共同体社区的自组织互助体系荡然无存，乡村社会矛盾不断增多，获得经济主体地位的农民产生了维护自身利益和参与社区事务管理的要求，同时需要重建“公共权力”维持乡村秩序[②]。在此背景下，一些村民自发协议产生了村民自治。家庭联产承包责任制背后的深层变化是国家（集体）和农民关系的改变，也是国家对农村控制强度的减弱。从国家角度来看，“农村承包突破了人民公社体制的国家外壳，国家急于以一种替代性组织填补治理‘真空’，为此决定在乡镇以下设立村民委员会”[③]。农民与国家的契合使基层的创造获得了高层的肯认，建乡工作在1985年春天全部完成，村民委员会在全国范围内设立，村民自治的组织载体和制度初步形成，标志着“乡政村治”治理体制初步建立[④]。

中国曾是世界上最为发达的农业文明国家之一，乡土底色仍然是描绘基层治理的重要颜料。如上文所述，秦汉以来历朝历代的土地制度变革多与财政等因素（税源、粮食和兵源）相关[⑤]，同时囿于中间阶层和地方组织并未充分发展，乡村自治由此形成。中华人民共和国成立后，农村土地产权制度主要由政党权力和国家力量决定，中央政府主导和强制性变迁是当代中国农地制度变迁的基本特征[⑥]。当然，农村集体和农民的行动、农地产权配置的实际状态也制约着政治力量的作用，甚至慢慢改变着农村社会的治理结构和发展模式[⑦]。另外，农地产权、农村治理和国家形态之间存在复杂的相互作用机制，产权制度的发展既形塑了农村治理的特征，也遵循了民族—国家或民主—国家的逻辑；农村社区治理既是与产权激励或约束的互动，也是国家社会关系在不同时代的差异化表征。因此，农村社区治理转型的历史镜像折射出的其实也是农地产权制度变迁的发生过程，同时也映照着现代国家建构的发展路径。

---

① 徐勇：《中国农村村民自治》，武汉：华中师范大学出版社，1997年版，第32页。

② 蒋永甫：《乡村治理视阈中的农民土地财产权——一种私权力取向的研究路径》，《华中师范大学学报（人文社会科学版）》2009年第2期。

③ 徐勇：《草根民主的崛起：价值与限度》，《中国社会科学季刊》（香港）2000年夏季号。

④ 陈世伟、尤琳：《农村土地制度变迁与农村社会管理》，《重庆社会科学》2012年第4期。

⑤ 刘正山：《大国地权：中国五千年土地制度变革史》，武汉：华中科技大学出版社，2014年版，序言第6页。

⑥ 王敬尧、魏来、叶成等：《农村土地制度改革研究》，《研究报告》，第2页。

⑦ 刘承韪：《产权与政治：中国农村土地制度变迁研究》，北京：法律出版社，2012年版，第232页。

第十九章　现实图景：当前我国农地规模经营的实践样态考察

理解农地适度规模经营的实践样态，应将其置于整个农地产权改革的总体框架和宏观设计之中。因此，本部分首先梳理当前我国农村制度改革和产权改革的总体思路、主要内容和现实成效，在此基础上，全面分析农村规模经营的实践进展和主要形式，并总结已有的改革和创新经验。

第一节　农地产权改革的总体思路和基本现状

一、农地产权改革的总体思路

当前农村土地产权改革的宏观目标是：到2020年，农村集体资产所有权、农户土地承包经营权和农民财产权的保护制度更加完善，并以土地制度改革推进城乡经济社会发展一体化体制机制的建立，促使农村社会治理体系和农村基层组织制度更加完善，农民民主权利得到更好保障，实现农业农村法律法规进一步完善并加强，提升农业现代化水平和农民生活水平，使农村经济社会发展更具活力。

农村土地产权改革的总体思路是：坚持一个核心、兼顾两个重点、完善三权分置、实现五大目标。一个核心是保护农民集体经济组织成员权利；两个重点是明晰农村集体产权归属、保护农民合法土地权益；三权分置要求坚守土地公有性质不改变、耕地红线不突破、农民利益不受损“三条底线”，落实集体所有权，稳定农户承包权，放活土地经营权；五大目标是健全归属清晰、权责明确、保护严格、流转顺畅的现代产权制度，使城市国有土地与村集体土地两种所有制权利平等；建立城乡土地平等进入、公平交易的土地市场制度；建立公平、共享的土地增值收益分配制度；建立公开、透明、规范的土地融资制度；建立以权属管理和规划与用途管制为核心的现代土地管理体制。

根据2015年出台的《深化农村改革综合性实施方案》以及中共十八届五中全会、中央经济工作会议和中央农村工作会议等部署要求，当前农地产权改革的基本内容是“三块地”改革和“三权分置”改革。2015年全国“两会”前夕，全国人大常委会授权国务院在北京市大兴区等33个县级行政区域实行征地制度、农村建设用地制度和宅基地制度改革试点，“三块地”改革成为各界的关注焦点。与此同时，中央已经明确了农村耕地制度改革的方向是“三权分置”，与之相配套的重要基础性工作则是农村土地承包经营权确权登记颁证工作。

由于本篇的研究焦点在于农地规模经营与农村社区治理，“三块地”改革虽然同样影响基层治理的转型，但并不是理想的分析视角①，因此下文仅就土地确权、三权分置、土地流转和规模经营进行初步考察。

二、农地产权改革的基本内容

（一）土地确权

近年来，因历史原因形成的承包地块面积不准、四至不清等问题在广大农村逐渐显现，成为制约农业适度规模经营和“四化”同步发展的突出问题。2015年，农业部、财政部等六部门联合颁发《关于认真做好农村土地承包经营权确权登记颁证工作的意见》，提出土地确权是完善农村基本经营制度、保护农民土地权益、促进现代农业发展、健全农村治理体系的

① 征地制度改革所涉区域具有特定性，宅基地制度改革多发生在农村内部，较少涉及外部主体，集体经营性建设用地改革则因资源存量的非均衡而不具全国普遍性。

重要基础性工作，并明确了这项工作的积极意义、总体要求和重点任务[①]。

此前，农地确权工作开展了三个整省和27个整县试点工作，文件提出“再选择江苏、江西、湖北、湖南、甘肃、宁夏、吉林、贵州、河南9个省（区）开展整省试点。其他省（区、市）根据本地情况，扩大开展以县为单位的整体试点”。农业部部长韩长赋2015年底在全国农业工作会议上指出，在稳定和完善土地承包关系的基础上，土地承包经营权确权登记颁证工作的试点范围已经扩大到2246个县（市、区），按照五年左右基本完成的要求，倒排时间表，积极稳妥推进。2016年再选择10个省份开展整省试点，切实抓好宣传培训、政策执行、督查督导等关键环节工作，已经开展整省试点的12个省份要及时组织“回头看”，抓好各个环节的完善补充[②]。

（二）三权分置

把握“三权分置”的内涵，首要任务是明确界定所有权、承包权、经营权的权利边界，以利于各项权能独立行使，充分发挥各自独特效用。在“三权分置”的框架下，集体所有权的核心是处置权，农户承包权的核心是财产权，土地经营权的核心是收益权（见表19-1）。从中国农村土地制度的演变历程看，所有权、承包权和经营权在“三权分置”中位于不同的权格，既有层层派生的关系，相互间也存在一定的独立性。当前部分地区创新实践进一步明晰了“三权”关系，促进形成了所有权、承包权和经营

---

①《关于认真做好农村土地承包经营权确权登记颁证工作的意见》，http：//www.moa.gov.cn/govpublic/NCJJTZ/201502/t20150211_4404865.htm。《意见》指出，土地确权有利于强化对农民土地承包经营权的物权保护，稳定农民土地经营的预期，增加农民的财产性收入；有利于保持土地承包关系稳定，激发农村生产要素的内在活力，促进土地经营权流转，发展农业适度规模经营；有利于完善农村社会管理，妥善解决土地承包的突出问题，促进农村社会和谐稳定，推进城乡发展一体化。《意见》中提出的总体要求是：“要通过确权登记颁证，解决好承包地块面积不准、四至不清、空间位置不明、登记簿不健全等问题，为开展土地经营权流转、调处土地纠纷、完善补贴政策、进行征地补偿和抵押担保提供重要依据；要通过确权登记颁证，建立涉及土地承包经营权的设立、转让、互换、变更、抵押等内容的登记制度，确认农户对承包地的占有、使用、收益等各项权利，强化对土地承包经营权的物权保护；要通过确权登记颁证，建立健全土地承包经营权信息应用平台，实现对土地承包合同、登记簿和权属证书管理的信息化，加强土地承包经营权确权登记成果的应用，方便群众查询，利于服务管理，更好地服务于现代农业和新农村建设。”同时，《意见》提出了重点工作任务，包括开展土地承包档案资料清查、开展土地承包经营权调查、完善土地承包合同、建立健全登记簿、推进信息应用平台建设和建立健全档案管理制度等方面。

② 韩长赋：《韩长赋部长在全国农业工作会议上的讲话》，《中华人民共和国农业部公报》2016年第1期，http：//www.moa.gov.cn/zwllm/tzgg/gb/nybgg/201603/t20160331_5078216.htm。

权相互衔接、大体均衡、同等保护的格局。

表 19-1 农地“三权”关系和权能边界

农地“三权”	核心权能	实践侧重	独特效用	关系格局
集体所有权	处置权	坚持根本地位	控制和约束其他权利的不规范行使	相互衔接、大体均衡、同等保护
家庭承包权	财产权	保护财产权益	所有权的实现形式、农户基本生活保障	
土地经营权	收益权	发挥要素功能	优化土地资源配置	

资料来源：笔者自制。

三权分置改革的总体目标是落实所有权、稳定承包权、放活经营权，推动形成“集体所有、家庭承包、多元经营”的新型农业经营机制，巩固和完善农村基本经营制度，加快实现农业现代化。从时序上分析，土地确权是三权分置的基础，两项改革的推进有利于农地经营权流转的有效实现，土地流转又是适度规模经营的前提。因此，土地确权—三权分置—土地流转—规模经营是环环相扣、紧密衔接的逻辑链条，也是当前农地产权改革政策设计上的一项创新。

（三）土地流转

土地流转是释放劳动力、激发农村活力和实现规模经营的关键举措，也是经过长期探索的农村改革之一。当前，继续推进土地流转应从以下几方面入手：

首先是确地。对现存农地进行清产核实，确地确权是土地流转的前提。土地确权不仅要对土地产权关系进行清查确权，也要对土地存量、类型、边界等进行测量与核实。目前全国已有 2300 多个县开展了试点，完成承包耕地确权登记面积 4.7 亿亩。今后需进一步推进土地承包经营权确权登记颁证，建立归属清晰、权责明确的农地权属登记管理体系。

其次是服务。一是建立土地管理技术和信息平台。二是建立土地流转和交易平台。三是探索农地品质地价评估体系。四是完善土地流转支持政策。五是优化承包经营纠纷调解仲裁制度。以此促进土地流转市场规范运行和土地资源的优化配置。

最后是投入。农村土地的确权、确地、流转、改制等都需要大量的投入，必须将这些投入列入财政预算，专项支持。如为了引导、支持和鼓励农村土地流转，构建城乡一体的土地流转市场，建议设立农村土地流转基金，包括流转奖励资金、土地储备资金、土地整治资金和土地市场建设资金。

（四）规模经营

农地规模经营不仅在降低成本、引入科技、抵御风险和提升效益方面发挥了作用，同时有效引领了经营主体多元化、农民发展职业化和政府扶持长效化。从农业发展的角度看，基本发展方向是大力推进农业现代化，加快转变农业发展方式，发展多种形式适度规模经营，发挥其在现代农业建设中的引领作用。在当前及今后一段时间，推进农地规模经营的主要着力点在于以下四点：

首先是完善农地使用监管体系。立足于保障耕地资源、粮食安全和农民权益，落实土地流转监管、健全工商资本租赁农地监管、强化农地用途监管。

其次是构建培育新型农业经营主体的政策体系。针对主体地位不明确、内部运行不规范、经营服务跟不上和扶持政策不到位等现实问题，应在总结试点经验和地方创新的基础上加强针对性政策供给。分别对家庭经营类、合作社类和企业经营类经营主体进行支持，提高农户经营水平、大力发展农业生产社会化服务和鼓励工商资本参与现代种养，维护农户承包权，建立起多元经营主体的利益联结、深度融合和利益共享机制，提升农业经营的专业化、组织化和集约化水平。

再次是健全促进适度规模经营发展的政策措施。适度规模经营是农业经营体系的发展方向，要逐步调整补贴方向和金融政策，完善农业保险，进一步发挥政策支持的导向和激励作用。在思想理念、市场效率、绿色发展、科技应用等多方面充分发挥适度规模经营在农业供给侧结构性改革中的引领作用，为切实推动农业的提质增效、竞争力的提升创造持久动力。

最后是挖掘和推广典型的地方农业经营支持政策。各具特色的农业经营制度改革与创新对于实现三权分置的多元目标具有重要的启发意义和推广价值。因此，挖掘、提炼和推广已经成熟的地方性政策，使地方经验上升为国家政策是促进农业经营体制机制完善的重要路径。

三、农地产权改革的成效与问题

土地确权、三权分置、土地流转、土地经营规模化是不可割裂的四个部分，在实践中，四者是环环相扣的渐进关系，土地确权是推进基础，三权分置是政策保障，土地流转是必要过程，规模经营是必然结果。因此，在考察农地经营规模化的实践状况时，我们有必要将此四者在逻辑和内容上加以统筹考虑。

（一）农地确权的全面铺开与新矛盾涌现

自 2011 年开始，农业部牵头成立了全国农村土地承包经营权登记试点工作领导小组，各省、自治区、直辖市也设立了农村土地承包经营权登记试点工作指导小组办公室。全国农村土地承包经营权登记试点工作领导小组办公室于 2011 年 3 月 31 日印发了第 1 期《全国农村土地承包经营权登记试点工作简报》，此后又接连编制和印发，截至 2017 年 2 月，已经形成了 88 份简报，并集中发布在农业部农村经济体制与经营管理司网站上。2011 年至今，我国在土地确权工作中成立的专门的领导机构经过了多年的试点探索，总结了各地的工作经验，实现了重要的工作进展。2016 年 4 月，农业部、财政部、国土资源部等四部门联合印发了《关于进一步做好农村土地承包经营权确权登记颁证有关工作的通知》（农经发〔2016〕4 号），进一步明确了十条工作要求，确保试点工作抓紧抓实①。到 2016 年 3 月底，全国已有 22 个省份、2434 个县、2.6 万个乡镇、43.8 万个村开展了此项工作②，到 2016 年底，确权登记颁证面积超过 8 亿亩③。

毫无疑问，农地确权工作在我国各地区已经逐步全面铺开。伴随着这一过程，一些新矛盾也逐步凸显出来。例如，农地确权政策供需之间的矛盾。农地确权政策供给的是抽象的财产权利，农民的诉求是土地调整、分享国家财政转移支付、土地的生产和保障功能等具体的土地权利，政策供

① 农业部：《对十二届全国人大四次会议第 6329 号建议的答复》，http：//www.moa.gov.cn/govpublic/NCJJTZ/201608/t20160810_5234645.htm。

② 梁昌均、王子辰：《中国农村土地制度改革的渐进逻辑》，界面新闻，2016 年 12 月 21 日，http：//www.jiemian.com/article/1027815.html。

③ 韩长赋：《在全国农业工作会议上的讲话》，《中华人民共和国农业部公报》2017 年第 1 期，http：//www.moa.gov.cn/zwllm/tzgg/gb/nybgg/201702/P020170221600738878162.pdf。

给与农民的地权诉求错位，农地确权不仅没有给农民带来利益，相反还制约了农业生产，激发了村庄矛盾[①]。此外，还有农地用益物权的规范保护问题、确权登记工作的流程设置问题、集中居住点用地政策与农地确权间矛盾等一系列问题。这些矛盾或是伴随着农地确权而引发的新问题，或是因为农地确权而激发的隐形矛盾。

农地确权工作是一件本质上具有普惠性质的工作，但是由于其工作量之大、工作方式之精细导致了出现或激化矛盾的可能性较大，因此，在这一过程中，我们应该审慎地推进过程、合理地借鉴各地经验。

（二）三权分置改革的成效和面临的风险

在实践中，我国各地资源禀赋、发展水平、人地关系等差异，催生了多元化的经营主体，形成了多种农业经营方式。各地的探索和创新明晰了“三权”关系和权能边界、回应了“三权分置”的多元目标，丰富了“三权分置”的实现形式，实现了适度规模经营的引领作用，满足了现代农业发展的内在要求（各地实现适度规模经营的相关做法见“农地规模经营的典型经验和治理探索”部分）。

各地的探索明晰了“三权”关系和权能边界，回应了“三权分置”的多元目标，在落实三权分置的进程中做到了“四个有利于”：维护农民权益、发展现代农业、促进城镇化、实现农村社会稳定（见表19-2）。

表19-2　“三权分置”目标与典型案例[②]

多元目标	促进城镇化	发展现代农业	新型农业经营	维护农民权益
典型案例	土地股份合作制、还权赋能市场化、土地托管服务制	现代家庭农场制、综合经营合作制、农业共同经营制、农业产业联合制、土地托管服务制	现代家庭农场制、土地流转信托制、综合经营合作制、农业共同经营制、农业产业联合制、土地托管服务制	现代家庭农场制、按户连片耕种制、还权赋能市场化、资源激活破难题、土地流转信托制、综合经营合作制、农业共同经营制、农业产业联合制、土地托管服务制

资料来源：笔者自制。

① 王海娟：《农村土地确权政策的供需错位》，《云南行政学院学报》2016年第5期。
② 具体改革做法可参见“农村土地规模经营的典型经验和治理探索”部分。

各地的探索丰富了“三权分置”的实现形式。多元经营主体与土地“三权”之间的不同结合表现为实现规模经营的不同路径和形式，当前形成了土地集中型、服务集中型两种基本规模经营形式。土地集中型通过经营权流转实现，涉及专业大户、家庭农场、农业企业等主体，致力于解决“谁来种地”的问题；服务集中型通过经营权共享实现，涉及专业合作社、农业社会化服务主体，致力于回答“地怎么种好”的问题。总结各地实践，我们认为当前已经形成了第三种模式：综合经营型。这种模式融合了生产主体与服务主体，统合破解谁来种地和怎么种地的问题，具有更强的问题回应性、要素集中性和实践适用性（见图 19-1）。

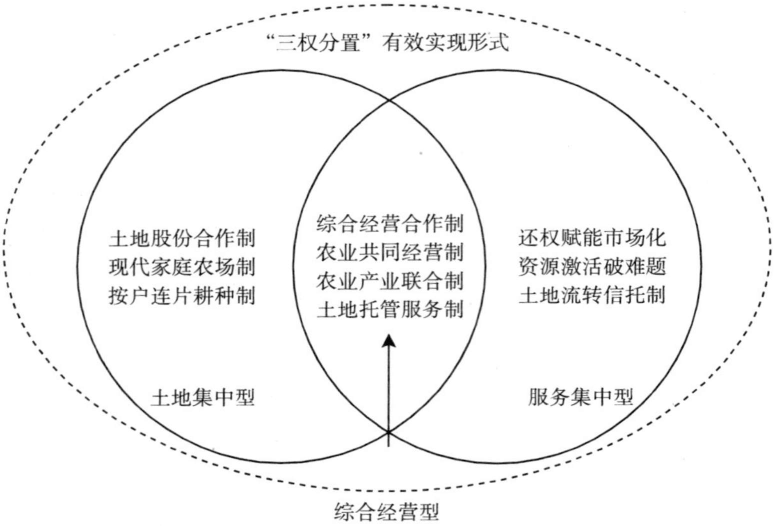

图 19-1　“三权分置”实现形式及地方经验总结

资料来源：笔者自制。

各地的探索满足了现代农业发展的内在要求。现代农业发展是生产技术先进、规模经营适度、市场竞争力强、生态环境可持续的特色农业道路，注重科学技术、市场竞争力和可持续发展。若要走出产业高效、产品安全、资源节约、环境友好的集约化现代农业发展道路，必须以现代农业经营体系为依托，准确把握“多元、融合、共享、开放、规范”的内在要求。从前述地方经验可以看出，家庭经营、集体经营、合作经营、企业经营等方式正呈现出多元发展的势头；普通农户、家庭农场、农民合作社、农业企业、社会化服务组织等经营主体实现了积极互动和功能互补，融合发展方兴未艾；经营主体之间共营互利、坚持以农民为核心，探索出了共享发展的新格局；各类专业服务组织和涉农企业也使开放发展成为可能；与此同时，各类新型经营主体虽蓬勃发展，但规范程度仍有待提升，需要进一步匡正主体界限、内涵外延和运行机制，这是完善现代农业经营体系的保障。

同时，三权分置改革在推进过程中也存在一系列问题，面临着诸多风险。结合当前的政策实践和理论研究，当前阻碍“三权分置”释放改革红利和活力的风险主要包括经营权独大、承包权虚化、农村土地过分集中、农地用途改变、农民利益受损、土地流转纠纷和抵押融资风险，这些风险形成了改革深入推进的制度性障碍（相关法律缺失与政策不协调）、经济性障碍（“三权”之间、多元主体之间利益关系失衡）和机制性障碍（配套机制不健全）。

具体而言：一是承包权和经营权的分离缺乏法理依据支持，甚至与现行法律法规有抵牾之处，这就可能导致产权权能残缺、利益主体模糊和经营权一权独大的问题，威胁所有权与承包权主体的地位；二是农村土地作为生产资源，面临多重竞争性用途取舍的问题，由于粮食种植的比较收益低，加之目前缺乏限制性的法律，农地的“非粮化”甚至“非农化”必将威胁国家粮食安全①；三是农民的利益可能因政府的强制流转、新型经营主体经营不善和不同主体间的利益冲突而遭受损失；四是在土地经营权的流转过程中可能会因为权属不清和权责模糊等原因引发不同主体之间的纠纷，土地流转可能激活地权分配或收益失衡的负面效应，农民地权不彰的直接后果之一是社会冲突的加剧；五是土地经营权抵押融资风险，当前为农地经营权抵押提供价值评估、信息咨询、交易服务和纠纷处理等服务的专业机构和平台不够完善，农业经营主体普遍面临资金发展的困难，评估难、担保难、抵押难成为农业大户向金融机构贷款的“拦路虎”。

（三）农地流转的快速发展和存在的问题

土地经营权流转户数和面积逐步增加是大趋势，发挥适度规模经营在

---

① 据农业部统计，至 2014 年底，全国耕地流转面积 4.03 亿亩，其中用于种植粮食作物的仅有 2.29 亿亩。

建设现代农业中的引领作用是大方向[①]。据农业部统计，我国目前有2300多个县（市、区、旗）试行了土地流转制度[②]，截至2014年6月底，全国家庭承包经营耕地流转面积3.8亿亩，占家庭承包耕地总面积的28.8%[③]，截至2015年底，全国家庭承包耕地流转面积达到4.47亿亩，占家庭承包经营耕地总面积的33.3%，流转合同签订率达到67.8%[④]。截至2016年6月，在全国2.3亿农户中，流转土地的农户超过了7000万人，比例超过30%，东部沿海发达省份农民转移多的地区这一比例更高，超过50%[⑤]。目光移至历史的纵坐标上，可以发现我国的农地流转速度趋于快速，土地流转奖励支持政策不断丰富和完善，并逐步取得了四大成效：

一是健全土地流转服务平台，建立价格评估指导。服务平台包括土地管理技术平台、信息平台、交易平台和地价评估体系等。“村级服务站点—乡镇级流转中心—县市级交易市场”的层次化流转服务体系初步形成，全国已有1231个县（市）、17826个乡镇建立了土地流转服务中心。2016年7月，农业部制定下发了农村土地经营权流转交易市场运行规范，督促地方健全县、乡、村三级服务和管理网络，为流转双方提供信息发布、政策咨询、价格评估、纠纷调处等服务，提高服务水平，增强服务能力。

二是建立风险防范机制。农业部会同中央农办、国土资源部和国家工商总局联合印发了《关于加强对工商资本租赁农地监管和风险防范的意见》（农经发〔2015〕3号），明确提出建立工商资本租赁农户承包地上限控制、分级备案、审查审核、风险保障金和事中事后监管“五项制度”的要求，进一步强化对工商资本流转土地后的用途监管。全国已有20个省（区、市）、65个地级市（州）和271个县（市、区、旗）出台了具体实施意见，442个县（市、区）开展了审核备案工作，共缴纳风险保障金1.98

① 《农业部：近期局部地方农村土地流转增速或有所放缓》，2016年11月3日，新浪网，http://finance.sina.com.cn/roll/2016-11-03/doc-ifxxmyuk5779759.shtml，2017年3月3日。

② 孙新华：《农业规模经营的去社区化及其动力——以皖南河镇为例》，《农业经济问题》2016年第9期。

③ 王宇：《全国农村承包耕地流转面积占承包耕地总面积28.8%》，2014年12月4日，新华网，http://news.xinhuanet.com/fortune/2014-12/04/c_1113525279.htm，2017年4月1日。

④ 农业部 《对十二届全国人大四次会议第6329号建议的答复》，2016年8月10日，http://www.moa.gov.cn/govpublic/NCJJTZ/201608/t20160810_5234645.htm，2016年9月20日。

⑤ 《国新办就〈中共中央办公厅国务院办公厅关于完善农村土地所有权承包权经营权分置办法的意见〉有关情况举行发布会》，2016年11月3日，中国网，http://www.china.com.cn/zhibo/2016-11/02/content_39620797.htm，2017年4月1日。

亿元，风险防范机制正在形成。

三是创新利益联结方式。中共十八届三中全会《中共中央关于全面深化改革若干重大问题的决定》提出，允许农户以承包经营权入股发展农业产业化经营，进一步完善了农村土地承包经营权权能。一些地方在农民自愿前提下通过组建股份合作组织、兴办集体农场等方式发展农业规模经营，积累了许多有益的经验。有的地方根据农民意愿，统一连片整理耕地，将土地折股量化、确权到户，经营所得收益按股分配，也有的地方引导农民以承包地入股组建土地股份合作组织，通过自营或委托经营等方式发展农业规模经营。还有的地方农民以承包经营权入股发展农业产业化经营。

四是开展纠纷调解仲裁。全国已设立仲裁委员会 2476 个，占涉农区县总数的 89.6%。各地仲裁委员会组成人员 38974 人，聘用仲裁员达 48672 人，比 2015 年增长 10.7%，仲裁人员培训 5.9 万人次。“乡村调解、县市仲裁”的农村土地承包经营纠纷调解仲裁体系已基本建立。各地调解仲裁机构成立后，依法规范开展工作，及时、便民、高效地解决了一大批农村土地承包经营纠纷，受理农村土地承包经营纠纷 144.43 万件，为维护农村社会和谐稳定发挥了主渠道作用。

我国农村土地流转总体上平稳，但也存在一些需要重视和解决的问题。如有的地方强行推动土地流转，片面追求流转规模、比例，侵害了农民合法权益①。农地流转快速发展是大势所趋，反映了规模化经营的经济效益优势，但需要警惕的是，地方政府为求政绩盲目地追求快速增长，或不顾各地的实际情况，忽视个别农民的特殊利益等不良不法行为借机滋长。

就农地流转服务体系而言，其在取得一定成绩的同时仍然有待完善，当前仍然处于初步形成阶段，还存在运行不规范的问题，农民利益、经营主体利益可能因此受损，农地规模化的实际收益可能会打折扣，从而影响农地规模化进程，甚至激化基层社会矛盾，搅乱农村治理秩序。

① 韩长赋、高云才、冯华：《“三权分置”改革是重大制度创新》，《人民日报》2014 年 12 月 12 日第 2 版。

第二节　农地经营规模化的实践进展与主要形式

一、规模经营的发生规模

据相关学者统计，截至2013年底，经营耕地10亩以下的农户有2.26亿户，占家庭承包户总数的85.96%以上，经营耕地在10亩以上的农户已经占到14.04%。在经营规模扩大的类别中，10~30亩和30~50亩两个组别的比例最高，分别达到10.28%和2.55%。到2014年，经营50亩以下的农户仍占绝大多数（98.71%），与农区人地关系、技术条件及农民经营能力比较相称。2014年，经营耕地50~100亩的农户有235.4万户，经营规模在100~200亩的农户有75万户，经营规模在200亩以上的农户有31万户[①]（见表19-3）。

表19-3　农户经营耕地规模情况（2010~2014年）

单位：万户

经营规模	2010年	2011年	2012年	2013年	2014年
	农户数	农户数	农户数	农户数	农户数
10亩以下	22390.6	22659.3	22531.2	22666.4	26210.5
比例（%）	85.80	85.94	86.11	85.96	(98.71)
10~30亩	2824.9	2819.3	2742	2711.8	—
比例（%）	10.82	0.69	10.48	10.28	—
30~50亩	609	611.4	603.6	673.6	—
比例（%）	2.33	2.32	2.31	2.55	—
50~100亩	201.1	197.1	204.9	225.8	235.4

① 刘守英：《中国农地权属与经营方式的变化（2010~2014年）》，《中国经济时报》2016年2月19日第A10版，http：//jjsb.cet.com.cn/szb_10685_A10.html。

续表

经营规模	2010 年	2011 年	2012 年	2013 年	2014 年
	农户数	农户数	农户数	农户数	农户数
比例（%）	0.77	0.75	0.78	0.86	0.89
100~200 亩	48.8	53.2	56.9	62.9	75
比例（%）	0.19	0.20	0.22	0.24	0.28
200 亩以上	23.3	25.7	25.7	28.9	31
比例（%）	0.09	0.10	0.10	0.11	0.12

资料来源：刘守英：《中国农地权属与经营方式的变化（2010~2014 年）》，《中国经济时报》2016 年 2 月 19 日第 A10 版，http：//jjsb.cet.com.cn/szb_10685_A10.html。

随着农地流转面积和比例的快速增长，农地规模经营也呈现出迅速增加的势头。截至 2015 年底，全国承包耕地经营权流转面积达4.43 亿亩，占承包耕地总面积的 33.3%，而上海、江苏、北京等地的流转比例已经超过了 50%[①]。与此相适应，2016 年“经营耕地面积 50 亩以上的规模经营农户超过 350 万户”[②]，共经营 3.5 亿亩，平均一户 100 亩[③]。2015 年底，全国土地规模经营面积占到 40%[④]。农业部部长韩长赋在总结2016 年工作时指出，当前农村土地承包经营权确权登记颁证面积超过 8 亿亩，新型农业经营主体总量超过 270 万个，多种形式适度规模经营面积占比超过 30%[⑤]。

二、规模经营的分布规律

土地流转是规模经营的前置条件，2013 年底，东部地区土地流转率达

① 刘文勇、高强：《反思农业适度规模经营中存在的问题》，《中国经济时报》2016 年 6 月 17 日第 12 版。

②《国新办就〈中共中央办公厅国务院办公厅关于完善农村土地所有权承包权经营权分置办法的意见〉有关情况举行发布会》，2016 年 11 月 3 日，中国网，http：//www.china.com.cn/zhibo/2016-11/02/content_39620797.htm，2017 年 4 月 1 日。

③ 高渊：《农村改革，在激进派面前我是保守派——陈锡文访谈录（续）》，《解放日报》2017 年 4 月 6 日。

④ 韩长赋：《构建三大体系推进农业现代化》，《人民日报》2016 年 5 月 18 日 15 版，http：//politics.people.com.cn/n1/2016/0518/c1001-28358378.html。

⑤ 韩长赋：《在全国农业工作会议上的讲话》，《中华人民共和国农业部公报》2017 年第 1 期，http：//www.moa.gov.cn/zwllm/tzgg/gb/nybgg/201702/P020170221600738878162.pdf。

到 26.06%，中部地区为 30.64%，西部地区为 19.53%。土地流转率最高的几个省份分别是：上海 65.81%、江苏 56.96%、北京 48.79%、浙江45.32%①。2014 年，有八个省份家庭承包耕地流转比重超过 35%，分别是上海 71.5%、江苏 58.4%、北京 52.0%、黑龙江 50.3%、浙江 48.0%、安徽41.0%、重庆 39.7%、河南 37.1%②。根据我们对每个省份农地流转数据的收集和测算（绝大部分省份为 2015 年之后数据），当前东部地区 11 省份的平均流转率为 39.86%，增幅较大、增速较快，高于全国 1/3 的平均水平，并且超过中部地区；中部地区八省份的平均流转率为36.73%，增幅平稳，也高于全国 1/3 的平均水平；西部地区 11 省份（不含西藏）的平均流转率为 22.59%，有小幅增长。目前，土地流转率超过50%的省份有五个：上海 73.9%、江苏 64%、北京 52%、浙江 50.5%、黑龙江 50.3%。土地流转率超过全国平均水平的有 12 个省份，吉林和内蒙古分别为 32.6%和 32.5%，接近全国均值；处于平均水平之下的省份有 16 个（见表 19-4）。

表 19-4　全国各省份土地流转与规模经营的面积和比例

区域	省份	土地流转面积（万亩）	土地流转率（%）	规模经营面积（万亩）	规模经营比例（%）	数据年份
东部（11 个）	北京	237.1	52	154*	33.77*	2014
	天津	130	33.3	130*	33.3*	2015
	辽宁	1402.5	27.6	—	—	2015
	河北	2490.7	29.6	2490.7*	29.6*	2016
	山东	2569.5	27.3	3764.8*	40	2016
	江苏	3200	64	3350*	67（2015）	2016
	上海	130	73.9	98	55.7	2016
	浙江	955	50.5	790.8	41.8	2015
	福建	462.4	30	—	19.3（2012）	2016
	广东	896	29.2	—	—	2015
	海南	230	21.1	—	—	2008

① 刘守英:《中国农地权属与经营方式的变化（2010~2014 年）》,《中国经济时报》2016 年 2 月 19 日第 A10 版，http：//jjsb.cet.com.cn/szb_10685_A10.html。

②《中国土地流转面积快速增长家庭承包经营耕地面积达 13.26 亿亩》，2016 年 2 月 11 日，农村土地网，http：//www.nctudi.com/news_show.php/id-49386，2017 年 3 月 1 日。

续表

区域	省份	土地流转面积（万亩）	土地流转率（%）	规模经营面积（万亩）	规模经营比例（%）	数据年份
中部（8个）	山西	684	14.3	—	—	2015
	吉林	2052	32.6	1222（2015）	19.4*	2016
	黑龙江	6893	50.3	6389	46.6	2014
	安徽	2921.9	46.8	1000（2013）	16	2015
	江西	1150.4	36.4	—	—	2017
	河南	3393	34.8	—	—	2015
	湖北	1633.4	36.9	908	20.5	2016
	湖南	2029.4*	41.76	1278.1*	26.3*	2017
西部（11个）	四川	1619.9	27.7	1025.4*	17.5*	2015
	重庆	1426	40.6	1171.3	33.2	2015
	云南	789.8	18.8	—	—	2016
	陕西	888	18.1	645	13.1+	2015
	甘肃	1198.2	24.6	427.8+	8.8+	2016
	青海	178.5	23.54	77.8+	10.3+	2016
	宁夏	275	14.2*	—（47%农户参与规模经营）	—	2015
	内蒙古	3187	32.5	309.1+	3.2+	2014
	广西	860	25	348.3*	10.1*	2014
	新疆	459.2	14.7	422.5	13.5	2015
	贵州	223	8.8	—	—	2009

注：本表是笔者根据全国30个省份的统计资料自制而成，在土地流转数据部分，标注“*”号的湖南流转面积、宁夏流转比例无直接数据资料，为笔者推算；农地规模经营部分的直接统计资料搜寻难度更高，北京、天津、河北、湖南、四川和广西的规模经营面积与比例是作者根据相关数据推算而来，山东、江苏和吉林的数据是根据已有的面积或比例数据推算另一个相对数据，同样标注“*”号以示区分；浙江省规模经营面积数据的统计标准为10亩以上，陕西省规模经营面积数据的统计标准为100亩以上，青海和内蒙古的规模经营面积只有家庭农场部分，实际数据应大于本表所示，甘肃省规模经营实际数据也应大于本表所示，因此加“+”标注；部分省份规模经营数据统计年份和土地流转数据统计年份并不相同，因此在括号中标注。本表源数据及测算方法可联系笔者索取、商榷。

基于实地踏勘、文献调查和综合测算，我们获取了中国 21 个省份的规模经营面积和比例数据，其中东部地区八个、中部地区五个、西部地区八个。当前我国农地规模经营比例达到或超过 40%的有五个，分别是江苏 67%、上海 55.7%、黑龙江 46.6%①、浙江 41.8%、山东 40%；超过20%小于 40%的有六个，分别是北京 33.8%、天津 33.3%、重庆 33.2%、河北 29.6%、湖南 26.3%、湖北 20.5%；小于 20%的省份有 10 个，依次为吉林 19.4%、福建 19.3%、四川 17.5%、安徽 16%、新疆 13.5%、陕西13.1%、青海 10.3%、广西 10.1%、甘肃 8.8%、内蒙古 3.2%②。

分区域来看，东部地区八省的平均规模经营比例为 40.06%，中部地区五省的平均规模经营比例为 25.76%，西部地区八省的平均规模经营比例为 13.71%（见图 19-2）。

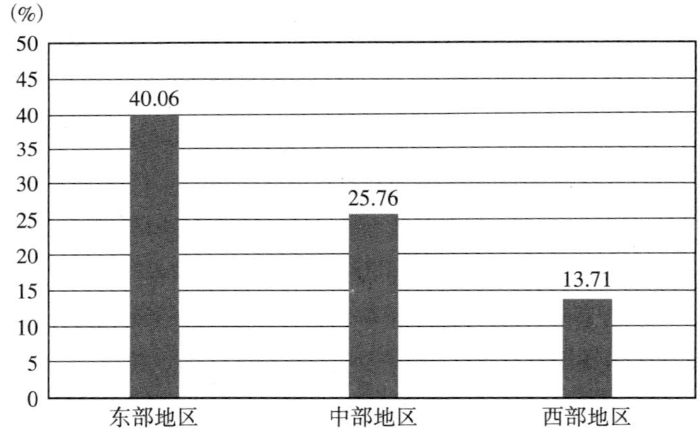

图 19-2　土地流转的区域分布情况

资料来源：笔者自制。

---

① 2014 年黑龙江农村土地规模经营面积达 5971 万亩，相比 2013 年增长 17.1%，根据我们的测算，2015 年达 6389 万亩，比 2014 年增长 7%。黑龙江农村土地规模经营的面积相对较大，2015 年平均每个大户（农场）经营土地 268 亩，已投入使用农机合作社社均经营土地 1.64 万亩，村集体经营平均规模为 1.03 万亩，企业经营土地平均规模为 4477 亩。

② 在这组数据中需要说明的是，《吉林省率先实现农业现代化总体规划（2016-2025）》表明，到 2020 年农业土地适度规模经营面积比重达到 40%以上，到 2025 年农户参加农民专业合作社比重达到 55%以上，农业土地适度规模经营面积比重达到 70%以上；陕西、青海、甘肃、内蒙古四省的数据不完全，实际情况应高出很多，其中青海和内蒙古的规模经营比例数据仅限于家庭农场经营面积所占比例。

三、规模经营的经营主体

快速的土地流转为规模经营提供了便利条件，也促进了大批农业规模经营主体的不断涌现，土地承包权主体同经营权主体分离现象越来越普遍，农业生产者的构成发生了深刻的变化。从耕地的整体经营格局来看，规模经营的显著特征是从农户单一主体向专业合作社与企业等多主体转变[①]。农业规模经营主体的多元化往往伴随着农业的专业化、资本的密集化和生产的效益化，但也存在着不同主体之间的利益博弈的激化。如何确保农业规模经营各方主体的利益得到合理划分、保障是当下诸家学者热议的一个大课题，也是确保农地良性流转、农地规模经营高效化的政治经济保证。因此，审视农地规模经营的现状不能忽视直接参与和影响这一实践的具体组织或个人。

当前我国农地规模经营的主体虽然称呼有所不同，但主要包括四大类：一是种养大户或家庭农场，二是农民合作社或农业生产专业合作社，三是农业企业，四是其他主体。农户在多元经营主体格局中虽然占据主导地位，但近年其经营面积与比例明显下降：2010~2014 年，农户的耕地经营面积由 12.15 亿亩下降到 11.61 亿亩，比例从 95.44%下降到87.36%。相比之下，由专业合作社经营的耕地面积与比例均在快速上升，其中耕地面积从 2010 年的 0.22 亿亩增加到 2014 年的 0.88 亿亩，增长了 4 倍，面积比例则从 1.73%上升到 6.62%。同一时期，由企业和其他主体经营的耕地面积也翻了番，面积从 2010 年的 0.15 亿亩增加到 2014 年的0.32 亿亩，占比则从 1.18%增加到了 2.93%。由其他主体经营的耕地面积从 0.2 亿亩增加到 0.41 亿亩，占比则从 1.57%增加到 3.09%（见表 19-5）[②]。从一定程度上说，农户经营比例的下降和专业合作社、企业等经营面积的增长恰恰说明农地规模经营的比例和面积在迅速扩大。

---

①② 刘守英:《中国农地权属与经营方式的变化（2010~2014 年）》,《中国经济时报》2016 年 2 月 19 日第 A10 版，http：//jjsb.cet.com.cn/szb_10685_A10.html。

表 19-5　不同主体农地经营面积与比例（2010~2014 年）

单位：亿亩，%

年份		2010	2011	2012	2013	2014
农户	面积	12.15	12.03	12.12	11.92	11.61
	比例	95.44	94.21	92.52	89.83	87.36
专业合作社	面积	0.22	0.31	0.44	0.69	0.88
	比例	1.73	2.43	3.36	5.20	6.62
企业	面积	0.15	0.19	0.25	0.32	0.39
	比例	1.18	1.49	1.91	2.41	2.93
其他主体	面积	0.2	0.24	0.29	0.34	0.41
	比例	1.57	1.88	2.21	2.56	3.09

资料来源：刘守英：《中国农地权属与经营方式的变化（2010~2014 年）》，《中国经济时报》2016 年 2 月 19 日第 A10 版，http：//jjsb.cet.com.cn/szb_10685_A10.html。

据统计，截至 2012 年底，经营土地面积 100 亩以上的专业大户和家庭农场 270 多万户，农业合作社 30 多万家，各类产业化经营组织超过 30 万个。到 2013 年 6 月，流转的土地中流入农户的土地面积占流转总面积的 62%，流入合作社和企业的面积占近 30%[①]。2014 年 6 月底，流入企业的承包地面积已达到 3864.7 万亩，呈逐年上升趋势[②]，与此同时，全国家庭农场超过 87 万家，经营耕地面积达到 1.76 亿亩，占全国承包耕地总面积的 13.4%[③]，依法登记的农民合作社达到 129 万家，龙头企业超过 12 万家，各类农业社会化服务组织超过 115 万个[④]。最新数据显示，家庭农场、

① 万宝瑞：《当前我国农业发展趋势及其应对》，《南方农业》2014 年第 17 期。

② 韩长赋、高云才、冯华：《“三权分置”改革是重大制度创新》，《人民日报》2014 年 12 月 12 日第 2 版。

③ “家庭农场”一词首次写入中央文件是 2008 年。2013 年、2014 年连续两年的中央一号文件提出发展适度规模化家庭农场，特别是 2014 年 2 月底，在农业部发布《关于促进家庭农场发展的指导意见》之后，全国各地家庭农场呈现快速发展势头。据农业部统计，目前全国已有超过 87 万家各类家庭农场，其中，经农业部门认定的家庭农场超过 34 万家，平均经营规模达到 150 亩左右。参见：《农业部首次发布中国家庭农场发展年度报告》，2016 年 4 月 14 日，新华社，http：//www.moa.gov.cn/sjzz/jgs/chinafamilyfarm/fzbg/201703/t20170317_5527729.htm，2017 年 4 月 1 日。

④《全国耕地流转面积占总承包耕地比重超过三成》，2015 年 8 月 27 日，新华网，http：//news.xinhuanet.com/fortune/2015-08/27/c_1116397151.htm，2017 年 4 月 1 日。

农民合作社、农业企业，全国已经有270多万家[①]。从规模经营主体的区域特征来看，农户经营耕地比例在我国东部、中部、西部呈现出梯度增加的特点，东部地区为88.02%、中部地区为89.33%、西部地区为91.87%，2011~2013年，农户经营耕地面积比例的总体发展趋势是下降，东部、中部、西部分别下降了3.81个、6.01个和2.98个百分点；与此相关，三地区农地规模经营的合作社主体稳步发展，其经营耕地比例分别达到了5.57%（上升2.47个百分点）、7.05%（上升4.33个百分点）和2.93%（上升1.7个百分点）；企业和其他主体的发展趋势与合作社相同，呈现出上升趋势，其中东部地区由企业和其他主体经营的耕地面积比例分别为2.79%和3.62%，西部地区的相应比例为2.71%和2.48%，中部地区两者比例均为1.9%[②]。

四、规模经营的主要形式

农地经营主体的多元同时意味着形式的多样，根据主体维度，农地规模经营主要划分为家庭农场（承包大户）形式、农民专业合作组织（农业合作社等）形式、农业企业（龙头企业）形式、农村集体经济组织形式以及上述不同主体间的合作经营形式。换言之，从组织属性来看，经营主体可以分为家庭经营类、合作社类、企业经营类和综合类，家庭农场制、综合经营合作制、土地托管服务制和农业产业联合制分别是以上四类经营主体的典型探索经验总结（见表19-6）；根据实践操作模式，农地规模经营可以分为土地流转模式、土地托管模式、土地入股模式、企社共建模式、龙头带动模式[③]、土地信托模式以及联耕联种模式等；根据农户土地承包经营权的放弃程度，农地规模经营可分为土地租赁型、农户合作型和统一服务型[④]；根据政府与市场的关系，农地规模经营可分为政府或集体组织

① 《国新办就〈中共中央办公厅国务院办公厅关于完善农村土地所有权承包权经营权分置办法的意见〉有关情况举行发布会》，2016年11月3日，中国网，http：//www.china.com.cn/zhibo/2016-11/02/content_39620797.htm，2017年4月1日。

② 刘守英：《中国农地权属与经营方式的变化（2010~2014年）》，《中国经济时报》2016年2月19日第A10版，http：//jjsb.cet.com.cn/szb_10685_A10.html。

③ 晋开学：《农业适度规模经营"五大模式"推进》，《襄阳日报》2017年4月17日第6版，http：//xfrb.hj.cn/Read.asp?NewsID=1325809。

④ 刘同山、孔祥智：《土地规模经营的实现形式及其比较》，《现代管理科学》2013年第6期。

主导型模式、市场主导型模式以及政府与市场互补型模式[①]。与此相类似，还有人将当前我国农业规模经营模式总结为土地集中型、契约型和市场激励型三种形式[②]，土地集中型和服务集中型的经营模式思路转换也引起了越来越多研究者和决策者的重视。总之，从对农地规模经营形式的诸多分类方法上看，我国农地规模经营的形式趋于多样化，这也折射出当前各地对农地规模经营的多元探索和积极创新正在迅猛发展。

表 19-6　多元农业经营主体的实践特点和典型代表

经营主体	家庭类	合作社类	企业类	综合类
核心功能	提升效率	分工分业	与农民的利益联系、与市场的有效对接	企业带动、家庭经营、合作社服务
经营特色	规模化	规模化、社会化	规模化、市场化	规模化、市场化、专业化
典型代表	家庭农场	综合经营合作制	土地托管服务	农业产业联合制

资料来源：笔者自制。

2016 年底，农业部总结了当年的工作并部署了今年的重点任务，韩长赋在全国农业工作会议上的讲话中提到："发展多种形式适度规模经营，特别是土地托管、联耕联种、股份合作等经营方式，发挥农机合作社、农民专业合作组织的作用，多路径提升农业适度规模经营水平。"[③] 总体上看，当前对农地规模经营形式的理论总结是滞后于实践发展的。规模经营正在不断探索更多的实现形式，如江苏省苏州市由村集体经济组织发起，通过土地股份化实现农户承包权让渡，实行统一经营的合作农场；北京市平谷区由农民带地加入合作社，合作社以土地参与项目建设，龙头企业统一经营管理，农民在不失去土地的前提下获取土地租金、资产租金等多重收益的产权式农业；四川省崇州市探索以土地经营权入股合作社，农户、合作社、职业经理人和专业服务组织共同经营的农业共营制；山东省供销社实施的土地经营权主体不变，农户通过市场购买服务，实现"农民进城

---

① 叶琪：《我国沿海地区农村土地规模经营模式比较》，《内蒙古农业大学学报（社会科学版）》2005 年第 4 期。

② 李相宏：《农业规模经营模式分析》，《农业经济问题》2003 年第 8 期。

③ 韩长赋：《在全国农业工作会议上的讲话》，《中华人民共和国农业部公报》2017 年第 1 期，http://www.moa.gov.cn/zwllm/tzgg/gb/nybgg/201702/P020170221600738878162.pdf。

打工，供销社给农民打工”的土地托管半托管制。这些都是适度规模经营的有效实现形式①，下文将对此进行更详细的介绍。

第三节　农地规模经营的典型经验和治理探索

围绕农地产权制度改革和经营管理制度创新，特别是围绕多种形式适度规模经营，国内不少地方结合各地实际情况进行了有益的改革尝试，形成了一些改革的典型做法，这些改革创新不仅为继续推进农地产权改革提供了大量的经验积累，也不同程度地包含着农村社区治理探索的意蕴。实践证明，农业规模经营不仅在降低成本、引入科技、抵御风险和提升效益方面发挥了作用，同时有效引领了经营主体多元化、农民发展职业化和政府扶持长效化。

一、还权赋能市场化：四川成都的农地规模经营

成都市作为城乡统筹综合配套改革试验区，自 2003 年以来深入实施城乡统筹、“四位一体”的科学发展总体战略，统筹实施“三个集中”，推进“六个一体化”和农村工作“四大基础工程”，实现了实验区经济社会平稳、较快发展。为了实现农村土地与市场的对接，促进土地要素市场化，带动农村劳动力要素的自由流动，成都开展了规范土地承包经营权流转、推进集体林权制度改革、城乡建设用地“挂钩”等多项改革和试验，农地规模经营是其中的重要组成部分。

（一）成都农地规模经营的主要做法

成都农地规模经营的主要做法包以下几个方面：第一，确权与颁证。将《宪法》规定的农村各种产权通过权证的形式确定到户，使之成为农民的法定资产，并赋予可流转的要素禀赋以及市场化的资本禀赋。此举不仅明晰了农村土地权属，而且为多种形式的适度规模经营培育了市场环境。

① 彦文、刘文勇、高强：《反思农业适度规模经营中存在的问题》，《中国经济时报》2016 年 6 月 17 日第 12 版，http：//jjsb.cet.com.cn/show_475484.html。

近年来，成都又全面启动了农业生产设施所有权等“新四权”确权颁证，总计颁证10.2万本，颁证率达到99.5%。第二，土地预流转。经过多年探索，成都市围绕推进土地承包经营权流转管理和退出，已制定了农村土地经营权价格评估办法、技术导则、机构管理办法等配套文件，22家评估机构纳入名录库管理，总结推广“土地预流转+履约保证保险”模式，全市土地流转履约保证保险共874单，参保面积21.6万亩，并总结形成“村民整体退出、集体统一经营”等多种退出方式。第三，土地规模经营。所谓“三个集中”，即工业向园区集中、农民向城镇集中、土地向规模经营集中。成都市以稳定农村家庭承包经营为基础，按照依法、自愿、有偿的原则，稳步推进土地向农业龙头企业、农村集体经营组织、农民专业合作经济组织和种植大户集中，大力发展特色优势产业。截至2017年1月，成都全市已发展农民合作社达8000余家，家庭农场近3000家，耕地流转面积408.7万亩，规模经营率达到51.2%。按照国家农村改革试验试点要求，成都市2017年将进一步深化农业农村改革，并着力构建农业新型经营体系，力争年内实现土地规模经营率53%以上①。第四，设立投资公司，撬动社会资金。2007年12月，成都市成立了成都市农发投资公司，利用到位财政资金，撬动社会资金投入，放大财政资金作用，充分发挥杠杆效应，增强对农业的投入力度。

（二）成都农地规模经营的治理特色

成都始终坚持的改革原则是“还权赋能”：“还权”方面，在确权颁证的制度设计与实践中，始终贯彻落实“全口径”的产权要确权到户；在“赋能”方面，充分发挥农民参与市场的自主性，村组集体经济组织对大家的事不包办、不独断。成都市按照“全域成都”的理念统筹城乡建设，推进农村土地产权明晰化、市场化改革，改变了农村集体经济组织产权不清、管理混乱的情况，使农村土地实现了规模经营和效益提升，促进了村庄治理格局从封闭向开放转变，激发了村民、社会组织和外来主体参与村庄治理和农业生产的积极性，提升了农村发展的内生动力和绩效水平。

---

① 陈泳：《今年我市土地适度规模经营率将逾53%》，《成都日报》2017年1月13日，http：//www.chengdu.gov.cn/info/00020101/2017/1/13/9643cba6f3e14c3ba1395f44b486020cinfo.shtml，2017年4月14日。

二、资源激活强支撑：广西玉林农村改革新突破

2014 年 11 月，玉林市经农业部、中农办等 13 个中央部门批准为全国农村改革试验区，承担农村产权流转交易市场建设试点改革任务。试验区成立一年来，玉林市全国农村改革试验区扎实推进各项改革试验任务，实现了四大新突破①。

（一）玉林农村改革实现突破的主要做法

玉林农村改革实现突破的主要做法包括以下几个方面：

一是激活产权，盘活存量资本。玉林市在广西率先铺开农村集体土地所有权、土地承包经营权等产权确权工作，明晰农村产权权属，把农村“沉睡”的资产变成“活”的资本，整体放大产权改革红利②。

二是放活市场，优化要素配置。2014 年玉林市成立了玉林市农村产权交易中心有限公司，投资 1200 万元建设了产权交易中心大厅、电子竞价平台等软硬件设施，已开展了土地承包经营权等农村产权流转交易，在全国首创发布了“玉林市耕地交易价格指数”“玉林市林权交易价格指数”③。此外，玉林市还加快市、县、镇、村四级农村土地流转服务网络，着力构建农村产权流转交易市场体系。据统计，全市农村土地流转面积144.5 万亩，流转率达 54.5%，农村土地更多地向适度规模经营集中、向新型农业经营主体集聚。

三是主体培育，解决“谁来种地的问题”。玉林在全市大力创建“3

---

① 李银雁：《广西玉林农村改革实现新突破》，《中国经济时报》2015 年 11 月 3 日，http://www.aiweibang.com/yuedu/62354095.html，2015 年 3 月 2 日。本部分内容得益于记者李银雁的调查报道，特此致谢。

② 截至 2015 年 9 月底，玉林市 110 个乡镇、1467 个村有 89 个乡镇、1147 个村开展了农村土地承包经营权确权工作，涉及农户 101.8 万户，航拍及实测耕地面积 167.9 万亩，已完成确权颁证耕地面积 73.26 万亩，确权颁证农户数 32.33 万户，占全市承包地总面积的 25.7%。本部分内容参见李银雁：《广西玉林农村改革实现新突破》，《中国经济时报》2015 年 11 月 1 日第 A01、A04 版，http://jjsb.cet.com.cn/show_468502.html，2016 年 12 月 3 日。

③ 截至目前，累计组织交易及鉴证服务的合同 3835 份，已出具《产权交易鉴证书》267 份，流转交易面积 17.1 万亩，涉及流转交易总额 18.75 亿元。

个 100”示范工程[①]，加快培育职业农民、专业大户、农业龙头企业等新型农业经营主体，引导发展土地流转、合作、入股等多种形式的适度规模经营，形成了龙头起舞的良好发展局面，有效破解了“谁来种地”的难题。

四是金融支撑，破解资金难题。玉林市大力创新农村金融服务产品，重点推进农村产权抵押贷款，截至 2015 年 6 月底，玉林辖区涉农贷款余额 501.48 亿元，同比增长 16.94%，增量和增速均位居全区前列。主要做法有：创新开展新型农业经营主体“一对一”金融帮扶，22 家新型农业经营主体获得更为优惠的利率政策，截至 2015 年 6 月底贷款余额 3.65 亿元、稳步扩大政策性农业保险。玉林市逐步健全农村产权流转交易风险分担体系，大力推动涉农保险发展，鼓励涉农银行业金融机构加强与保险公司的合作，推动涉农保险保单质押贷款业务，探索开发“信贷+保险”金融服务新产品，鼓励支持有条件的种养大户和有资质的农业生产企业通过投资“信贷+保险”等产品，有效防范和分散信贷风险。截至 6 月底，全市实施水稻保险面积 55.58 万亩，甘蔗保险面积 1.5 万亩。未来 5 年，广西银行业金融机构将加大创新服务力度，以各种形式投放贷款 3260 多亿元大力支持玉林全国农村改革试验区建设。

（二）玉林农村改革实现突破的治理经验

通过不断的创新实践和经验总结，玉林在农村土地产权制度改革中不断适应新环境，围绕完善农业生产经营体系、构建多种方式的规模经营，注重保护农民的权利，将农地产权制度改革与农村基层治理创新有机结合，产生了良好的治理绩效，具有借鉴价值。

一是高位推动，政策先行。通过农村改革，倒逼其他领域的改革。玉林建立了市县联动、部门协同的工作机制，成立了农村改革试验区工作领导小组，强化统筹协调，凝聚改革合力，高位推动试验区各项工作任务。在实践中，玉林出台了一系列政策文件，还聘请了多位专家作为玉林市农村改革试验区顾问，与农业部农村经济研究中心建立了试验区跟踪指导合作关系，通过这种方式，玉林走出了一条综合改革、协同治理的路子。二

① “3 个 100”即培育发展 100 个现代特色农业示范区、100 个合作社示范社和 100 家示范性家庭农场。据统计，通过“3 个 100”的示范带动，玉林市累计培育国家级农业产业化重点龙头企业 4 家、自治区级 37 家、市级 161 家；发展农民合作社 2815 个、工商登记注册家庭农场 605 个；农业产业化组织覆盖了全市 51%以上的农户、80%以上的行政村，基地产品销售收入占农产品销售总收入的 65%以上，取得了良好的成效。

是激活资源，培育主体。玉林市以土地产权确权为基础，搭建土地产权交易中心等平台推进土地流转和规模经营，并以农业经营主体的培育衔接农村土地流转，以金融支撑和农业保险作为保障，由此形成了以激活资源、放活市场、强化保障为特色的农村改革和规模经营之路。通过政策引导和服务支持，玉林土地流转和农村社区治理顺利开展，逐渐从过去农民自发组织走向政府引导，企业、专业合作社、农户共同参与的治理模式，取得了良好的政治、经济、社会的综合治理效果。

三、土地流转信托制：江苏无锡双合作社齐发力

对整个农村土地市场来说，土地流转信托项目是新形势下运用市场机制开展的一次土地流转方式创新。土地信托模式下的土地流转将带来土地要素的优化配置和经营效率的大幅提高，农民、土地经营者和地方政府都会得到由土地集中带来的集约化生产效益和土地增值的利益。2013 年 11 月 7 日，“土地信托之无锡桃园村项目”正式签约落地，由北京信托将阳山镇桃园村内 158.89 亩农业用地的土地经营权作为基础资产设立财产权信托。信托项目共涉及 233 户、881 人，作为全国第二单土地流转信托项目，无锡的实践为土地流转信托市场提供了新的探索方向[①]。

（一）无锡土地流转信托项目的具体运作

桃园村土地流转信托项目采取“土地合作社+专业合作社”的双合作社模式，首先将拟进行信托的土地经营权确权到村民个人，再由村民以其土地经营权入股土地股份合作社，土地股份合作社作为委托人以土地经营权在北京信托设立财产权信托。北京信托接手这块土地后，把这块土地租赁给由桃园村五位种桃能手发起成立的水蜜桃专业合作社。双方按照合作方案约定，233 家农户从土地信托中至少获得两类收益：一是每年 1700 元/亩的固定收益；二是第七年起获得浮动收益的 20%。桃园村土地流转信托项目有一系列规范的运作程序；首先，进行土地承包经营权确权工作，以户为单位发放土地股份合作社股权证。其次，坚持民主协商，成立

① 王小霞：《全国第二单土地流转信托调查》，《中国经济时报》2015 年 10 月 27 日，http：//wx.shenchuang.com/article/2015-10-27/1253117.html。本部分内容直接得益于记者王小霞的调查报道，特此致谢。

土地股份合作社。最后，对土地股份专业合作社进行工商注册登记。另外，为了监督专业合作社的经营，北京信托每年还要派专业的审计人员来对专业合作社账目进行审计，镇政府农村工作办公室也会负责对专业合作社进行指导和监督。

（二）农村土地流转信托探索的多重意义

无锡市的农地产权制度和生产经营方式改革对无锡市生产关系的完善和生产力的发展起到了重要作用，对提升无锡市农村地区社会治理水平有着积极意义。一方面，土地信托通过信托方式和金融工程技术将农民和农村集体经济组织所拥有的土地权益（即农村土地承包经营权或农村集体建设用地使用权）改造成为标准化、可分割、具有稳定现金流预期的信托收益凭证，使土地权益具有了金融属性和资本属性，农民手里流通性低的土地权益被改造为流动性较高、易于衡量价值的金融产品。在入市交易中，通过市场竞争机制，发现价值，形成市场公允价格。这就搭建了农民通往资本市场的桥梁，农民可以通过出售或者抵押的方式获得资金，使农民有了进城和再创业的资本。另一方面，改革的实施在巩固并完善农村基本经营制度、强化集体经济统合层面的基础上，由合作社统一开展房屋出租、物业管理、市场投资等活动，极大地调动了农民生产投资积极性，激活了农村经济活动中人力资源与物质资源要素利用效率的双层提升①。改革充分尊重了农村的参与权利，发扬了基层民主自治精神，农民有了参与集体事务的民主管理、民主决策、民主监督的权利，村级管理民主化及集体事务的透明化程度不断提升，官民矛盾、集体上访等现象大为减少，村域社会实现了有序治理的和谐稳定局面。

四、现代家庭农场制：上海松江扶持经营新主体

随着农民流动的加速，耕地荒芜问题日益严重。家庭农场是指以家庭成员为主要劳动力，从事农业规模化、集约化、商品化生产经营，并以农业收入为家庭主要收入来源的新型农业经营主体②。近年来，上海松江、

---

① 蒋军民、张龙：《无锡市农村集体经济改革实践》，《江苏农村经济》2016 年第 3 期。

② 史博臻：《家庭农场沪郊兴起“松江模式”》，《文汇报》，转引自新浪网，2013 年 2 月 26 日，http://finance.sina.com.cn/nongye/nygd/20130226/135614650619.shtml，2016 年 12 月 24 日。

湖北武汉、吉林延边、浙江宁波、安徽郎溪等地积极培育家庭农场模式，使之在促进现代农业发展方面发挥了积极作用。上海松江区引导农户将土地经营权流转给村集体，整理后再发包给有经营能力的农户，形成了具有家庭经营、以农为主、规模适度和集约生产等特色的“松江模式”。

（一）扶持家庭农场的主要做法

扶持家庭农场的主要做法包括以下几个方面：第一，加强政策扶持。地方政府注重投资农业基础设施，并从涉农补贴、贷款保险、鼓励种养结合等方面入手对农户进行因势利导，促进细碎和分散的土地向村集体集中，然后村集体统一发包。第二，设置准入条件。松江对家庭农场经营者的户籍条件、年龄条件、技能条件和经营能力有明确的要求，注重规避家庭农场的规模经营风险。第三，提供配套服务。包括技术指导、农业生产服务，规范土地流转、建立退出机制等，并探索出了粮食家庭农场的承包细则，对其经营规模、承包年限和流转价格等做出了具有约束性和灵活性的规定。从 2011 年 12 月至 2015 年 6 月，上海市松江区共流转土地面积 1.67 万公顷，全区 99.4%的土地已经集中到村集体，为推行规模化经营的家庭农场扫清了障碍①。当前松江已有家庭农场 1200 多户，经营面积 10000 多公顷，占全区耕地面积的 90%以上，取得了增产、增收、环境改善和农田保护的成效，培育了一批新型职业农民。

（二）松江家庭农场的治理特色

松江家庭农场的治理特色，首先是政府的有效引导。在发展家庭农场的过程中，地方政府充分运用多种政策工具，实现了部分农户退出农地经营领域，调节了农户间的竞争程度，保障了规模经营的可控收益，兼顾了务工与务农的预期收益均衡，进而实现了土地有序流转、农地规模经营和土地集约利用的多重政策目标。其次是动能的多元结构。松江的家庭农场模式做到了依赖市场的决定性作用、发挥政府的引导性作用和尊重农村集体的主体性作用，凝聚了推进农地规模经营的多元动能。地方政府划定农地用途管制、注重村庄内部的公平感等基本准则后，村集体再制定地权分配的具体方案。这就避免了纯粹依赖市场自发力量流转而出现的村庄内部迅速分化和地权分配格局中可能出现的过度失衡②。最后是管理的精细、

---

①《上海市松江区发展家庭农场的经验》，《湖南农业》2016 年第 3 期。

② 曹东勃：《推行家庭农场制，松江有啥经验》，《解放日报》2017 年 4 月 11 日第 10 版，http://newspaper.jfdaily.com/jfrb/html/2017-04/11/content_20233.htm，2017 年 4 月 18 日。

精准。松江实行的农地规模经营准入、家庭农场承包细则、农地流转和经营退出以及其他较大力度的补贴和扶持政策效果明显，地方政府和农村集体组织在此过程中的有效作为、精细管理与精准服务发挥了重要作用。

五、按户连片耕种制：湖北沙洋应对耕地分散化

沙洋县位于湖北省中部，人均净耕地 7.7 亩，耕地碎片化和分散化严重，沙洋县近年抓住新一轮农村土地确权登记颁证机遇，借鉴基层改革创新，大胆探索，以村民小组内农户之间流转经营权、调整承包地块等方式，整县推进“按户连片耕种”，使近九成农户耕种的土地连片且“不插花”，让农民种田不用东奔西跑，对解决农村土地“分散化”等问题和发展多种形式适度规模经营做出了探索①。按户集中连片耕种模式得到了社会各界的关注和认可。

（一）按户连片耕种的主要做法

我国农村土地第一轮承包期满后启动二轮承包，至 2027 年 30 年不变。土地“按户连片耕种”涉及经营面积、界限、区位等，程序烦琐，沙洋县五年开会上百次讨论方案，后通过两次抓阄加上自愿调整，确定“按户连片耕种”地块。集中连片耕种的第一种模式是土地的承包权不变，农户间协商交换经营权，体现了土地“三权分立”的政策，也是目前应用比较广泛的模式。第二种模式就是农户间协商交换承包经营权，承包权与经营权一并交换。沙洋在探索中严守政策，坚决尊重农民意愿，全县推行的“按户连片耕种”改革通过“一主一辅一不得”来实现，即在农民自愿前提下，以村小组内流转经营权为主，以互换承包权为辅，不得整村打乱重分，这符合国家现行政策，进一步完善了家庭联产承包责任制。当前，农户分散经营土地和新型主体规模经营将长期并存。“沙洋模式”既公平调整了农民的土地承包经营权，连片后易规模流转，又提高了单个农户分散经

① 何红卫、乐明凯、彭丹梅：《逼出来的“按户连片耕种”——湖北土地确权“沙洋模式”调查（上）》，《农民日报》2015 年 10 月 19 日第 1 版、第 4 版，http：//szb.farmer.com.cn/nmrb/html/2015-10/19/nw.D110000nmrb_20151019_1-01.htm?div=-1。

营土地的利用效率，让土地创造更大的价值[①]。农村土地实行按户连片耕种，有效解决了农村劳动力不足、分散耕种成本过高、水利基础设施难管护等问题，也为规模经营打下了基础。截至目前，沙洋按户连片集中耕种面积已近37万亩，连片率达40.2%[②]，全县近九成农户耕种的土地实现了连片集中。

（二）按户连片耕种的治理意义

沙洋县推行的按户连片耕种获得了各级领导的认可，也颇受基层欢迎。农业部曾就沙洋的探索进行专门调研，认为其经验值得在农区推广，并总结了按户连片耕种的五条成效[③]，提出要明确解决土地碎片化的相关政策，鼓励有条件的地方在充分尊重民意和做好土地确权登记工作的前提下，积极开展互换并进、连田耕种的沙洋模式，引导农民通过自愿互换承包田解决地块细碎化的问题，推进机械化耕种。

除了政策意义上的推广价值和实践意义上的借鉴作用之外，沙洋探索的农村治理意义也应该得到进一步挖掘。长期以来，我国的农业经营具有明显的社区嵌入性，农业经营主体的内部性对于农村社区的维系具有重要作用，为村庄社会秩序的维系提供了中坚力量，保障了农业经营和农村社区之间的良性互动和相互促进。伴随着资本渗透与行政推动，农业规模经营迅速发展，这不仅改变了当地的农业经营形态，而且使农业经营与农村社区由之前的嵌入关系变为脱嵌关系，学者将其概括为“农业规模经营的去社区化”，具体表现为农业经营主体的外来化、农业经营方式的短期化和农业生产关系的理性化[④]。此种农地规模经营也许有助于实现农业现代化，但无助于保障农村社区及其成员的切身利益，没有促进社区的繁荣和农民的福祉，伴随农业社区嵌入性消解的往往是社区治理权威的流变和农民权益的损害。沙洋通过村民协商实现的按户连片耕种，是一种“社区本

---

① 何红卫、乐明凯、彭丹梅：《逼出来的“按户连片耕种”——湖北土地确权“沙洋模式”调查（上）》，《农民日报》2015年10月19日第1版、第4版，http：//szb.farmer.com.cn/nmrb/html/2015-10/19/nw.D110000nmrb_20151019_1-01.htm?div=-1。

② 田豆豆、何长青:《湖北沙洋推广连片耕种，解决土地“分散化、碎片化”》，人民网—《人民日报》，2015年9月6日，http：//hb.people.com.cn/BIG5/n/2015/0906/c194063-26250898.html。

③ 沙洋模式五条成效：一是化解了务农劳动“累”的困境，二是化解了分散流转“差”的困境，三是化解了公共设施“乱”的困境，四是解决了种田成本“高”的困境，五是化解了统一耕种“难”的困境。

④ 孙新华：《农业规模经营的去社区化及其动力》，《农业经济问题》2016年第9期。

位的农业规模经营”，做到了对农民利益的维护、对农户意志的尊重和对社区治理的维系，真正回应了“农业规模经营要服务于农村社区的发展和增进社区成员的利益”这一基本要求。

六、综合经营合作制：黑龙江克山县走出新路子

生产要素、生产器械与生产主体的有机结合是当前农业发展面临的困境之一。黑龙江克山县仁发农机合作社探索出了以土地入社为核心、以现代农机为载体、以生产合作为纽带的现代综合经营合作社模式，走出了一条农机化建设和农地规模经营的新路子。

（一）综合经营合作制的主要做法

在这种模式下，规模经营是基石、利益机制是根本、科学管理是关键、良好环境是保障。其主要做法是：坚持土地入社，实行进出自由。仁发农机合作社在省农委和乡村干部的支持下，明确合作社入社自愿、退出自由，通过宣传讲解、算经济账、提高价格等多种方式吸引农户带地入社，建构利益共同体，用两年时间从最初入社的七户增加到307户，到2011年入社土地即达到1.5万亩。创新分配机制，实现风险共担。将年终盈余的七成以上按土地面积分配，其余按资金分配，既减轻了合作社的负担，也提升了入社成员的土地收益，合作社未分配盈余始终为零，不形成无主财产。2011年，合作社将公积金量化为成员投资，到2015年已累计提取公积金2288.9万元，保障了正常经营。此外，将国家投入参照股权方式量化到人，并将其与成员投资一起作为分配依据，保障了每个成员平等享受国家补贴的权益。推行一人一票，民主管理经营。自建社以来，在重大事项决策时切实遵循《农民专业合作社法》等规定，以成员大会或成员代表大会为载体，实行一人一票、民主决策，有效提升了成员的参与意识和组织的管理水平，促进了合作社的发展壮大。推行业绩考核，实现按劳取酬。对合作社管理和工作人员实施与效益挂钩的工资制，调动了积极性，也实现了经营管理的科学化。拓展增收空间，推进产业融合。通过提升产品品质、打造自主品牌和引入综合加工项目等措施，不断开辟增收空间，并推进了产业融合。扩大合作联合，抱团勇闯市场。成立省级联合社，合力破解资金、信息、品牌和销售等难题，为每个合作社的发展提供

了重要的组织保障[①]。

（二）综合经营合作制的治理经验

克山农机专业合作社取得了诸多成效，包括转变了农业经营方式（大机械、大规模、高效率、可持续），提高了土地产出率（经营2.67万亩土地，粮食增产520多万斤，劳均生产量提升11倍），促进了农民增收（合作社家庭人均收入比非入社高16.2%）等方面。进一步思考，隐藏在该合作社成功背后的治理经验更加可贵：一是尊重农民，建立利益联结。上述做法中的土地进出自由、一人一票决策、实现风险共担和不占国家补贴等都体现了合作社在经营和发展过程中对农民权利和利益的尊重，获得了农民的信任，并通过风险共担和盈余分配等实现了农民和合作社的利益联结。二是尊重市场，实施科学管理。农机合作社采取的绩效工资制、与农民达成一致的年终盈余分配办法、增加产品投资、提升产品品质和打造自主品牌等经验都体现了合作社对市场规律的尊重和对市场竞争的清醒认识。三是抱团发展，突破实践“瓶颈”。省级联合社吸引了300多家合作社作为首批成员，规模经营面积达到420多万亩，获得了更高的授信贷款规模，并实现了抱团优势，对于破解单个合作社无法解决的实践难题做出了重要探索。

七、农业共同经营制：四川崇州农业发展新机制

四川崇州构建以农户为核心，农业职业经理人、土地股份合作社、农业社会化服务组织等多元主体共同经营的新型体系，有效破解了农业生产中的“地碎、人少、钱散、缺服务”难题。

（一）农业共营制的主要做法

农业共营制的主要做法包括以下几个方面：一是引导农民合作，建立土地股份合作社。以土地确权为先导，遵循“入社自愿、退社自由、利益贡献、风险共担”的原则，农民以土地经营权折价入股，合作社选举理事会、监事会，各司其职、规范运作。二是创新培育机制，建立农业职业经理人队伍。职业经理人是善于经营管理的专业人才，由理事会聘用，实行“除本分红”的分配方式，逐步建立起了专业的现代农业服务团队。三是

① 详见《农业部办公厅关于印发创新农业经营体制机制典型经验的通知》农办经〔2015〕27号。

推进农业综合服务社会化，建立“一站式”服务超市。崇州市坚持主体多元化、服务专业化和运行市场化的原则，按照技物配套、“一站式”服务的思路，探索农业综合服务中心，推进农业生产服务向功能园区化、产业链条化、规模集群化发展。截至2015年，崇州入社耕地和农户占耕地总面积、总农户的59%，聘用懂技术、善经营、会管理的职业经理人，探索集公益性、专业化、信息化服务为一体的农业综合服务中心，建设全产业链农业服务超市和“粮食银行”各10个[①]。农业共营制对农业经营的规模化、专业化和组织化极具启发意义，实现了农业经营主体共建、收益共享和目标多赢，发展了以家庭经营、集体经营、合作经营、企业经营为代表的多元经营，为完善农村基本经营制度和现代农业提供了范例。

（二）农业共营制的治理创新

关于农业共营制的理论逻辑、实践价值与拓展空间，学界已经有系统和深入的跟进和研究，从治理创新的角度来审视，其主要贡献在于以下几点：首先是制度创新。农业共营制是在我国现有农地经营制度架构下，依照“三权分置”的改革战略，融合了家庭、集体和企业等经营方式，实现了合作经营、优势互补和互利共赢，是对农地经营制度改革方向的探索，同时有效实现了农地规模经营，引领了服务型规模经营的发展。其次是主体创新。农业共营制注重培养专业化、聘任制的职业经理人，同时大力发展农业专业化服务组织，既提高了效率，又促进了农民的职业化和农业服务的社会化。最后是组合创新。农业共营制在实践中摸索出了一条农户参与、农技对接、资源集约、效率提升的农业生产经营之路，其操作理念先进，经营方式现代，综合了制度创新、主体创新、理念创新和生产创新，积累了实现农业生产专业化、集约化、组织化和社会化的重要经验。

与上述各种模式相类似的规模经营创新经验还有很多，如安徽宿州的农业产业联合体和河南商水的土地托管服务制，这里做简要介绍。农业产业联合体是以农业企业为龙头、家庭农场为基础、农民合作社为纽带的一体化现代农业经营组织形式（企业做市场、家庭农场搞生产、合作社搞服务）。安徽宿州通过落实财政资金支持政策、开展金融创新、提高农业保险标准、加强项目支撑和强化服务保障，有力推动了产业联合体的健康发展。宿州在实践中初步形成了合同契约、生产要素和主体互助三大利益联

---

① 详见《农业部办公厅关于印发创新农业经营体制机制典型经验的通知》农办经〔2015〕27号。

结机制，实现了三大经营主体的融合发展，形成了共同盈利模式。至2015年底，宿州全市产业联合体已达156个，加入联合体的农业企业158家、合作社562个、家庭农场1023家。农业产业联合体实现了农业经营产业化、农业服务社会化、土地经营规模化、农民收入多元化，有利于培育新型经营主体、促进农产品质量安全。

河南商水、山东济宁探索的土地托管服务制土地经营权主体不变，农户通过市场购买服务，委托专业服务组织开展农业生产经营，对于稳粮和耕作管理等提供了样板。以商水为例，半托管服务的对象是不愿意流转土地的半务工农民，农户将农业生产中某个时段的劳务委托给合作社；全托管服务针对劳动力长期外出打工、家中留守人员没能力种地的农户，合作社为农户提供覆盖一年两季粮食生产的“一条龙”式全程服务，粮食收成归农户，农户也可以将粮食存入“粮食银行”，卖出时双方按比例对增值部分分红。目前，天华种植专业合作社粮食耕种面积已达17000亩（流转5000亩，托管12000亩），实现了经营的规模化、专业化和标准化。土地托管服务使农户“离乡不丢地、不种有收益”，合作社也获得了服务增值收益，保障了粮食生产，促进了农民增收，推动了规模经营，适应了农户规避生产风险的要求和农民“恋地、恋粮”的心理，同时契合了托管双方的技术优势。

第二十章　内在关联：农地规模经营对农村社区治理的影响

我国取得了一系列农地规模经营的典型经验，其背后蕴含着基层的治理探索。与此同时，农地规模经营引发了诸多实践难题，进而使农村社区治理陷入失调和紊乱。概言之，从主体博弈的角度看，农民的利益在农地规模经营过程中往往显得更为脆弱，由此可能引发农民的维权行为，影响社会稳定。外来资本携带着市场信息和关系网络等优势进入村庄，在公共生活中不为村庄秩序所接受、与村民的利益摩擦等问题日益凸显。很明显，解决这些问题仅仅依靠市场经济所带来的契约精神是远远不够的。从基层政治的层面看，农地经营规模化将原有的依附于土地的劳动力挤压出村庄，使基层民主陷入困境。此外，基层政府和村民自治组织和外来资本的利益相勾连，这极大地增加了其"寻租"腐败的风险。实践中，由于承包主体的外来属性，使政府对于企业的正常保护都有可能激起农民的敏感神经，从而弱化民众对于基层政府和村组织的信任感。由于劳动力大量外出，外来的价值观也在渗入农村，传统的村规民约的规范能力减弱，村庄出现维稳困境。从粮食安全的层面看，将土地集中在少数人手中经营，可能出现的土地非农化、非粮化、耕作不善等情况实际上增加了粮食安全隐患。由此可见，农地规模经营会对社区治理造成明显的冲击，也客观上为社区治理带来了优化的契机，农村社区如何进行回应性转型是当前摆在决策者和研究者面前的现实课题。

为了分析农地规模经营对农村社区治理的影响，我们拟用"资本—资源"的分析框架对两者的内在关联进行系统而有层次的阐释。布迪厄将资本分为政治资本、经济资本、社会资本、文化资本以及象征资本。本章主要引入前三种资本，其中政治资本主要是指政治权力和资源的特定形式，我们将其具体化为治理乡村社会的政治力量以及由此产生的政治管理机制、政府及基层组织管理职能、管理能力等；经济资本是指直接的经济资源，我们将其引申为直接的经济资源以及对其产生影响的生产要素、配置因子；社会资本累积于一个人或一个群体，是通过大家共同了解和认同的、多少有些制度化的某种持久性关系网络的实际和潜在资源之占有总和（Bourdieu，1993）[①]。社会资本的概念也是普特南、科尔曼等用来分析个人、组织与社会的概念，并尝试用它来弥合社会学传统理论中的宏微观之间的分裂状况，在社会行动、社会流动、社会组织、社会制度、社会发展等具体的研究领域都取得了突破性进展[②]。本章的社会资本概念包括村庄进出的主体关系网络、村庄人际互动、村庄习俗的流变等方面。

与此相对应，借鉴吉登斯的结构化理论，我们将治理资源分为权威性治理资源、配置性治理资源和规范性治理资源。权威性资源是指行动者所拥有的权威、社会资本等，而配置性资源则是指各种物质实体性资源[③]。本章中，权威性治理资源主要指代的是以基层政治权力等强制性权威为主导的治理资源，权威性治理资源与政治资本相对应，为便于分析，我们将这一概念中包含的社会资本剥离出来，并将其置于规范性资源中进行具体分析；配置性治理资源主要是在农村社区场域内释放治理效能的各种物质性资源，包括人力、物力、财力等，配置性资源与上述经济资本相对应；规范性治理资源在本章中主要指社会风俗、默认规约、价值观念等软性约束，与社会资本相对应。

第一节　政治资本变化对农村社区权威性治理资源的影响

农地规模经营过程中，政治资本变化对农村社区权威性治理资源的影响是显而易见的。因为政治资本的变化是依托特定的治理结构和资源而进行的，因此我们可以通过对特定治理结构和资源的把握增进对这一影响的

---

① 张小军：《复合产权：一个实质论和资本体系的视角——山西介休洪山泉的历史水权个案研究》，《社会学研究》2007 年第 4 期。

② 田凯：《科尔曼的社会资本理论及其局限》，《社会科学研究》2001 年第 1 期。

③ 张云鹏：《试论吉登斯结构化理论》，《社会科学战线》2005 年第 4 期。

观察和了解。我们试图从政府、企业、农民治理的主体结构入手，把握这一影响的运行过程及实际形态。

一、官方主体：社会治理结构变迁呼唤更新基层政府职能

（一）完善农民利益保护机制

保证农民的正当利益和集体的经济利益是土地流转和土地规模化过程中必须严守的一条底线。土地流转和农地规模经营政策的施行，是一个机遇与挑战并存的过程，稍有不慎就会损害农民的利益。首先，大企业可能会对地方政府的政策造成潜移默化的影响，因而地方政府的某些政策可能有损害农民利益的倾向。其次，农民在和资本博弈时，大多情况下都处于被动地位。部分农民出于利益考量或对土地的情感，在土地流转中出价过高，地方政府对此往往采取较为简单粗暴的行政手段，干群关系趋于紧张。以上情况的出现可能会损害基层政府和社区组织的公信力，弱化政治信任甚至出现“塔西佗陷阱”，更严重的后果则是触及农村社会稳定的问题。

（二）弱化基层政府“寻租”风险

基层政府在土地经营权流转中“一肩挑两头”，成为土地经营权流转中的权力中心，土地流转价格、发包给谁、发包后的土地用途、土地升值后的利益分配都是由政府主导，形成不亚于城市国有土地出让中的政府权力。农地规模经营涉及大量的利益切分问题，多元利益主体之间均存在较大的利益竞博冲动，由于政府在其中起着至关重要的调节作用，村集体具有一定的自主权，承租人往往具有资本优势，几项因素叠加，很容易导致寻租腐败行为。由此可见，政府应当规范土地规模化过程中的行动机制以弱化其“寻租”风险，以降低基层政府和社区组织在这一过程中面临的“寻租”腐败的风险。

（三）规范外来资本经济行为

外来资本往往掌握着大量的资本和市场信息，在与农民的合作中始终处于强势地位，它们很有可能借此使农民遭受不必要的经济损失。此外，能够进入村庄的外来资本往往和地方政府有着密切的往来关系，如何规范政商关系，避免权钱交易行为，避免农民“有理无处申诉”的现象发生，是基层治理面临的极其严峻的政治考验，也是农地规模化对基层治理秩序

产生冲击的重要原因之一。

（四）构建多元乡村治理主体

人民公社时期基层村组织具有全能特点，家庭承包责任制之后推行的村民自治使治理主体地位暂时均衡，但此后村民自治又出现种种问题，在农村税费改革后，自治组织的主体地位和力量弱化，农民和组织之间逐步疏离。随着三权分置的改革、规模经营的推进和新型主体的进入，农村治理主体格局发生了重要变化，资本下乡后大力推动“农民上楼”和“土地流转”，构造了新的村庄治理结构：村庄日益依附于公司，公司替代村庄成了基层治理的社会基础①，这显然不是一种兼顾各方利益和有助于农村发展的治理结构，因而建设多元治理的乡村社会要提上议程。即使不存在资本对村庄的再造，农村社区也普遍存在以下问题：原有的日益行政化的乡村治理模式难以响应各方的利益诉求，土地流转使跨区域的集中居住更为常见，该居住模式模糊了有关“村民”的界定，村（社区）机构组织任务繁杂，责、权、利模糊化。乡村社会面临此“千年未有之变”，构建均衡性的多元治理主体势在必行，在此过程中，必须充分发挥官方主体的元主体作用。一方面政府应该积极应对，主动求变，努力平衡不同治理主体的利益诉求，使外来资本主体的合法利益得到保障，使村庄经济良性发展。另一方面，村民自治组织的功能不可被虚化，它是牵制资本力量的重要组织，新型农业经营主体实际上也正在参与农村治理，但必须防止形成“一家独大”的局面。

二、农民主体：人口流动对民主参与的双向作用

（一）农地规模化对基层民主的正向激励

首先，农地规模经营如何具体操作、农地具体如何流转、收益是否科学透明，这些问题都对农村社区的民主化程度提出了新要求；其次，村级民主成长受到农地产权改革的形塑，因为村级组织和村民自治是最终落实所有改革政策的重要制度保障；最后，农地产权改革意味着农村公共资源和集体经济规模化，这为村民自治提供了内容和前提条件，也激发了村民参与自治的热情。从另一个层面分析，农地产权改革使农民对社区公共服

---

① 焦长权、周飞舟：《“资本下乡”与村庄的再造》，《中国社会科学》2016 年第 1 期。

务产生了新的需求：一是与农村土地承包经营权流转相关的服务需求。二是社会保障需求。土地被视为维系农民生命的最后一根稻草，土地进入长期流转的周期中，作为社会弱者的农民何以保障生活？三是维权载体的需求。农村土地承包经营权的流转，传统意义上的行政村不复存在，不再务农或者远离村庄的农民能否找到维权的组织载体？

除此之外，随着农地产权改革的推行，农民对于民主的渴望、对于捍卫自身利益的诉求都在强化群众的民主意识、主体意识，他们越来越希望来治理村庄的是值得自己信赖的人、可以代表自己心声的人。因此，传统的政府下派式的村干部选拔方式退出历史舞台成为时代的必然，“新乡贤”文化应运而生，乡村精英开始出来领导广大乡村。另外，农地流转和规模经营涉及不同性质的多元主体，土地流转之后，大量村庄劳动力和乡村精英的流出会导致村庄治理的主体大量消解，而在规模经营中进入村庄的外来公司，会作为一个重要的“隐性主体”对村庄治理的内容和目标产性非常大的影响①。

（二）乡村空心化对基层民主的现实阻碍

土地规模化往往伴随着外来资本进驻村庄，村庄内部的利益分化现象可能会出现的更为频繁，乡村人口大量外出，农民群体更加处于弱势地位，基层民主会不会沦为“少数人的民主”？这应该是值得我们注意的。土地流转后的乡村，年轻劳动力因为土地的流失、土地和外出务工的比较收益相对较低而纷纷外出，而他们又是村庄最主要的民主力量，留守在家的“386199 部队”往往因为繁重的家庭琐事、健康状况、年幼无知等原因，无法在基层民主建设中充当中流砥柱的角色。此外，农地规模经营带来的巨大经济诱惑力、流转过程中尚未规范的空间都会让地方政府面临外来资本的诸多经济诱惑，政府“寻租”的潜在风险对于基层民主形成了一种最重要的潜在阻力。因此，外来资本和村庄内部农民之间、基层政府和自治组织与农户之间、村庄内部不同阶层人民之间并没有形成一种均衡的关系，悬殊的主体地位无助于基层民主的正常发展。

① 唐浩：《农村土地适度规模经营对村庄治理的影响研究》，《陕西行政学院学报》2015 年第 3 期。

三、企业主体：外来资本对基层政府治理施加影响

（一）企业与农民的权责纠纷增加了政府维稳压力

农地规模经营过程中的利益纠纷源于流转合约的不稳定、农民的相对剥夺感和农业补贴分配不规范。农地流转中普遍存在的关系型合约、口头合约以及合约的不完全，极易诱发事后机会主义行为，并由此产生纠纷①。由于农民在签订合约前对相关经济收益的认知不够充分，同时“从心理学的角度看，土地纠纷发生和加剧的重要原因之一是农民的相对剥夺感——与城市居民相比、与其他农民个体相比、与自己过去相比而产生的相对剥夺感”。② 现阶段，农地规模经营的补贴机制尚不规范，如何在承包主体和经营权主体之间取得补贴平衡仍然是各家学者争议所在，新型经营主体套取农业补贴的现象也在逐渐凸显。诸如此类原因还有很多，这些客观现实都可能成为基层社会潜在的矛盾导火索，加剧了企业与农民的利益纠纷，从而增加了政府的维稳压力。

（二）企业与政府的利益勾连增加了政府腐化风险

推进土地流转和规模经营对于提高基层政府、村组织的收入具有积极的功效，推进土地规模化也成为地方政府创造政绩的一种手段，因而，为了促进土地流转，政府在吸引外来资本进入农村时是持积极态度的，甚至会给予过度的政策优惠。村组织虽然不属于一级行政单位，但是在大多数土地规模经营地区，村组织和乡镇、县级政府的利益相勾连，其行为往往带有上级政府的行政意志。在农地流转实践中，村组织有决定土地承包对象、租期和租金等与企业、农民利益切实相关的权力，面临经济纠纷时其也是作为仲裁方的第三方，其对于外来资本的经济收益能够产生直接的影响。企业总是试图使其利益最大化，甚至不惜使用某些不法或违规的手段达成目的，而实现这种目的的最佳手段就是和基层政府形成互利关系。

（三）政府与农民的治理关系因企业进入趋于紧张

综上两点所述，外在资本进入村庄，很有可能搅乱村庄既有的宁静，

---

① 罗必良、刘茜：《农村土地流转纠纷：基于合约视角的分析——来自广东省的农户问卷》，《广东社会科学》2013 年第 1 期。

② 高瑞琴：《中国农村土地纠纷中农民的心理状况分析及认知调整》，《农学学报》2011 年第 10 期。

破坏村庄传统秩序，产生各种利益纠纷。如何规范企业和农民之间的关系型合同，确保农民与企业双方利益都能得到正当的保障，是预防纠纷的首要条件，然而最难处理的是如何消弭农民心理上的相对剥夺感，并营造契约精神。此外，政府作为积极推进土地规模化的第三方，很有可能在这个过程中损伤公民对自己的信任感，这对于政府开展后续工作增加了难度。政府和农民的治理框架失去了信任的润滑很有可能会失效。

第二节　社会资本嬗变对农村社区规范性治理资源的重塑

一、农村人口流动，社会资本锐减

（一）农民外出谋生，疏离村庄生活

土地一经流转，农民和土地的人身依附关系更加淡化，出于对于生存的考量、对都市的向往，他们纷纷外出，如在向距离家乡较近的县城或者大城市的棚户区做一些薄本的买卖，在镇上做一些散工，或者进入县城工厂上班，固守村庄的往往是老人以及孩子。新生代农民工由于长时间在城市中生活，对于农村的归属感减弱，疏离了原有的村庄人情社会。外出务工的农民既对民主缺乏系统的认识，又对村规民约不予关注，因此他们不仅不能成为促进基层民主的中坚力量，还可能成为破坏村庄秩序的主力。诚如徐勇（2000）所说，在现阶段的中国，农村流动人口特有的不安定因素不仅冲击着城市秩序，同时也会冲击乡村固有的规则和秩序，甚至打破传统乡村的宁静，使乡村陷入不安定之中[①]。由于这些农户不再直接从事农业生产，农户之间在农业生产过程中互助合作机会的减少甚至完全消失导致其社会资本锐减，而农户外出就业又会加剧他们之间的进一步分化，结果村民与村民之间的“原子”化倾向会进一步加剧，村庄共同体趋于

① 徐勇：《挣脱土地束缚之后的乡村困境及应对》，《华中师范大学学报（人文社会科学版）》2000 年第 3 期。

瓦解①。

（二）乡村精英流失，危及村庄治理

农村土地流转存在分散式和集中式两种类型，集中式流转重塑了农村的阶层构造。学界研究表明，分散式农地流转催生“新中农”阶层，该阶层构成当前农村社会生活和乡村治理的中坚力量，是农村社会稳定的基础。农地集中大规模流转则将“新中农”阶层推向劳动力市场，进一步加速农村精英流失，使社区公共事务和村庄治理丧失积极分子，农村社会秩序维系及其接应国家政策的能力面临困境，农村社会稳定受到影响。在农地规模经营过程中，生发于农村社区内部的种养大户是维护村庄稳定和秩序的中坚力量，是维护村庄共同体的积极因素，但部分地区的种养大户、家庭农场等内部组织的生存空间受到了“资本下乡”的挤压，其表面影响是个别农户的收入结构等发生变化，但其深层次影响则直接涉及农村社区的治理主体和治理结构等。新变的村庄治理格局更多依靠经济利益联结人际关系，社会信任感大幅下降，社会凝聚力随之下降。在此，我们可以借用“社会关联”概念加以阐释。外出的村民受到外面的价值观念影响，而村庄在农民生活中起到的作用越来越小，作为社区记忆人格化体现者的老人也日渐边缘化，社区记忆因此发生了前所未有的断裂。社区记忆的断裂不仅造成了传统社会关联链条的断裂，而且使过去以之为基础的社会一致行动不再可能。于是，不仅大规模的宗族械斗不再有发生的理由，而且社会舆论也会变得软弱无力。某些依赖于传统社会关联建立起村庄秩序的地方，在这种情况下就会容易导致严重的社会失序②。

二、外部资本进入，稀释社会资本

（一）认知性社会资本变迁

由于社会资本的嬗变，村庄内的规范性治理资源受到影响：首当其冲的是传统的民约秩序，一种介于“黑”与“红”之间的灰色地带在逐渐蔓

① 王德福：《农村土地流转模式对农村社会稳定的影响—— 一个阶层分析的视角》，《学习与实践》2012年第6期。

② 贺雪峰、仝志辉：《论村庄社会关联——兼论村庄秩序的社会基础》，《中国社会科学》2002年第3期。

延。农地产权改革一方面使土地集聚化，民众对于集体经济、集体资源的关注度逐渐提高；另一方面它也打破了村庄原有的运行规制，部分民众逐渐脱离与土地的人身依附关系，加剧了民众的外出务工和分散生活，村庄也面临分散化、“原子”化风险。农地产权改革的浪潮会裹挟各色资本力量进入农村，它们依据自己的经济优势或社会人脉占有大量集体资源。资本主导乡村资源的格局破坏了农村社会的传统秩序。其次，村庄社会维稳困境问题的凸显。农地产权改革涉及村集体、当地农民、乡村政府、投资企业等多方利益主体，各种矛盾纠纷在改革过程中难免会显现出来，其中比较明显的有农民和投资公司或承包人之间的利益划分问题、农民对政府政策的接纳程度、政府和承包者之间的权限界定问题等。土地规模化经营后，大量农民可能会处于无地、无业的尴尬境地，处于社会生存的危险边缘，这些群体将会对社会稳定提出挑战。因此在推行改革措施时，一定要促进农民稳定的非农就业，唯有如此，土地流转才能真正地起到促进城镇化的作用。社会资本的嬗变一方面使原有的规范性资源被瓦解和重组，另一方面也对我们重构规范性资源提出了新要求。概言之，我们需要完善规范性资源，避免缺位错误现象的发生，使农民、村集体的合法利益得到有效保障。

（二）结构性社会资本嬗变

新一轮农地产权改革重新型塑了农村的生产生活结构，倒逼出社会组织的生长，社会管理体制演变遵循着“由政府单维度的管理到政府社会市场共治”的重要趋势。民间组织处于政府与市场之间的间隙长廊中，构建社会主义和谐社会必须充分发挥这些组织在提供服务、协调利益等方面的积极作用。充分发展社会组织，有利于润滑农地产权改革过程中产生的农民—政府单维度的利益矛盾体，增加基层治理体系的灵活度，有利于为农地产权改革的推行增加可行方案。其中比较有代表性的有部分龙头企业与当地农民共创新型合作社，有关此举的利弊权衡问题，学术界各执一端。部分学者以为，龙头企业与农户之间本质上是一种对立的买卖关系，存在着内在的根本利益冲突，允许公司参股合作社，实际上是为公司借合作社之名剥削农民开了绿灯。也有研究指出，中国农民合作社的创立是对现实条件的一种实用主义回应，有其合理性①。

① 张晓山：《农村的制度变革和组织创新》，《理论视野》2008 年第 5 期。

三、发展规模经营，价值习俗流变

我国的农地经营经过了合作社式的集体经营模式、家庭联产承包责任制的经营方式，再到农地产权改革后出现的规模经营形态。合作社背景下的农地经营模式中，由于是集体经营，村民集体意识较强，党和政府与村民的关系还较为密切，村民对集体事务甚为关心，村民对村庄内年长的有资历的长辈较为推崇。家庭联产承包责任制推行以后，“包产到户”的经营方式一方面激发了村民们的生产积极性，另一方面也促成了社区的“原子”化，村民间的生产生活关系远不如以前密切，村民甚至觉得做好自己的农活就好，村委会选举等政治活动愈加不被关注，个人主义在悄然生长，原有的“长老统治”也在被村庄内的冷漠和隔膜逐步摧毁。农地产权改革以后，由于自身利益和承包户息息相关，村民可能会对公共事务相对上心，集体主义精神可能会复归。然而，农村“空心化”、乡贤流失以及市场因子的渗透等问题也有可能会进一步助长乡村的个人主义、冷漠主义、功利主义。此两者之间的拉扯事关现今社区精神的重建工作。因此，我们必须尽可能规避现有的农地规模经营可能为乡村价值习俗带来的诸多弊端。

第三节　经济资本流动对农村社区配置性治理资源的作用

一、集体经济再生长，基层政府公共服务能力增强

人民公社时代，“大锅饭”、集体劳作等土地经营模式固然助长了“磨洋工、偷奸耍滑”等低效的生产行为，但是也为广大农村找到了一个可靠的集体经济收入来源，构筑起一个较为实际的农村集体经济体。家庭联产承包责任制刺激了广大农民的生产积极性，提升了整个国家的农业发展效率，但是农村集体经济走向衰败，村集体公共服务能力弱小。尤其是随着

经济发展，农民对于政府的政治、经济、文化诉求愈加繁多，村集体解决公共问题时的无能为力显得尤为突出。农地产权改革以后，在农村劳动力获得解放的同时，村集体和个人都可以从其中获得经济收益，为农村集体经济的发展提供了制度的前提，为打造服务能力突出的农村社区提供了可能。以农地规模经营为例，上文已经交代，公司规模经营农地主要通过"反租倒包"的形式来实现，作为发挥中介作用的村级组织一般会收取一定额度的服务费或管理费，这将增加社区治理的配置性资源，增强村庄治理的经济能力[①]。

二、土地流转规模化，国家整体粮食安全存在隐患

一是农地流转过程中往往出现农地变耕行为，间接影响了全国的粮食产出。伴随着城镇化、工业化进程，单纯用于农业耕种的土地经济效益大不如以往，尤其是工业化、机械化程度较低的地区表现得更为明显，较低的农业比较收益使农地非农化和非粮化屡禁不止。从单个农户的角度看，相较于务工获得的工资性收入，几亩薄田带来的经营性收入早已经满足不了农民（工）的基本物质需求，因此农民对保护自家耕地的积极性日趋下降。从基层政府的角度看，我国的法律规章对耕地的转化利用进行了极为严苛的条件界定，但各地政府面临着发展的压力，不少基层政府仍然通过钻政策的空子的方法变相肆意改造耕地。二是规模化经营意味着土地大户的经营风险增加，粮食安全难以得到保证。农业经营的风险大于其他产业，倘使经营不善的土地大户破产的话，唯有政府勉为其难的财政补贴才能补救，否则将造成严重的大规模的土地废弃，由此产生的资源浪费难以估量，因为土地资源浪费到了一定的临界点便具有不可再生性，可能形成巨大的社会风险与政治风险。

三、农业经营专业化，经营主体对抗风险能力加强

（一）市场信息获得能力增加

我国农产品市场一直处于信息不对称的情况。家庭联产承包责任制实

① 唐浩：《农村土地适度规模经营对村庄治理的影响研究》，《陕西行政学院学报》2015 年第 3 期。

际上是一种小作坊式的耕种，强调发挥个体户的积极性，改变过去“磨洋工”的低效生产行为，但是小规模的耕作方式使得农村粮食没有一个统合的规模化场地，销售路径也较为分散，缺乏一定的组织性，因此很难把握市场的动态，农民个体户在瞬息万变的市场面前处于绝对的被动弱势地位。小规模的个体经营本就无法承受稍大的经济风险，而这种被动地位则加剧了农民在进入市场时的尴尬局面。在长期习惯于自给自足的农业生活中，我国的农民主动获取市场信息的能力和意识本就不强，而单个农户缺乏影响当地政府提高其提供农产品信息服务质量的能力，也没有足够的资金获取信息，个体化的经济方式使地方政府也无法集中地做针对性的市场信息供给工作。农地经营规模化以后，村庄内部形成少数或不多的农业经营主体，它们和政府、市场之间可以产生更多的信息交互行为，凭借着自身拥有的一定量的农业生产，也可以在市场风险面前掌握一定的主动权。但是这种抗风险能力的增强也是相对的，它更加倚重于掌握村庄全部或绝大多数土地的少数承包主体的个人能力、政府对于承包主体的政策扶持程度、政府构建市场信息交互平台的完善程度等。

（二）农村资源配置趋于优化

农地经营规模化形成不仅表征为土地空间格局上的经营方式重塑，更是深层次上的农村乃至社会资源的重新优化配置。农地经营规模化以后，农地由掌握资本和技术的少数人经营，他们比以往的大多数仅仅依靠勤勉、以农业为兼业的农民更加注重经营的科学化，注重土地的实际效益。规模化使他们将最为先进的技术、机械投入农业生产成为可能。而原来寄生在土地上的农民可以在保留一定土地收益的基础上，远走他乡步入市场，选择其他行业挣取收入。这既增加了农民的经济收入，也为城市的第二、第三产业提供了充足的劳动力。这一过程实际上既是优化农地经营主体的过程，也是更新农民价值观和技能的过程。

综上所述，农地产权改革对乡村治理产生了全面而深刻的影响。首先，农地产权改革以后，承包户、大企业入驻社区，原来固守农村的农民转身成为农民工，进出之间极大地影响了乡村的治理结构。产权改革不仅使土地流入市场，也使农民流入市场，经济形势的起伏将会对农民工的命运产生极大的冲击，也会对签订的流转合同产生冲击，对社会稳定性提出挑战。其次，农地产权改革消解了原有的行政村的治理边界，重塑了社会阶层结构，促进了多元治理的进程。最后，农地产权改革导致农民经济利益与政府政策、承包户经营效益相勾连，一方面激发了民众民主意识，另一方面刺激了农民的外流，使乡村民主行为缺乏现实载体。以上分析在“资本—资源”的框架下进行，需要说明的是，这是一种理想型分析方式，实践中的产权改革对社区治理的影响要更为复杂、更为具体。简言之，农地产权改革对农村社区治理的内容、目标、模式、结构等方面产生了全方位的冲击，这种影响的具体作用则是与农民的流动和需求的变化、农村社区政治生态与社会结构的变动以及社会秩序的多变性等同步进行的。在此背景下，农村社区治理应该也做出了相应的调适和回应。

第二十一章　治理调适：农地规模经营中农村社区治理的回应

农地规模经营对于农村社区的影响是一个系统而复杂的多因素交错过程。在实践中，这种影响并非单向地施加于农村社区，由于土地制度和农村治理的紧密嵌套和持续互构，社区治理的调适和回应几乎是内生于农地规模经营的扩张过程。通过大量的文献研究和实地调研，我们从农村社区治理主体、治理内容、治理方式等方面比照农地规模经营前后农村社区治理的样态差异，从而进一步把握农地规模经营背景下农村社区治理的被动变化与主动回应。

第一节　农地规模经营背景下的社区治理主体多元性

以往的农村社区治理主体不外乎基层政权与自治组织和农民这两类，规模经营的发展和农地经营权的松动使农村迎来了另一类型的治理主体：农业企业或外来土地经营者。在规模经营的背景下，农村治理不仅要回应农民的新诉求、考量基层政权与自治组织的新激励，也要对外来主体进行关切。

一、农民

土地经营规模化的过程中农民是否能成为真正的受益者？是否会出现强制流转土地的现象？农地收益如何划分？承包主体的经营风险农民如何规避？承包主体是否按约行事？谁能监督？农民的损失谁能埋单？一系列

的问题都指明了土地规模化以后农民尽管拥有承包权，实际上处于严重的被动地位。随着土地经营方式的变化，农民的行为逻辑也发生了转变。农民希望自己是村庄治理的重要主体，他们积极参与村庄的选举，希望选举出可靠的、能够代表自己利益的“当家人”。他们寄希望于“当家人”在签订合同时能够更多地考虑自己的利益，面临纠纷时能够代表自己和承包主体或地方政府“理论”。甚至在一些地区，由于农民和承包主体之间存在经济纠纷，农民采取极端行为，这种对村庄治理产生恶性影响的维权行为实际上也直接反映了农民因为利益驱动会采取各种政治行为，或维权或争利。

二、新组织和新人口

土地规模化的过程也是社会化小农的过程，伴随着这个过程的是村庄权威格局发生的巨变，长老权威、伦理权威、土地权威逐渐消失，士绅的知识、身份权威也消失，代之而起的是经济权威和能力权威以及由村民选举产生的民主权威。可见，小农社会化不仅改变了乡村的经济社会结构，而且改变了乡村的权力结构①。这里的新组织和新人口就是由外部资本裹挟而来的人口、企业，以及为了融合承包主体、市场和农民而设立的各种组织。这些主体或由于资本的优势，或由于政策的倾斜无形之中已经对村庄政治产生了诸多影响。此外，这些主体也会通过各种渠道进入治理机制，成为治理主体，以维护自己的利益。实际上，外来资本和村庄内部群体天然地具有某种对立性，因此它们的利益也应该得到足够的关注和合理的保护，这是确保农地规模化良性、有序发展的必要前提。与此同时，农村社区治理主体演变的另一个特点是民间组织的快速发展，这些组织或基于实际生产经营需要内生于社区，或旨在达成利益协调发轫于外部建构。如服务于农业生产的行业组织、合作组织与社会中介组织等在调解纠纷和划分利益界限方面起到了不容忽视的作用，随着这些民间组织结构、权能的日渐完善，它们在基层治理体系中会发挥越来越重要的作用。

---

① 邓大才：《社会化小农与乡村治理条件的演变——从空间、权威与话语维度考察》，《社会科学》2011年第8期。

三、乡镇政府和村民自治组织

在“乡政村治”的治理格局下，乡镇政府和村民自治组织实际上都是国家政策的执行者、贯彻者。农地规模经营后，农村治理主体具有多元性的特点，市场经济也开始渗透进农村。在此情况下，乡镇政府急需转变管理职能、完善管理方式，适应市场要素的进入，引导和协调不同的利益主体共同为农业发展、农村繁荣和农民增收贡献各自的力量。在村庄治理秩序面临重构的特殊时期，村民自治组织也面临着许多新的考验，承担着更多的职责。村民自治组织则应该履行好发展村庄经济，协调村民、承包主体、中介服务组织的功能。一般情况下，村民自治组织的自治性使其在处理村庄内部利益问题时往往可能取得更多的信任、更好的效果，因此，应该着重培养村民自治组织的自治功能，以完善村民选举制度为前提，以增加村“两委”权能为依托，构建一个良好、有序的农村环境。

第二节　农地规模经营背景下的社区治理内容适恰性

在农地规模经营的大背景下，村庄治理主体多元，既有的治理主体和新的治理主体之间利益交互形成了纠连复杂的关系，面对新的利益诉求、新的利益矛盾，基层政府、村组织必须以适应治理环境的转变为标的，积极转变治理内容。

一、完善社会服务体系，构建农民权益保护体系

很多研究表明，社会服务体系是否完善直接影响农民的土地流转意愿，从而影响土地规模化经营。[①] 徐勇和邓大才等很早就使用了“社会化

① 闫小欢、霍学喜：《农民就业、农村社会保障和土地流转——基于河南省479个农户调查的分析》，《农业技术经济》2013年第7期。

小农”这一理论范式，阐述了这一特殊时期农民遭遇的危机，并提出了应对之策。政府推行的部分相关政策与此形成了共振，政府开始积极为农民构建社会化服务体系，培育农民的新技能，促进农地就业。与此同时，各地政府也在创新农地规模经营中的农民风险保障机制，强化市场信息捕捉能力，加大农业投入资金，兴修水利、优化交通，努力做到农业生产低风险、高收益，减轻农民的后顾之忧。再者，政府也在努力培育各种社会中介组织，努力规避和协调承包主体和农民可能产生的经济纠纷。此外，部分地区已经注意到农民工群体应该被逐渐纳入治理范畴。土地规模经营后，社区治理的对象多元化，留守在家的是妇女、老人、孩子，青壮年长年在外，这对治理的内容提出了新要求。

二、提供市场信息服务，监管新进资本主体

社区治理主体的多元性决定了治理内容的多样性。外来资本的进入意味着农业发展的新契机，也意味着农业发展完全曝光在市场经济的风险之下。因此，一些政府开始主动提供市场信息服务，降低农业生产风险，从而扶持农民和外来资本，使规模经营成为真正的良善之事。当前，农业供给侧结构性改革是三农领域改革工作的重中之重，农地规模经营是实现供给侧改革的重要抓手，在此过程中，包括提供市场信息在内的农业生产性服务是重要的支持力量。当然，为了真正达到提升产品质量、实现农民增收的改革目标，使涉农要素能够自由流动，对新进资本主体进行监管是必要的，已有多地出台了包括新型经营主体准入、新型经营主体扶持制度等在内的一系列监督和管理制度。

三、整合乡村治理话语，构建乡村治理权威

乡镇政府和村民自治组织的工作和底层人民紧密相关，和普通农民面对面对话是常事。长期工作在基层一线的人员都有足够的话语经验：农民对政策话语的理解往往并不准确和深入，对于农民而言，那就是与自己利益无关的“空话”。所以村庄管理精英十分注意整合话语，将官方的政策话语、农民的底层话语、市场的交易话语整合成农民能够听得懂，又能够说服人的话语——治理话语。治理话语系统是村庄管理精英与农民争夺村

庄话语权过程的结果。乡村治理话语既是小农社会化的结果，也是社会化小农的创造[①]。

第三节　农地规模经营背景下的社区治理方式协同性

农地规模经营催生了不同的治理新主体，演化了新的农民阶层、新结构，基层政府必须更新、创新治理内容，而落实这些创新治理举措的前提是治理方式、治理机制的完善、更新。

一、传统治理方式瓦解

在传统农村社区治理当中，村民委员会承担了社会几乎所有的公共事务管理和公共服务提供的职能，村民委员会覆盖了社会组织的职责和功能，成为管理村级公共事务的单一主体，这种全能型、包揽型的治理模式开放性较低，各个治理主体之间的互动性、合作性、协同性程度不高。正如有人指出，“在全能性政府中，权威决定一切，在这种情况下，不同层级政府之间、不同职能之间、不同工作人员之间相互作用和反馈的复杂程度就降低”[②]。经济基础决定上层建筑，随着土地和农民等农村资源的快速流动，此前的人民公社体制和适应于家庭联产承包责任制的“乡政村治”模式已经无法适应新时期的新要求，传统的治理方式已经逐步瓦解，农村治理转型正悄然发生。传统治理方式的瓦解是由于其治理基础、治理环境的改变，土地规模化经营以后，治理主体多元化，为满足、协调多元主体的不同诉求，为应对不同的新的村庄运行结构，治理内容相应改变，治理方式自然需要更新。

---

① 邓大才：《社会化小农与乡村治理条件的演变——从空间、权威与话语维度考察》，《社会科学》2011年第8期。

② 中共成华区委党校课题组：《完善涉农社区治理推进产权制度改革》，《成都行政学院学报》2009年第6期。

二、构建新型治理方式

以往的乡村治理更多的是村集体等准行政力量、绅士乡贤等乡村精英人物们对村庄的有序运行提供帮助。可是土地规模经营以后，乡村治理主体多元，多种利益主体之间的博弈既存在着均衡，也存在着较大的实力差距，矛盾和共识都体现在村庄运行的治理方式上。因此，解决这一现状的最佳途径就是寻求一种全新的治理方式。一些社区开始主动推进社区民主，村集体积极吸纳多元主体参与公共事务管理，问策问计于民，发挥社会精英、民间组织等非行政主体在农村社区治理当中的作用。社区精英掌握社区话语，他们或因为学识、财力、名望等在社区中具有很强的影响力，是民间的仲裁人。很多私人纠纷可以通过他们来解决，一来可以降低行政成本，二来可以化解民间矛盾。民间组织主要是土地规模化之后出现的介于政府和市场之间的组织。很多地方积极培育和建立中介组织，在缓解政府、市场、承包主体、农民之间的矛盾，降低农业经济风险，保障农民基本权益方面发挥了突出的作用。

三、完善相关治理机制

（一）坚持公正原则，兼顾不同阶层利益诉求

资本下乡的村庄大部分是传统纯农业型村庄，它们短期内与外来企业发生了激烈碰撞，村庄迅速被资本化和公司化。村庄的“再造”使乡村治理的社会基础由村庄—农民变为公司—资本，公司替代村庄成为一个横亘在国家与农民之间的政治经济实体[①]。为了避免基层政府被资本所诱惑，一些地区积极规范土地规模化的相关流程，扶持中介组织，完善村民组织权能，健全社区民主机制，将公正原则贯彻到实处。

（二）防止治理主体非法占有公共利益

前文已述，土地规模化意味着社区治理主体的多元性，多元性也可能加深规范土地规模经营流程的难题。因此，基层政府为防止治理主体非法占有公共利益，积极明晰各主体的权、责、利，乡镇政府合理放权，村民

① 焦长权、周飞舟：《“资本下乡”与村庄的再造》，《中国社会科学》2016年第1期。

组织健全民主，中介组织发挥监督和调节功能，迫使外来资本尊重流转合同、农民群体按约维权，乡镇政府是元主体，积极协调各主体的关系，积极放权的同时也发挥了及时补位的功用。

（三）促进阶层之间的互惠合作，促进乡村社会和谐发展

除了社区治理主体的多元性之外，随着土地规模经营的推进，村庄内部出现了更加明显的阶层分化。如何缩小因经济收入差距带来的村庄内部的心态“分裂”？如何避免因阶层分化带来的非均衡的村庄秩序、基层民主？地方实践给的答案是：健全社会保障体系，通过村集体的再分配调节收入差距，通过促进阶层之间的经济互惠合作强化经济联系，通过协同治理方式强化社区关联，从而促进乡村社会和谐发展。

第四节　农地规模经营背景下的社区治理制度耦合性

农地产权制度改革是新时期我国诸多宏观战略的交会点和接合部，是当前深化农村综合改革的关键环节和推进城乡一体发展的重要手段。事实上，作为由农地产权制度改革所触发的农村社区治理转型也与农民权利保障制度、农村集体资产产权制度改革等当下重要的时代议题存在着较强的制度关联性和耦合性。

首先，实现农民权益的完整性呼唤农村社区治理转型。在传统农地产权制度与农村社区治理结构下，法律法规对农村集体土地产权主体、产权边界、实现形式规定不明确，宅基地以及农民房产等也仅仅限于在集体经济组织成员内部流转，农用地、宅基地等难以进入金融机构进行抵押，农民难以充分享受土地资源的财产权利。而在既有的户籍制度、社会保障制度以及公共福利制度下，农民对土地的依赖程度较高。在城镇化过程中因为土地拆迁征用而导致的社会矛盾更是造成基层治理失调、社会秩序紊乱的重要因素。在此背景下，一些地区在维护农民合法权益、实现基层社会稳定的目标下深入探索农地产权制度改革的途径，不断促进农地产权制度流转的法律体系、农地产权交易平台以及城乡基本公共服务和社会治理体系的发展完善，由此也驱动了农村社区治理格局的新变化。

其次，农村社区治理转型与健全城乡基本公共服务存在着内在的关联和耦合。在农村土地流转中，农民最大的顾虑是土地使用权流转后失去了土地所承载的社会保障功能，影响其基本生存所需的就业、养老、教育、医疗等。[①] 因此，在大力推进城镇化的背景下，城乡二元结构所带来的社会福利和基本权利方面的差别也不断要求变革农村社区治理，农民日益要求获得更多的基本保障和社会福利方面的权利，这就倒逼社区治理转型，农村社区逐渐行使着提供更多的优质公共产品和公共服务的职能。同时，农民进城务工，感受着城市的便利和好处，体验着城市的公民文化和管理方式，当他们从城市返回农村，这些从城市所带回的思想观念便会对农村社区治理产生冲击，促使农村社区治理向着更加平等、开放、互动参与的方向转变。

最后，农村社区治理转型与农村经济发展存在着紧密关联。从根本上来讲，农村社区治理转型就是要构建与社会主义市场经济相适应的农村社区治理模式。事实上，计划经济时代所形成的农村土地产权制度以及治理模式延续到现在是掣肘农村产业发展、制约农村经济做大做强的重要原因。因此，打破城乡二元体制障碍，实现城乡一体化发展，促进城乡之间人、财、物等资源的双向良性互动是促进农村经济发展的重要手段，也是农村基层治理转型的重要动力。而农村社区治理的转型，包括集体土地产权制度改革、基本公共服务的均等普及以及基础设施的改善等方面又为农村经济的快速发展奠定了基础。

---

① 郭金云：《乡村治理转型的微观基础与制度创新》，《中国行政管理》2015 年第 5 期。

第二十二章 对策建议：农地规模经营背景下的农村治理优化

土地问题是根本问题，农村各项改革的推进以农民和土地的关系为主线，综观税费改革、农村综合改革和农业供给侧结构性改革，“三农”改革和发展问题的最终落脚点还是农地制度。由此观之，农地制度无论是在纵向的历史演进中还是在横向的各个改革领域中都具备基础性特征，这种基础性的制度变迁和改革实践镶嵌于农村社会之中，因此，农村社会的治理无法绕过农地制度的现实状态，只有遵循制度变迁规律和产权安排要求的农村治理才能够减少阻力和羁绊，达至完善和创新。在农地规模经营背景下，农村社区治理获得了新的转型契机。正如上文所述，在当前的实践中，农村社区治理在制度、主体、内容、方式和效果等方面对农地规模经营做出了调适，这种转型和因应具有积极意义。但也应该看到，规模经营同样对农村基层治理提出了新的挑战和要求，当前的农村社区治理远未达到与农地规模经营等经济社会变迁完全适应的理想状态。我们认为，在接下来的治理探索中应继续以农地规模经营发展态势为基准，树立科学的治理理念，并着重从治理体系、治理能力和治理机制等方面全方位提升农村治理现代化的程度。

第一节 总体理念引领下的农村治理改革架构

“三农”问题繁难复杂、牵涉广泛，农地规模经营与农业强、农村美和农民富联系紧密，在整个农地制度改革创新中居于重要位置。与此相适应的农村治理改革应以科学的理念为引领，包括在农村治理体系完善中树立系统理念，在农村治理能力提升中强化效能理念，在农村治理机制建构中遵循转型理念。在此三大理念的引领下，农村治理改革的总体架构以治理体系为基础、以治理能力为追求、以治理机制为支撑，从而逐步实现农地制度与基层治理之间的良性互动。

一、系统理念与治理体系完善

从宏观角度审视，新时期的农业供给侧结构性改革已经做出了整体部署，“四化同步”发展战略正在迅速推进，全面实现小康社会的目标期限即将到来。在此过程中，农地规模经营与土地确权、土地流转、“三块地”改革及农村集体产权改革等共同构成了农业供给侧结构性改革的重要抓手，也是补齐当前“四化同步”中农业现代化“短板”的重要途径。农地规模经营本身也在农地制度改革各项内容之间起着关键性的衔接作用。因此，我们必须将农地规模经营置于城乡一体化发展、全面建成小康社会和实现“四化同步”等大战略大格局中，置于农地制度各项改革的衔接关系中，以系统理念推进与此相适应的农村治理体系。在完善治理体系方面，应紧扣农村土地的产权变迁、产权约束和现实要求，从治理资源、结构、主体、目标和内容等方面形成政策思路，进而为治理能力的提升奠定基础。

二、效能理念与治理能力提升

以上是在农地规模经营背景下，对适应于土地产权现状的农村治理体系的初步设想，在此基础上应着力提升农村治理能力。鉴于目前存在不同程度的治理失序和治理低效，农村治理能力的提升应牢固树立效能理念，以保障农村治理的有序和高效，保障农业生产提质增效、经营主体合作共营、治理主体协同共治以及农村社会和谐稳定。具体而言，在提升治理能力方面，主要应立基于濡化能力、规管能力、统领能力、再分配能力、吸纳与整合能力[①]，以此与治理体系的改革和完善形成合力，共同应对新型农地产权安排、农业经营模式和资源流动现状。

① 王绍光：《国家治理与基础性国家能力》，《华中科技大学学报（社会科学版）》2014 年第 3 期。

三、转型理念与治理机制建构

上述治理体系是结构性考量，治理能力是功能性侧面，治理机制则以体制为基础，是衔接和支撑治理体系与治理能力的关键部分，在农村治理体系和治理能力现代化的总体要求下，应以转型理念为指引，实现治理手段的时代化、治理方式的科学化、治理过程的程序化和治理运行的合作化，最终服务于治理效果的有效性①。在具体的改革操作中，应从协商机制和制度体系等方面入手。

第二节　农地产权安排约束下的治理体系完善

当前，农村社区治理远未达到与农地规模经营等经济社会变迁完全适应的理想状态。我们认为，在接下来的治理探索中应继续以农地规模经营发展态势为基准，同时将视野拓展到整个土地确权、三权分置、土地流转和规模经营共同构成的实践链条和地权特性，抓住“产权—治理”这一主线，从农村社区治理的资源、结构、主体、目标和内容等方面进一步推动完善。

一、以产权约束和资源流动为契机，优化社区治理资源

（一）产权约束下的集体经济发展和治理资源积累

治理资源是治理行动的物质支撑，在治理体系中居于核心地位。赋税制度和产权制度是解开基层治理困局的两把钥匙。赋税制度方面，自2003年农村税费改革全面推行以来，基层政府逐渐从“汲取型”政权转变为“悬浮型”政权，在这个转变过程中基层政府的行为模式也发生了改

① 杨海蛟：《推进国家治理体系和治理能力现代化的重要抓手》，人民论坛网，2015年7月16日，http：//politics.rmlt.com.cn/2015/0716/395039.shtml，2017年5月20日。

变，与农民的关系更为松散[①]。作为基层自治组织的村民委员会尚未摆脱根深蒂固的隶属关系和无限延伸的行政责任，由赋税制度转变引发的县乡政府财政资源变化会直接作用于农村社区，也会直接影响其治理资源的丰富程度。产权制度方面，由于社会主义国家内在的公有制经济规定性，我国农村土地的所有权属于集体，这种产权约束在一定程度上限制了农民的市场行为，但同时也为各级各类集体经济组织和农村自治组织积累治理资源提供了制度保证。2010 年前后，全国高水平集体经济数量已达 10000 个左右，如浙江余杭区小古城村，2014 年村集体经济可分配收入为 486 万元[②]。

集体经济的发展壮大是丰富农村治理资源的重要途径，由于农村土地实行集体所有制，加之发展集体经济的组织基础、工业化发展提供的物质基础、农村改革和发展培育的现代农民以及发展集体经济的强烈愿望，使农村发展集体经济具备了现实可能性[③]。但集体经济发展也面临着政策支持缺乏、组织建设乏力、集体观念弱化等困境。由于集体所有制的土地产权约束，尤其是统分结合的双层经营体制使集体经济的发展与农村社区治理密切相关，其背后的逻辑则是集体经济的壮大有助于治理资源的丰富，从而能够促进农业发展水平、农村基础设施建设水平与农民生活水平的提升。在当前形势下，继续发展集体经济、优化治理资源，应充分借鉴温州市“三分三改”的集体产权改革经验，从四个方面入手：一是因地制宜，结合各地不同的资源禀赋、地缘区位、产业结构和政策支持情况确立清晰的发展规划和科学的发展思路；二是加强激励，制定发展集体经济的目标管理责任，实行村干部结构工资制度，加大对农村集体资产的监管，健全对集体资产经营管理的责任追究等；三是协同发展，统一思想认识，加强对发展集体经济的紧迫感和责任感，使村级集体经济与农村整体性经济社会发展相协调，使集体经济发展与体制机制创新相结合，使集体经济与私营经济协同发展。唯此才能保持农村集体经济在社会主义市场经济中的地位、发挥农村集体经济在提高农民组织化程度上的作用，并最终通过治理资源的不断积累和有效利用使农村社区治理更加完善。

---

① 周飞舟：《从汲取型政权到“悬浮型”政权——税费改革对国家与农民关系之影响》，《社会学研究》2006 年第 3 期。

②《小古城村村民手册》，2014 年 6 月，资料来源于现场调研。

③ 彭海红：《中国农村集体经济的现状及发展前景》，《红旗文稿》2010 年第 23 期。

（二）资源流动中的集体经济收益和治理资源优化

通过发展农村集体经济积累治理资源是在当前农地产权约束下的现实选择之一。但由于各地发展的不平衡，我国也存在诸多集体经济“空壳村”，面临治理资源贫瘠的客观现实，农地制度的变革再一次释放了发展活力和改革红利。从2014年《关于引导农村土地经营权有序流转发展农业适度规模经营的意见》（以下简称《意见》）的出台到2015年中共十八届五中全会，农村土地三权分置逐步从设想变为现实，作为一项针对既有农地制度困境和矛盾的重大农村改革创新，三权分置的进步意义在于促使土地流转和抵押融资从“封闭性”走向“开放性”，促使农村土地从“分散碎片化”走向“连片规模化”，促使经营主体从“传统单一化”走向“新型多元化”。

三权分置改革强调落实集体所有权、稳定农户承包权、放活土地经营权，其中承包权和经营权的分离打破了原有承包经营权只能流转给本集体经济组织内部成员的限制。因此，经营权的放活意味着多元主体进入农业经营领域，其中既包括种养大户、家庭农场、专业合作社等农村内部的经营主体，也包括农业公司、工商资本等外部主体。根据我们的调研，当前大部分农村外部主体参与经营的土地面积都大于《意见》中提出的“当地户均承包土地面积的10–15倍”的规模，其中一部分更是涉及整村土地流转。在此过程中，农业公司或工商资本往往倾向于和村委会或村集体经济组织签订相关合同①，后者作为农村土地所有权的主体和产权流转的中介也能够以管理费等形式获取一定比例的土地流转租金，那么这部分资金也就成为农村社区治理资源的重要组成部分之一。

需要注意的是，通过资源流动的方式获取的治理资源存在一定的风险，这是因为部分新型经营主体的农业经营能力和风险抵御能力较低。就此而言，基层政府和村级组织在土地经营权流转中首先应进行规模限制，以当地户均承包土地面积的10~15倍作为参考基准；其次，在土地经营权流转中要进行期限监管，结合抵押要求、《物权法》规定和长期收益原则，

---

① 有学者曾在融合产权理论与代理理论的基础上结合我国的现实情况总结了三种土地流转模式——私人代理、政府代理和市场代理模式，本书中所称的村集体组织充当流转中介属于政府代理模式的表征之一。参见董国礼、李里、任纪萍：《产权代理分析下的土地流转模式及经济绩效》，《社会学研究》2009年第1期。

以3~5年为下限，以承包经营权存续期为上限；最后是引导工商资本结合实际情况确定合理的流转价格，加强对流转双方履行权利义务情况的监管，经营权人提供风险保障金，作为投资失败后的土地使用费和对承包人损失的赔偿。只有建立起科学有效的土地流转制度体系，才能切实规避风险、破除障碍，为实现农村社区治理资源的持续性和稳定性提供保障。

二、以产权结构和产权细分为依托，调整社区治理结构

（一）农地产权结构形塑社区治理结构

社区治理资源依附于特定治理结构才能发挥作用，而社区治理结构同样受到农地产权变革的影响，尤其是近年来推行的三权分置改革。习近平总书记指出，改革开放以前，农村集体土地是所有权和经营权合一；家庭联产承包责任制实现了土地所有权和承包经营权的分离；现在，把农民土地承包经营权分为承包权和经营权，实现承包权和经营权分置并行，形成所有权、承包权、经营权三权分置，经营权流转的格局①。正如前文所述，不同的产权归属和土地分配影响了农村社区的治理形态②，不同的产权结构也形塑了不同的农村社区治理结构，进入到新的改革时期，三权分置的实施、土地流转和规模经营的推开必将成为农村社区治理新的促变因素。

从组织和利益层面分析，土地制度的变迁要求有新型的村级组织去实现和分配土地非农化带来的经济利益。土地产权束在农民和村集体之间分布的变化显著地改变了农民和村级组织之间原有的关系，再将国家在农地产权改革中的重要作用纳入分析，农地产权结构形塑社区治理结构的基本逻辑是：国家（政府）如何在农村实现有效统治是塑造农村组织结构的决定因素；土地产权安排决定的各方成本—收益格局是做出选择的客观约束

① 韩长赋：《土地“三权分置”是中国农村改革的又一次重大创新》，《光明日报》2016年1月8日第1版。

② 如在传统封建土地所有制时期，国家与社会高度分离，处于社会基层的广大农村和农民实行的是乡绅、宗族和家长的自我治理；在农业合作化和人民公社化时期，国家与社会高度同构，农村社区被国家权力所裹挟，实施的是依托政权体系和科层体制的纵向官治；分田到户以来，国家权力逐步从乡村治理的场域中退出，尤其是农村税费改革以来，中国在历史上第一次真正实现了“均田免赋”的目标，由此也引致了基层政权和农村社区的进一步分离，村民自治应运而生。

条件；在农民、村级组织（农村干部）和地方政府之间展开的博弈过程决定了各地农村组织结构在实现形态上的多样性①。

（二）农地产权细分背景下的治理调试

具体来看，三权分置的政策初衷即是通过产权细分形成“集体所有、农户承包、多元经营”的格局，农地流转和规模经营也受到国家政策层面的大力支持，由此带来的治理意义即是形成开放性、包容性的多元治理结构。首先，针对产权的细分所带来的农村人口流动、新型主体进入，农村社区治理的主体结构应更加多元，人口流动会造成村民与村庄的疏离，需要提升社区的组织化程度，以此提高治理效率，扩大覆盖范围。新型农业经营主体的进入要求开放的农村社区治理体系，需要通过协商等方式充分吸纳不同利益主体的意见，协调不同利益主体的诉求，以此达成治理共识，凝聚治理力量。其次，针对产权细分所带来的市场化和民主化因子，农村社区治理的目标结构应该有所侧重，即强调自我管理、推进民主治理。市场化进程使农村社区和社区居民日趋个体化，其需求更具多元性，这就要求农村社区向自我管理的职能回归，逐渐将经济职能和行政责任从自治组织中剥离②，通过设置更合理的治理目标来回应不同主体的服务需求。市场化与民主化往往相伴相生，受到市场化进程中平等精神和契约精神的影响，无论是社区居民还是外来人员，其民主化的愿望必定越来越强烈，在此背景下，在治理目标结构中更应该向民主治理倾斜，以此拓宽参与渠道，实现社区善治。最后，针对产权细分带来的新的治理需求，农村社区治理的内容结构应该更加明确，即提供更广泛、更高效的农村公共服务。简言之，土地产权的变革必然带来利益关系的变革，利益关系的变革会引致农村社会的变革，因此就需要与之相适应的社区治理结构。当然，以上内容只是提纲挈领式的框架性分析，下文将就社区治理结构中的主体、目标和内容进行更全面的阐释。

---

① 陆雷：《农地制度与村治方式——以广东南海的土地留用制度为分析对象》，《东南学术》2008 年第 2 期。

② 吴晓燕：《农村土地制度产权变革与基层社会治理转型》，《华中师范大学学报（人文社会科学版）》2013 年第 11 期。

三、以产权强度和产权流转为基础，定位社区治理主体

（一）农地产权强度所连接的社区治理主体

产权强度决定着产权实施，根据阿尔钦等的研究，产权强度由实施它的可能性与成本来衡量，这些又依赖于政府、非正规的社会行动以及通行的伦理与道德规范[①]。因此，可将产权强度理解为政府代理下的国家赋权、产权主体行为能力与社会规范的函数[②]。从国家赋权的角度看，当前我国农村土地属于集体所有，此规定直接牵扯出以下几个影响农村社区治理的主体：一是国家职能的行使者——政府；二是所有权的承受者——集体经济组织或自治组织；三是集体所有权的人格化主体——村干部。从产权主体行为上看，所有权主体上文已经交代，承包权主体的行为即农户的行为，农户这一主体是由集体成员权所界分的，具有一定的封闭性。与此不同的是，经营权主体既可以是集体经济组织成员，也可以是工商企业等农村社区外部的主体。从社会规范的角度来看，已经突破的生存理性并日趋经济理性的乡村精英往往是既有社会规范的引领者和新型社会规范的改造者。由此可见，农地产权强度不仅是分析产权本身的重要概念，也可以以此为基础对社区治理主体产生更全面的界定。

（二）农地产权流转所衍生的社区治理主体

由于农地产权是一个权利束，其流转在规范意义上应包含所有权、承包权和经营权的流转，但现实中的政策指向是落实所有权和稳定承包权，因此两者的流转极少发生，即使发生农户承包权的退出和流转行为，也并不会对社区治理主体产生影响。可见，在衍生新型治理主体方面能够发挥影响的一般仅指经营权的流转。农地三权分置的积极效应之一即体现在促进农业经营主体的培育和增收[③]。据统计，目前全国平均规模 200 亩的家

---

① Armen A.Alchian. Some Economics of Property Rights，Il Politico，Vol.30，No.4，1965，pp.816-829.

② 钟文晶、罗必良：《禀赋效应、产权强度与农地流转抑制——基于广东省的实证分析》，《农业经济问题（月刊）》2013 年第 3 期。

③ 根据已有的总结，农地三权分置的其他效应主要体现在要素、主体、制度和价值等方面，具体表现为：优化农业生产要素的配置和整合，推动农村土地制度的改革和完善，兼顾农民价值需求的公平和效率，赋予其更多财产性权利，增加其财产性收入。

庭农场有 87.7 万家，农民合作社 153 万家，产业化经营组织 35.6 万家，各种类型的社会化服务组织 115 万家[①]。这些由于土地流转和规模经营而产生的新型组织同时也构成了农村社区治理的积极参与者。首先，农村社区既是生活共同体也是生产共同体，生产和生活在地域上的交叠使上述经营主体必然会对农村社区治理产生多个面向的影响。其次，我国各地存在资源禀赋和发展水平等方面的差异，这种差异也催生了农地流转后的新型经营主体的多元样态，对农村社区治理主体的定位应充分考虑到上述各个方面的因素。

四、以配置效率和禀赋效应为重心，完善社区治理内容

随着时间的推移，家庭承包制的制度绩效逐步释放殆尽，实践中又面临着土地分散碎片化、农业比较收益低、农户兼业化和农业劳动力素质不高等问题，这正是新一轮农地产权改革的实践要旨。改革归根结底是要解决资源的配置效率问题，从这个角度出发，农村社区治理内容的重要组成部分之一即是通过土地资源整合和地权纠纷化解来提升土地资源的有效利用与合理配置。

（一）以提升农地配置效率为重心的社区治理内容

首先是土地资源的整合。产权改革的后果之一是推动了农村社区组织从生产经营的直接组织者转变为服务提供者，面对农地分散、效率低下的困境，农村社区需要通过多种方式进行土地资源整合。如湖北沙洋县抓住新一轮农村土地确权登记颁证机遇，以村民小组内农户之间流转经营权、调整承包地块等方式，整县推进“按户连片耕种”，使近九成农户耕种的土地连片且“不插花”，让农民种田不用东奔西跑，对解决农村土地“分

① 张红宇：《关于深化农村改革的四个问题》，中国金融四十人论坛，2016 年 4 月 12 日，http：//chuansong.me/n/2833781，2016 年 6 月 1 日。

散化”等问题和发展多种形式适度规模经营做出了探索[①]。“沙洋模式”既公平调整了农民的土地承包经营权，连片后易规模流转，又提高了单个农户分散经营土地的利用效率，让土地创造更大的价值。按户连片耕种有效解决了农村劳动力不足、分散耕种成本过高等问题，也为规模经营打下了基础。湖北沙洋的做法是政府和村组织提倡策划、农户等承包经营主体参与实施，实践中的另一种方式是通过组织创新来实现土地资源整合。如前文介绍的江苏无锡土地流转信托项目就是通过组织引入和创设推进土地资源的规模化、集约化和资本化运营。无锡桃园村土地流转信托项目的运作程序包括土地承包经营权确权、发放土地股份合作社股权证、对土地股份专业合作社进行工商注册登记以及通过信托公司转租给农业专业合作社等。在此过程中，农村社区的治理内容是在引入土地信托机制和金融工程技术的基础上创设土地合作社和专业合作社等新型组织，以此为载体推进土地资源的有效整合。

其次是地权纠纷的化解。根据于建嵘的研究，土地问题已经替代税费冲突而成为农村威权的焦点[②]，地权纠纷已经上升为农村社会失序的主要根源并一直持续。当前的现实是农地权属关系存在很多既有矛盾，正在开展的承包经营权确权登记颁证也可能引发新的矛盾，历史遗留问题和改革激发的问题交织在一起非常不利于土地资源配置效率的提升，甚至会造成较大的资源损耗和治理环境恶化。已有的经济学分析认为，市场交易本质上是不同主体间的产权交易，清晰的产权是降低交易成本的基础，地权纠纷在很大程度上应归因于产权的不明确，也无疑会抬升交易成本。社会学

---

① 根据调研，湖北沙洋县按户连片耕种改革主要是通过“一主一辅一不得”来实现，即在农民自愿前提下，以村小组内流转经营权为主，以互换承包权为辅，不得整村打乱重分。集中连片耕种的第一种模式是土地的承包权不变，农户间协商交换经营权，体现了土地三权分立的政策，也是目前应用比较广泛的模式。第二种模式是农户间协商交换承包经营权，承包权与经营权一并交换。沙洋在改革中坚决尊重农民意愿，得到了农民的认可，同时坚持严守政策，获得了各级政府部门的肯定。农业部曾就沙洋的探索进行专门调研，并总结了按户连片耕种的五条成效，认为其经验值得在农区推广：第一是化解了务农劳动的“累”的困境，第二是化解了分散流转“差”的困境，第三是化解了公共设施“乱”的困境，第四是解决了种田成本“高”的困境，第五是化解了统一耕种“难”的困境。可参见《逼出来的“按户连片耕种”——湖北土地确权“沙洋模式”调查(下)》,《农民日报》2015 年 10 月 20 日第 01 版，http：//www.snzg.cn/article/2015/1020/article_41340.html；《湖北沙洋推广连片耕种，解决土地“分散化、碎片化”》,《人民日报》2015 年 9 月 6 日，http：//hb.people.com.cn/BIG5/n/2015/0906/c194063-26250898.html。

② 于建嵘：《土地问题已成为农民维权抗争的焦点——关于当前我国农村社会形势的一项专题调研》,《调研世界》2005 年第 3 期。

的研究则认为象征地权、模糊地权、关系产权、复合产权以及土地使用规则的不确定性是诱发地权纠纷的重要原因①。以上分析对于理解地权纠纷具有重要的启发意义，但在问题的解决上还应回归到社区治理层面，我们认为解决问题应从纠纷化解机制的完善和农民的土地认知入手。就前者而言，社区应积极与其他相关主体和机构协同，对承包地确权、征收、收回和经营权流转等环节出现的纠纷采取针对措施，以实践经验为基础完善司法裁决、行政裁决和纠纷调解，并及时进行跟踪评价、总结分析和决策转化，逐步总结利益冲突发生的深层次原因并推动解决；就后者而言，因历史纠缠、现实约束和特定心理产生的祖业权、生存权和土地占有的平均主义诉求是农民土地认知的重要内容②。由此观之，农村社区的治理内容分别是进一步加强农民群众对法治和协商的认同，提供基本生活保障和落实惠农政策，合理引导乡村社会的规范，尤其是农民对公平的合理认知③。如果能够逐步形成理性的认知，那么在认知权利基础上的谈判、交易不仅可以解决纠纷，在一定条件下，还可产生不同于法定权利结构的新的权利结构，从而具有制度变迁的含义④。

（二）以降低农地资源禀赋为重心的社区治理内容

与农民认知相关的另一重要因素是土地产权流转过程中的禀赋效应。禀赋效应生发于人格和财产的紧密连接，即某物品一旦成为个体拥有的一部分，人们便倾向给予它更高的价值评价⑤，一旦损失这一物品，相较于等量收益所产生的心理感受，人们计较损失的心理感受更为强烈⑥。因此，

---

① 参见张小军：《象征地权与文化经济——福建阳村的历史地权个案研究》，《中国社会科学》2004 年第 3 期；何·皮特：《谁是中国土地的所有者——制度变迁、产权和社会冲突》，林韵然译，北京：社会科学文献出版社，2008 年版，第 5 页；周雪光：《关系产权：产权制度的一个社会学解释》，《社会学研究》2005 年第 2 期；张小军：《复合产权：一个实质论和资本体系的视角——山西介休洪山泉的历史水权个案研究》，《社会学研究》2007 年第 3 期；张静：《土地使用规则的不确定：一个解释框架》，《中国社会科学》2003 年第 1 期。

② 郭亮：《土地“新产权”的实践逻辑：对湖北 S 镇土地承包纠纷的学理阐释》，《社会》2012 年第 2 期。

③ 当前，人们对财富分配的公平性、公正性、合理性的理解，深深影响着他们对现有的经济资源占有结构的认可，参见刘世定：《产权保护与社会认可：对产权结构进一步完善的探讨》，《社会》2008 年第 3 期。

④ 刘世定：《科斯悖论和当事者对产权的认知》，《社会》1998 年第 2 期。

⑤ Thaler, R. H.: Toward a Positive Theory of Consumer Choice, *Journal of Economic Behavior and Organization*, 1980 (1): 39-60.

⑥ Kahneman, D., Knetsch, J.L. & Thaler, R.H.: The Endowment Effect, Loss Aversion and the Status Que Bias, *Journal of Economic Perspectives*, 1991 (5): 193-206.

在农地流转等产权交易中，禀赋效应会使人的意愿卖价高于意愿买价，从而抑制潜在的交易[①]。禀赋效应的提出对于财产的主观价值具有深刻的解释意义，有学者曾提出禀赋效应的影响因素主要包括所有权形式、所有权占有时间和交易需求水平等，但这些分析的缺陷在于脱离了农户本身的特性及其背后的形成原因[②]。我们认为，当前我国农村土地禀赋效应较高的原因主要是农民“恋土情结”的心理惯性，其深层原因则是土地长期以来所承载的生产资料和社会保障的双重功能。因此，在产权改革背景下，推进社区治理优化的另一重要内容应是降低土地的禀赋效应。

首先是促进服务的完善。禀赋效应的形成与历史上曾长期存在的小农经济形态有关，传统农业发展不仅因技术进步缓慢而存在内卷化现象，也因人地关系紧张而呈现出小块经营的特点，农户抵御风险的能力极低，土地几乎是唯一的收入来源，由此引致了对土地的依赖，土地成了农民的“命根子”，有土地就有希望。进入现代时期后，长期封闭的城乡二元结构使农民无法挣脱土地的束缚，加之当时社会保障体系尚不健全，土地在农民心目中的地位是极其重要的，这种“安土重迁”的思维经历长期的存在逐步形成了强大的心理惯性。农民心理的形成立基于日常生活和朴素的经验判断，在社区治理中如何改变这种心理定势，进而降低土地的禀赋效应就成为当前和今后的一项重要内容。具体来看，还需从农民的社会保障和增加收入着手，社区应积极开拓和充分利用自身的资源，为农民提供稳定的社会保障。从整个经济社会的发展来看，随着国家惠农政策的力度提升和广泛覆盖，农村社区的治理压力也在逐步减小，接下来的努力方向应是使农民享受到更多的公共服务，分享更多的集体经济收益，使国家层面的保障能够在“最后一公里”有效落地，同时确保社区层面的服务在内部提升农民的幸福指数。在此基础上，社区治理的另一内容即促进农民增收[③]，具体包括通过就业指导和技能培训等方式使务工农民能够获得长期和可持续的工资性收入，通过发展乡村旅游和拓展农业等措施增加农民的经营性

---

① 钟文晶、罗必良：《禀赋效应、产权强度与农地流转抑制——基于广东省的实证分析》，《农业经济问题（月刊）》2013年第3期。

② 关于禀赋效应的影响因素，钟文晶等对已有的研究进行了总结，参见钟文晶、罗必良：《禀赋效应、产权强度与农地流转抑制——基于广东省的实证分析》，《农业经济问题（月刊）》2013年第3期。

③ 当前农民收入主要由家庭经营收入、工资性收入、转移性收入和财产性收入等部分构成。

收入，通过带动作用和程序设计为部分农户退出土地承包权或经营权提供支持等。

其次是助推制度的优化。虽然社区不是土地政策和产权制度的实际制定者，但社区干部对农村社会的情况和土地产权制度存在的问题有着直观而清晰的认识，在决策制定者和信息掌握者并非对称的情况下，农村社区治理的重要职责内容即是当好农民权益诉求的代理人和农地制度困境的反馈者。随着《村民委员会组织法》的长期实施，农村自治组织在治理内容上逐步由上级行政任务转换到居民公共事务，其背后的有力支撑则是权力来源的翻转：以往由上级任命的村级干部现在直接通过农民民主选举的方式产生，这也从法律上规制了农村社区治理的内容侧重和优先位序。具体而言，社区治理在降低资源禀赋方面可以从制度优化的角度确立两方面内容：一是在制度完善的信息传达中发挥应有的作用，做好农民的传声筒和政策的建议者；二是结合农村与农民实际，关注社区居民的土地认知、心理状态和行为准则，真正找准推进制度优化和降低农地资源禀赋效应的关键点。

五、以交易服务和产权行使为指针，重构社区治理目标

上文提及的农村社区治理目标包括强调自我管理和推进民主治理，如果对此进行更深入的分析，并将其置于改革发展稳定的诉求中，则农村社区的治理目标将得到更丰富、更具体的呈现。从改革和发展层面来看，当前农村社区治理的目标设置无疑要以产权行使为指针。从农村稳定层面来看，农村社区治理的目标设置应以交易服务为指针，并特别注重对征地冲突的服务提供。

（一）社区治理目标的改革维度：促进农地产权的有效行使

产权经济学提出的产权赋权和产权行使为推进农地制度改革提供了参考，在当前我国产权赋权结构既定的情况下，更现实的问题是如何有效地促进产权的行使，而在产权行使中，产权的转让和交易又是重中之重。从这个判断出发，农村社区治理的目标应是综合性的，它至少涵盖上文提及的四大方面，即优化农村社区治理资源、调整农村社区治理结构、定位农村社区治理主体和完善农村社区治理内容。农地产权改革背景下的社区治

理具有复合型的目标结构：治理资源是保障，治理结构是支撑，治理主体是关键，治理内容是抓手。

总结上述内容，从治理资源的角度看，农村社区应注重产权约束下的集体经济发展和治理资源积累，注重资源流动中的集体经济收益和治理资源优化；从治理结构的角度看，农村社区应积极回应农地产权结构对农村治理结构的形塑，推进农地产权细分背景下的治理调试；从治理主体的角度看，农村社区应充分发挥农地产权强度所连接的社区治理主体和农地产权流转所衍生的社区治理主体的作用，并保障农民的主体地位；从治理内容的角度看，农村社区应侧重以提升农地配置效率为重心的治理，即土地资源整合和地权纠纷化解，应重视以降低农地资源禀赋为重心的社区治理，促进服务的完善，助推制度的优化。当然，农村社区的治理目标还应包括治理方式的法制化、治理制度的科学化等方面，限于研究的主题，其他方面的分析暂不展开，以下将考察社区治理目标的稳定维度。

（二）社区治理目标的稳定维度：提供农地产权的交易服务

土地产权转让和交易的绝大部分对象是承包权和经营权，土地所有权的交易或变更具有一定的区位选择性，在产权交易中只占小部分，在实践中主要表现为土地征用。但与其比例不同的是，征地因为涉及土地由集体所有变更为国家所有，其中的土地级差地租和增值收益问题往往会诱发群体性事件等抗争行动和上访等维权行动，因此成为农村社区稳定的重要影响因素，这也是征地制度改革在“三块地”改革试点意见中处于首位的原因①。2014 年，国土部副部长汪民表示，近年因征地拆迁、补偿安置引发的信访案件居高不下，群体事件时有发生。根据国家信访局统计，群体性上访事件 60%与土地有关。土地纠纷已成为当前最常见的社会矛盾触点，占上访总量的 40%，其中征地补偿纠纷又占土地纠纷的 84.7%②。2003~2011 年媒体公开报道的征地上访和群体性事件也表明征地冲突呈加大之势，且分布地域广泛。中国社会科学院 2013 年发布的《社会蓝皮书》指出，近年来，每年因各种社会矛盾而发生的群体性事件多达数万起甚至十余万起。群体性事件的形成原因，以征地拆迁冲突、环境污染冲突和劳动

① 参见《关于农村土地征收、集体经营性建设用地入市、宅基地制度改革试点工作的意见》。

② 刘守英、周飞舟、邵挺：《土地制度改革与转变发展方式》，北京：中国发展出版社，2012 年版，第 187 页。

争议为主。征地拆迁引发的群体性事件占一半左右[①]。2014年，中国社会科学院法学院研究所对近14年间的群体性事件特点进行了梳理，发现征地拆迁在引发群体性事件的原因中位列第三。

针对目前严峻的形势，社区应同各级政府积极合作，在交易服务的治理目标下侧重实现以下几个方面：一是要参与建立公开、公平、公正和高效的土地征用管理体制和程序，保证被征地集体和被征地农户的知情权、参与权和申诉权；二是推动改革征地补偿制度，公允地确定征地补偿标准，适当提高农民在土地增值收益中的分配比例；三是推动对“涨价归公”与“涨价归政府”的区分，防止“归公”的土地增值变成地方政府，乃至部分地方政府官员的体制外收入，保证“涨价归公”的土地增值回馈社会；四是探索建立土地基金制度，将一定比例的土地收益归集起来，用于调剂丰歉余缺，平抑市场波动对地方财政的影响，实现土地收益的“年际”合理分配[②]。此外，征地制度的完善不能局限于制度本身，农村社区还应积极争取将被征地农民纳入城镇社保体系，探索留地安置、土地入股等多种模式，确保农民长远生计。

第三节　适度规模经营实践中的治理能力提升

从治理理论的角度审视，农地规模经营进程中的政治、经济和社会资本变化对农村的权威性治理资源、规范性治理资源和配置性治理资源产生了复杂而深入的影响。

针对这些变化，应在效能理念的引导下从治理能力方面积极应对，以规管能力和统领能力的提升回应权威性治理资源的变动，以濡化能力的提升回应规范性治理资源的变动，以再分配能力的提升回应配置性资源的变动，并在提升治理能力的过程中注重吸纳与整合能力的综合效应。

---

① 中国社会科学院：《群体事件半数因征地拆迁引发》，凤凰网，2012年12月19日，http://news.ifeng.com/mainland/detail_2012_12/19/20315708_0.shtml，2015年11月10日。

② 刘守英：《直面中国土地问题》，北京：中国发展出版社，2014年版，第151页。

一、濡化能力提升：凝聚认同与转变价值观

濡化能力主要是指以非强制形式对人们内在信念的形塑，使整个国家具有广泛接受的认同感和特定的价值观。我们在此处将这一概念进行引申，主要表达在农地规模经营进程中进行的认同凝聚和价值观转变。针对前述问题，濡化能力的提升主要包括以下四个方面：

首先是树立科学的发展观念。从政府的角度看，“三农”问题是关系中国特色社会主义事业发展的根本性问题，“不能忽视农业、不能忘记农民和不能淡漠农村”是在审视“三农”发展历史规律的基础上做出的重要论断。在新的历史条件下，农业在国民经济中的基础地位没有变，农民是最值得关怀的最大群体没有变，农村是全面建成小康社会和“四化同步”的“短板”没有变。2016年4月，习近平总书记在安徽凤阳小岗村召开的农村改革座谈会上指出，要坚定不移深化农村改革，坚定不移加快农村发展，坚定不移维护农村和谐稳定，这再次释放了党中央高度重视“三农”工作的强烈信号，也表明了改革发展与和谐稳定的政策目标，同时也折射出农村农业改革作为一项未竟之业尚存较大的优化空间和现实意义。在推进农村改革的过程中，各级政府必须坚持先谋后动、理念引领，切忌各项农村改革政策的割裂式、选择性和“一刀切”执行，避免将土地流转和农地规模经营作为政绩工程而采取简单粗放的措施，切实将农民增收和农业发展作为核心目标。

从农民的角度看，应该通过多种途径和方式使其对各项国家战略和农村改革发展具有更加清晰的认识和判断。当前，我国经济发展进入新常态，农村各项改革的红利效应逐步减弱，农业基础依然薄弱，农村发展仍然滞后，我国在农业转方式、调结构、促改革等方面进行了积极探索，但农产品供求结构失衡、要素配置不合理、资源环境压力大、农民收入持续增长乏力等问题仍很突出，结构性矛盾亟待破解。这就要求农业的发展必须顺应新形势、新要求，进行思路上、侧重上的重大转变，其中农业经营方式的转变是重中之重。因此，应让农民充分意识到市场化、工业化、城镇化和农业现代化的发展大势及其可能产生的重大影响，让农民能够更好地把握发展趋势，从而调整自身行为。如在农业生产过程中必须强化市场意识，国内的经济增速放缓和“三农”投入趋近“天花板”要求农业生产

者能够逐步降低对国家粮食收储和价格补贴制度的依赖，逐步提升对市场信息的捕捉能力和必要的务工技能，逐步适应与外来经营主体的合作与共赢等。

其次是强化契约观念。在农地规模经营中，农户和外来主体都存在一定程度上的机会主义行为取向，如在土地流转中农民和企业的合约偏向于关系型合约，这种不稳定的合约一方面导致农民看到更大的经济收益后不再遵守合约规定，另一方面也诱发了经营效益低下时外来资本的突然撤出。这些机会主义行为不仅可能增加交易成本，浪费土地资源，降低农业生产效率，也可能使农村社会因利益纠纷而陷入不稳定的状态。这就要求政府在农业经营方式转型中发挥应有的作用，规范农地规模经营中个体和组织的合约关系，使其逐步树立适应现代市场经济的契约观念，明晰各自权责，并科学立约、严格守约。

再次是唤醒权利观念。保障农民的权益和集体的经济利益是各项农村改革必须坚守的原则，但在农地规模经营过程中确实存在侵害农民利益的行为。分散的农户在和外来主体博弈时往往处于弱势地位，加之基层政府很可能与工商资本共谋，在达到各自目的的同时往往忽视了农民的权益。尽管随着村民自治的实施和市场经济的渗透，农民的权利意识逐渐被唤醒，但远未达到能够应对农地规模经营等农村改革带来的挑战的水平。因此，应进一步强化农户和农村各类合作组织的权利观念，鼓励其通过正常渠道表达利益诉求，吸引农民积极参与集体经济组织决策，并在合法权益受到侵害时能够理性维权，以此规制政府和资本可能出现的失范行为。

另外，农地规模经营由于强化了与农民的利益联结，客观上对于基层民主具有一定的正向作用，民众的主体性得到激发。但伴随着土地流转和人口外出，村庄中的民主载体严重缺失。由于对村庄事务无暇关注或缺乏参与，基层民主受到了严峻的挑战。隐藏在这种现象背后的同样是农民的权利观念，参与意识的淡薄和公共精神的贫弱必将引致农地规模经营中各主体地位的非均衡，最终承担代价的还是缺乏权利观念的农户。只有强化农民的权利观念和参与意识，农村改革和发展中的诸多矛盾才能得到根本性的应对。

最后是回归共同体观念。权益的维护往往需要共同行动，而共同行动则需要坚实的共同体观念。随着生产力的大幅提升和市场化的纵深发展，外出的农村人口逐步疏离村庄生活，这其中乡村精英的流失也危机村庄治理。从整体上看，市场化的因子已经渗透到了农村的每个角落，此前农户间紧密的社会关联逐步消解，个人主义和功利主义盛行，从而无法达成一致行动。农村社会曾经赖以发展的出入相友、守望相助、患难相扶的共同体观念应该得到进一步重视，对此应具有足够的历史耐心，通过长期持续的社区营造重塑新时期的共同体观念，从而使农村社会的自我治理更具成效。

另外，当前农村社会的共同体观念不应仅限于农户之间，在农地规模经营的背景下，农村社会的治理主体正在嬗变，龙头企业、种养大户、工商资本和农业生产合作组织等正在日益深入地参与到农村治理当中。鉴于此，政府应大力倡导多主体之间利益相关、盛衰与共的共同体观念，严禁对农村资源的掠夺性开发，引导各主体走向一种持续发展、共同受益的新型发展关系。

二、规管能力提升：约束引导多元主体行为

如果说濡化能力提升是针对人们的内在信念，那么规管能力则主要是约束个人和团体的外部行为。治理能力的提升需要以效能理念为指导，具体到规管能力，则需要针对农地规模经营前后不同参与主体的实际情况，进行更加精细的设计。

首先，应督促农户守约，引导理性维权。针对目前存在的农户违约现象，应该在合约确立环节入手，一方面通过协商确定合理的土地经营权转让价格，既要避免农户基于禀赋效应的漫天要价行为，也要确保经营收益共享，减轻农户的相对剥夺感。在价格议定上可参考江苏无锡的“土地流转信托制”，在入市交易中，通过市场竞争机制，发现价值，形成市场公允价格。在合约形式上要避免口头合约和关系合约等非正式形式。另一方面，如果农民和承包主体之间出现经济纠纷，要尽力避免农民采取极端行为，进而对村庄治理产生恶性影响，政府应及时介入，引导农民通过协商或法律等途径进行理性维权。同时借助农业生产的行业组织、合作组织与社会中介组织等，在调解纠纷和划分利益界限方面发挥应有的作用。

其次，应扶持新型主体，避免农户受损。当前我国针对扶持新型农业经营主体、促进农业经营方式转型出台了一系列鼓励政策，但实际运作中的新型主体依然面临着一些发展困境。如新型主体的抗风险能力是不稳定

的，可能同时受到承包主体的个人能力、政策扶持程度、政府构建市场信息交互平台的完善程度等的影响，因此政府应提供更多的市场信息和政策保障，使其能够具有稳定的预期，进而强化合约的稳定性和履约的积极性。在具体操作中可参考广西玉林的“资源激活强支撑”改革模式，通过示范工程培育主体，引导发展土地流转、合作、入股等多种形式的适度规模经营，形成了龙头起舞的良好发展局面。上海松江的“现代家庭农场制”同样值得借鉴，其主体培育的措施包括加强政策扶持、设置准入条件和提供配套服务等多个方面（详见前文）。

另外，外来资本和村庄内部群体天然地具有某种对立性，因此他们的利益也应该得到足够的关注和合理的保护，这是确保农地规模化良性有序发展的必要前提。更应该注意的是，资本具有天然的逐利性，在利益的驱使下掠夺开发地力、套取农业补贴等短期行为必然会对农户利益造成损害，因此有必要在强化外来经营主体准入措施的同时加强监管，使农户利益不受损成为各方必须坚持的原则。

三、统领能力提升：避免政府组织行为失范

相对于其他主体的规管，政府对自身的管理也尤为重要。统领能力即是政府对自身行为的约束，在当前农地规模经营迅速发展的情势下，政府尤其应在创新农业治理、推进职能转变和规避“寻租”风险上把好关。

首先，大力鼓励创新。前文已经简要介绍，各地在规模经营实践中已经形成了多种创新模式，在还权赋能、资源激活、土地信托、家庭农场、连片耕种、综合经营和农业共营方面取得了非常好的成效。如四川崇州的农业共营制，实现了包括制度创新、主体创新、理念创新和生产创新在内的组合型创新，取得了较好的效果，也引起了较大的反响。地方政府应继续结合本地实际情况进行创新，使农地规模经营能够更好、更快地发展，在此过程中，应充分尊重农民的创造精神，鼓励其他新型主体的现实诉求，使长期存在的零和博弈变为正和博弈。值得注意的是，不能因创新而损害其他主体利益，如目前存在的治理便利化取向，形成了对小农农业的排斥，最终造成了侵害农户利益、削弱社区共同体和增加农民对政府的不满等不良后果。

其次，推进职能转变。当前乡镇政府急需转变管理职能、完善管理方

式，适应市场要素的进入，引导和协调不同的利益主体共同为农业发展、农村繁荣和农民增收贡献各自的力量。村民自治组织应该履行好发展村庄经济、协调村民、承包主体、中介服务组织的功能。真正发挥农民的主体性作用，理清各主体的权责边界，严禁外来主体架空村级自治组织，切实保障农村治理中的经济权威、能力权威以及民主权威各自发挥相应的作用，避免基层治理失序。

最后，规避“寻租”风险。正如前文所述，由于政府在农地规模经营中起着至关重要的调节作用，村集体具有一定的自主权，承租人往往具有资本优势，几项因素叠加，很容易导致“寻租”腐败和“设租”行为。因此，应加大内部监督和外部监督力度，将农地改革领域的经济问题纳入重点范围。更有甚者，个别地区出现的资本与权力结盟对村庄的再造严重地侵蚀了广大农民的民主权利和经济利益，工商资本甚至凌驾于村民自治组织之上，成为农村社区的实际管理者。对此，应明确区分农村自治组织、集体经济组织、农业生产合作组织的职责范围，使其分别发挥政治和经济作用，严格控制可能出现的权钱结盟、“寻租”“设租”以及对村民自治造成的冲击。

四、再分配能力提升：促进权利与利益均衡

在农地规模经营等农业农村改革中，农民往往处于弱势地位，政府再分配能力的提升有助于促进主体间权利与利益的均衡，对于将土地流转给工商资本的农民而言，其后续发展、社会保障等问题应当得到及时的关注，特别是在农业治理的“去社区化”与“去小农化”形势下，发挥市场作用的同时强化资源的再分配能力尤为重要。健全的公共服务是再分配能力的主要抓手，建立和完善公共服务体系是农地制度改革的有力保障，社会保障和公共服务有利于农村土地流转和规模经营的推进，同时也有助于维护流动农民的生存发展权利。我们认为，健全农民公共服务体系应从以下几方面入手：

首先是改革制度体制，破除均等化服务障碍，包括改革二元户籍制度，实现城乡居民身份平等；建立城乡一体的基本公共服务体制，实现利益共享；建立农村社区公共服务财政支持机制，保证服务投入可持续。其次是厘清责任，建立合理的服务分工和财政分担机制，包括理顺政府与政

府、政府与社区的公共服务分工，建立科学的政府间公共服务财政分担机制，以合理的公共财政支出结构和财权事权配置为基础，依据政府间的公共服务职能分工，明晰各级政府间的支出责任。把社区纳入整个公共服务体系的重要一环，重视基层社区作为公共服务平台的作用，明确划分省、市、县、乡财政对农村社区基本公共服务支持的责任，并通过转移支付提供相应财力，保证社区财权与事权相结合。再次，村社独立，还原基层自治空间，发挥社区在公共服务中的应有作用。要尽快剪除政社合一的“长尾巴”，明晰村集体经济组织的产权，实行村社分离，政经分开，明确村集体组织与村民自治组织的边界。最后，以民为本，构建民众需求利益表达机制，包括畅通居民表达渠道，重视民众意愿的甄别和汇总等。

五、吸纳与整合能力：促进参与并协调偏好

收集民意同时与治理能力提升的另一面向息息相关，即吸纳与整合能力。在农地规模经营的推进过程中，最为核心的问题是在促进农业发展转型、农地制度优化的目标下兼顾不同主体的利益，吸纳不同主体的意见并协调不同主体的偏好。我们认为，吸纳与整合能力的提升应从以下几方面入手：

首先是加强民意吸纳，以多元主体共赢为皈依。在农地规模经营中，普通农户、新型经营主体、基层组织和地方政府都具有各自的利益考量，这就需要政府通过制度化的渠道不断吸纳来自各个方面的诉求，并在充满异质性的意向中找出最大公约数，以此实现多元主体共赢。在实践中可参考江苏无锡的“土地流转信托制”，该地改革充分尊重了农村的参与权利，发扬了基层民主自治精神，农民有了参与集体事务的民主管理、民主决策、民主监督的权利，村级管理民主化及集体事务的透明化程度不断提升，“官民”矛盾、集体上访等现象大为减少，村域社会实现了有序治理的和谐稳定局面。土地信托模式下的土地流转将带来土地要素的优化配置和经营效率的大幅提高，农民、土地经营者和地方政府都会得到由土地集中带来的集约化生产效益和土地增值的利益，有效实现了多元主体的共赢。

其次是协调主体偏好，以发展成果共享为目标。从发展趋势上看，综合型的农业经营合作或多主体农业共营是主流方向，在此过程中如何协调主体偏好，实现成果共享是决策者必须回答的问题。在前期的探索中，黑

龙江克山县的“综合经营合作制”为我们提供了很好的样板，通过采取坚持土地入社，实行进出自由、创新分配机制，实现风险共担、推行一人一票，民主管理经营、推行业绩考核，实现按劳取酬以及扩大合作联合、抱团勇闯市场等举措（详见前文），有效协调了省农委、乡村干部、合作社、农户及省域内其他合作社的偏好，实现了抱团发展、收益共享。

最后是加强政策整合，以决策高效执行为保障。在以往的农村各项改革中，均存在不同程度的政策抵牾、条块分割、联动不强等问题。农地规模经营的推进同样受到多种政策的影响，也受到多个部门和主体的影响。在实践中如何将各级各类涉农政策拧成合力、提高决策的执行效率尤为关键。在广西玉林的探索中，建立了市县联动、部门协同的工作机制，成立了农村改革试验区工作领导小组，强化统筹协调，凝聚改革合力，高位推动试验区各项工作任务，同时出台了一系列政策文件，还聘请了多位专家作为玉林市农村改革试验区顾问，与农业部农村经济研究中心建立了试验区跟踪指导合作关系。由此可见，政策的整合需要从建立工作小组、联动工作机制、加强部门对接、吸收专家意见等方面入手。

第四节　衔接治理体系与能力的治理机制建构

除治理体系和治理能力之外，农地经营规模化和农村治理现代化应注重治理机制的构建，并使其贯穿于治理转型的全过程，治理机制中内含的特定手段和方式也将连接起治理体系和治理能力，从而促进改革、推动转型。当前，治理机制的建构和完善应从技术操作面向的协商民主和政策规范面向的制度体系入手。

一、加强协商民主

随着现代化的推进、农村经济社会结构的变迁和大规模持续性的人口流动，中国乡村由传统的熟人社会向“半熟人社会”转变，乡村发展“空心化”大量出现，农村税费改革后基层自治组织与普通群众之间的联系纽带断裂，国家在乡村社会的退场和市场经济的发展使农村的公共性不断消解，个体化趋势上扬，种种情况引致农村民主选举出现“有增长无发展”的内卷化困境，具体表现为：基层民主的“形式化”问题突出，缺乏实质性发展；基层民主的主体严重缺位，群众对公共事务的参与不充分。基于此，社区协商成为基层民主自治的生长点。选举民主具有间断性、阶段性、单一性和规范性等特点，与之相对应，协商民主具有常态性、全程性、灵活性和多样性的优势，因此在坚持选举民主的基础上加快协商制度化建设，探索协商实现形式与程序设计，推进民主政治的持续发展、良性运行已逐渐成为共识。

从技术操作的层面看，在农地规模经营的具体实践中，湖北沙洋的探索具有较高的借鉴意义。沙洋的“按户连片耕种”正是通过村民协商实现的，是一种“社区本位的农业规模经营”，做到了对农民利益的维护、对农户意志的尊重和对社区治理的维系，真正回应了“农业规模经营要服务于农村社区的发展和增进社区成员的利益”这一基本要求。以此为参考，我们认为加强协商民主要从事前、事中和事后三个环节入手：事前协商主要针对农地规模经营的承包细则（土地流转价格、承包年限、准入条件等）、农业生产合作组织的经营理念和发展规划、多元主体共营的盈余分配、风险共担等展开充分的讨论，以此凝聚共识，确立各个主体一致认可的操作方案；事中协商主要围绕农业技术指导、农业生产服务、专业化生产管理、农户退出机制和加强产业融合等方面进行，提升农业生产的整体水平；事后协商则主要在土地经营权流转期满，或完成一个农业生产周期之后进行，通过事后协商进一步调整主体间关系，优化农业生产计划。此外，协商的参与主体应包含广泛，除直接利益相关者外，也可邀请指导部门、专家学者和其他第三方机构的参与，以此不断完善决策咨询系统和提升决策质量。

二、完善制度体系

从政策规范的层面看，农地规模背景下的治理转型，既需要革除不适应的既有制度，整合存量制度之间的关系，也要建构新型制度。四川成都在农地规模经营中坚持“还权赋能市场化”模式，围绕推进土地承包经营权流转管理和退出，已制定了农村土地经营权价格评估办法、技术导则、机构管理办法等配套文件，22 家评估机构纳入名录库管理，并总结推广了多个环节的新模式，取得了较好的成效。在学习典型经验的基础上，制度体系建构应坚持以下几点：

（一）坚持公正原则，兼顾不同阶层利益诉求

资本下乡所遭遇的村庄大部分是传统纯农业型村庄，它们短期内与外来企业发生了激烈碰撞，村庄迅速被“资本化”和“公司化”。村庄的“再造”使乡村治理的社会基础由村庄—农民变为公司—资本，公司替代村庄，成为一个横亘在国家与农民之间的政治经济实体①。为了避免基层政府被资本所诱惑，应积极规范土地规模化的相关流程，扶持中介组织，完善村民组织权能，健全社区民主机制，将公正原则贯彻到实处。

（二）防止治理主体非法占有公共利益

土地规模化意味着社区治理主体的多元性，多元性也可能使土地规模经营流程的规范化成为难题。因此，基层政府要防止治理主体非法占有公共利益，积极明晰各主体的权责利，乡镇政府应合理放权，村组织要健全民主，中介组织也要发挥监督和调节功能，确保外来资本尊重流转合同、农民群体按约维权。在此过程中，乡镇政府是治理的元主体，在积极协调各主体关系、积极放权的同时也应发挥及时补位的功用。

（三）促进阶层之间的互惠合作，促进乡村社会和谐发展

除了社区治理主体的多元性之外，随着土地规模经营的推进，村庄内部出现更加明显的阶层分化。如何缩小因经济收入差距带来的村庄内部的心态“分裂”？如何避免因阶层分化带来的非均衡的村庄秩序、基层民主？地方实践给出的答案是，健全社会保障体系，通过村集体的再分配调节收入差距，通过促进阶层之间的经济互惠合作强化经济联系，通过协同治理方式强化社区关联，从而促进乡村社会和谐发展。

（王承禹、邓正阳和段雪珊参与了本篇的资料收集和部分撰写工作。）

---

① 焦长权、周飞舟：《“资本下乡”与村庄的再造》，《中国社会科学》2016 年第 1 期。

第二十三章　结　语

农村问题之复杂，牵涉领域之广阔，纠结历史之烦琐，是其他改革领域所罕见的。我国农村土地制度是基层的政治、文化、社会制度相互交织、相互影响的正式与非正式制度之和，并非某种纯粹的经济制度。历次农村土地产权改革除产生上述经济绩效外，也产生了一定的社会效应，这种社会效应首先表现在农村社会结构发生了巨大的变化。正是这种经济效应和社会效应的叠加与互动使我们逐渐认识到农村土地经营规模化对农村社区治理的深刻影响。

顺应经济社会发展的新形势，中共十八届三中全会站在改革发展全局的角度对深化农村土地制度改革提出了一系列要求，明确了相关目标任务，三权分置改革是当期农村工作的核心，必须继续凝聚改革共识，形成改革合力，运用系统和关联思维、全局和统筹观念推进改革，从全面深化农村改革的宏观视角科学谋划，保障土地所有权的落实，促进土地承包权和经营权权利功能的整体发挥和实现，推动农业生产经营的现代化。但不得不正视的现实是，当前改革的具体政策措施还需要进一步深入研究和细化分类，改革过程中对农村社区治理的冲击以及后者的调试性回应也需要进一步调查和总结。

本篇内容在梳理和述评已有研究成果的基础上考察了农村土地产权制度变迁与农村社区治理转型的历史演变，总结了当前我国农村土地产权改革的现实样态，分析了农村土地规模经营对农村社区治理的影响，检视了农村土地经营规模化中农村社区治理的已有回应，并最终提出了农村土地规模经营背景下的农村治理优化的对策建议。希望我们的研究能够为相关决策部门提供参考。

不得不承认，在研究过程中我们深刻感受到了农村土地经营规模化和农村社区治理问题的复杂和繁难，当前我国正处于政治生态、经济发展和社会结构的大转型时期，“三农问题”和“新三农问题”依然严峻，新型城镇化、城乡一体化和农业现代化在推进过程中也面临着种种难题。这些都与土地问题有关，都需要有效的社区治理，但太多的问题纠缠在一起往往使人坠入迷思而难解其意，太多的线索交织在一处也常常让人陷入困顿而不得其解。从这个意义上而言，我们的研究还存在很大的提升空间，还需要更扎实的学术理论积累和更丰富的现实经验观察。

参考文献

一、中文图书

［1］蔡昉，王德文，都阳:《中国农村改革与变迁：30 年历程和经验分析》，上海：格致出版社，上海人民出版社，2008 年版。

［2］曹锦清:《黄河边的中国——一个学者对乡村社会的观察与思考》，上海：上海文艺出版社，2000 年版。

［3］长野郎:《中国土地制度的研究》，强我译，上海：神州国光社，1932 年版。

［4］陈翰笙:《陈翰笙集》，北京：中国社会科学出版社，2002 年版。

［5］陈小君等:《田野、实证与法理——中国农村土地制度体系建构》，北京：北京大学出版社，2012 年版。

［6］陈振明:《公共服务导论》，北京：北京大学出版社，2011 年版。

［7］杜润生:《杜润生自述：中国农村体制变革重大决策纪实》，北京：人民出版社，2005 年版。

［8］费孝通:《江村经济》，北京：北京大学出版社，2012 年版。

［9］费孝通:《乡土中国》，南京：江苏文艺出版社，2007 年版。

［10］费正清:《美国与中国》，张理京译，北京：世界知识出版社，1999 年版。

［11］费正清，费维恺:《剑桥中华晚清史（下卷)》，北京：中国社会科学出版社，1985 年版。

［12］关谷俊作:《日本的农地制度》，北京：生活·读书·新知三联书店，2004 年版。

［13］国风:《中国农村经济制度创新分析》，北京：商务印书馆，2000 年版。

[14] 国务院发展研究中心：《农民工市民化：制度创新与顶层制度设计》，北京：中国发展出版社，2011 年版。

[15] 何·皮特：《谁是中国土地的所有者——制度变迁、产权和社会冲突》，林韵然译，北京：社会科学文献出版社，2008 年版。

[16] 贺雪峰：《地权的逻辑：中国农村土地制度向何处去》，北京：中国政法大学出版社，2014 年版。

[17] 贺雪峰：《乡村研究的国情意识》，武汉：湖北人民出版社，2004 年版。

[18] 贺雪峰：《乡村治理的社会基础——转型期乡村社会性质研究》，北京：中国社会科学出版社，2011 年版。

[19] 亨廷顿：《变化社会中的政治秩序》，王冠华等译，上海：生活·读书·新知三联书店，1989 年版。

[20] 胡绳：《中国共产党的七十年》，北京：中共党史出版社，1991 年版。

[21] 华生：《新土改：土地制度改革重点难点辨析》，北京：东方出版社，2015 年版。

[22] 黄仁宇：《中国大历史》，北京：生活·读书·新知三联书店，2007 年版。

[23] 黄宗智：《华北的小农经济与社会变迁》，北京：中华书局，2000 年版。

[24] 晖俊众三：《日本农业 150 年（1850~2000 年）》，北京：中国农业大学出版社，2011 年版。

[25] 建设部调研组：《农民工进城对城市建设提出的新要求》，北京：中国言实出版社，2006 年版。

[26] 李怀印：《华北村治：晚清和民国时期的国家与乡村》，北京：中华书局，2008 年版。

[27] 贾康，苏京春：《供给侧改革：新供给简明读本》，北京：中信出版集团，2016 年版。

[28] 李侃，李时岳，李德征等：《中国近代史（第四版）》，北京：中华书局，1994 年版。

[29] 李培林：《村落的终结》，北京：商务印书馆，2004 年版。

[30] 李铁：《城镇化是一次全面深刻的社会变革》，北京：中国发展出

版社，2013 年版。

［31］李铁:《城镇化是一次全面深刻的社会变革》，北京：中国发展出版社，2013 年版。

［32］李周:《21 世纪的中国农村可持续发展》，北京：社会科学文献出版社，2000 年版。

［33］刘承韪:《产权与政治：中国农村土地制度变迁研究》，北京：法律出版社，2012 年版。

［34］刘少奇:《刘少奇选集（下卷)》，北京：人民出版社，1985 年版。

［35］刘守英，周飞舟，邵挺:《土地制度改革与转变发展方式》，北京：中国发展出版社，2012 年版。

［36］刘守英:《直面中国土地问题》，北京：中国发展出版社，2014 年版。

［37］刘正山:《大国地权：中国五千年土地制度变革史》，武汉：华中科技大学出版社，2014 年版。

［38］吕萍:《不动产管理制度研究》，北京：中国大地出版社，2003 年版。

［39］罗纳德·德沃金:《至上的美德：平等的理论与实践》，冯克利译，南京：江苏人民出版社，2003 年版。

［40］马若孟:《中国农民经济》，南京：江苏人民出版社，1999 年版。

［41］毛育刚:《中国农业演变之探索》，北京：社会科学文献出版社，2001 年版。

［42］蒲坚，张积:《中国历代土地资源法制研究》，北京：北京大学出版社，2006 年版。

［43］秦富等:《国外农业支持政策》，北京：中国农业出版社，2003 年版。

［44］秦晖，苏文:《田园诗与狂想曲——关中模式与前近代社会的再认识》，北京：中央编译出版社，1996 年版。

［45］秦晖:《传统十论》，上海：复旦大学出版社，2005 年版。

［46］乔伊德:《中国的城市化：目标、路径和政策》，上海：上海人民出版社，2013 年版。

［47］瞿同祖:《清代地方政府》，北京：法律出版社，2003 年版。

［48］宋洪远等:《改革以来中国农业和农村经济政策的演变》，北京：中国经济出版社，2000 年版。

［49］上海发展研究基金会：《新型城市化：抉择和路径》，上海：上海人民出版社，2013 年版。

［50］王桧林，郭大钧：《中国现代史（上册）》，北京：高等教育出版社，1998 年版。

［51］王景新：《中国农村土地制度的世纪变革》，北京：中国经济出版社，2001 年版。

［52］王敬尧：《地方财政与治理能力》，商务印书馆，2010 年版。

［53］王敬尧：《参与式治理：中国社区建设实证研究》，北京：中国社会科学出版社，2006 年版。

［54］魏后凯等：《中国城镇化——和谐与繁荣之路》，北京：社会科学文献出版社，2014 年版。

［55］吴毅：《村治变迁中的权威与秩序——20 世纪川东双村的表达》，北京：中国社会科学出版社，2002 年版。

［56］项继权：《集体经济背景下的乡村治理》，武汉：华中师范大学出版社，2002 年版。

［57］项继权：《中国农村社区建设研究》，北京：经济科学出版社，2016 年版。

［58］谢林：《乡民经济的本质与逻辑》，载沃尔夫：《乡民社会》，台北：巨流图书公司，1983 年版。

［59］徐更生：《美国农业政策》，北京：中国人民大学出版社，1991 年版。

［60］徐勇：《中国农村村民自治》，武汉：华中师范大学出版社，1997 年版。

［61］约瑟夫·E.斯蒂格利茨：《公共部门经济学（第三版）》，郭庆旺等译，北京：中国人民大学出版社，2013 年版。

［62］张冠生：《中国乡镇组织结构及运行机制的促变因素》，载马戎、刘世定、邱泽奇：《中国乡镇组织变迁研究》，北京：华夏出版社，2000 年版。

［63］张红宇：《中国农村的土地制度变迁》，北京：中国农业出版社，2002 年版。

［64］张厚安，白益华：《中国农村基层建制的历史演变》，成都：四川人民出版社，1992 年版。

［65］张乐天：《告别理想：人民公社制度研究》，上海：东方出版中

心，1998 年版。

[66] 张仲礼：《中国绅士研究》，上海：上海人民出版社，2008 年版。

[67] 中国社科院经济研究所现代经济史组：《中国土地改革史料选编》，北京：国防大学出版社，1988 年版。

[68] 中华人民共和国国家统计局：《中国统计年鉴 2013》，北京：中国统计出版社，2013 年版。

[69] 中国科学院可持续发展战略研究组：《中国城市化的成本分析——2005 年中国可持续发展战略报告》，北京：科学出版社，2005 年版。

[70] 中国社科院：《中国城市发展报告（2012)》，北京：社会科学文献出版社，2012 年版。

[71] 周其仁：《城乡中国（下)》，北京：中信出版社，2014 年版。

二、中文文章

[1]《北京大兴等 33 县（市、区）拟试点集体经营性建设用地入市》，新华社中国信息金融网，http://news.xinhua08.com/a/20150226/1459986.shtml。

[2]《逼出来的“按户连片耕种”——湖北土地确权“沙洋模式”调查（上)》，《农民日报》，2015 年 10 月 19 日 01 版，http://www.snzg.cn/article/2015/1020/article_41340.html。

[3]《关于第二次全国土地调查主要数据成果的公报》，国土部网站，http://www.mlr.gov.cn/zwgk/zytz/201312/t20131230_1298865.htm。

[4]《湖北沙洋推广按户连片耕种，解决土地“分散化、碎片化”》，人民网—《人民日报》，2015 年 9 月 6 日，http://hb.people.com.cn/BIG5/n/2015/0906/c194063-26250898.html。

[5]《全国农业农村经济 2016 年 20 项重点工作明确——韩长赋部长全国农业工作会议上讲话》，中国农民合作研究网，http://www.ccfc.zju.edu.cn/a/sannongtoushi/2016/0108/21430.html。

[6]《全国土地流转面积已达 3.8 亿亩，行政强推问题突出》，网易财经，http://money.163.com/14/1214/14/ADECUDEV00252G50.html。

[7]《上海市松江区发展家庭农场的经验》，《湖南农业》，2016 年第 3 期。

[8]《中央农村工作会议：加快构建立体式复合型现代农业经营体系》，

人民网－财经频道，http：//finance.people.com.cn/n/2013/1224/c1004－23936623.html。

［9］《专家：我国城乡一体化的目标是实现公平发展》，新华网，http：//www.hq.xinhuanet.com/news/2009-12/05/content_18422348.htm。

［10］安体富、任强：《中国公共服务均等化水平指标体系的构建--基于地区差别视角的量化分析》，《财贸经济》，2008 年第 6 期。

［11］本刊记者：《台湾地政介绍丛书之台湾土地登记（一）》，《资源与人居环境》，2012 年第 1 期。

［12］曹东勃：《推行家庭农场制，松江有啥经验》，《解放日报》，2017 年 4 月 11 日第 10 版，http：//newspaper.jfdaily.com/jfrb/html/2017－04/11/content_20233.htm。

［13］曹锦清，郑诗亮，丁雄飞：《曹锦清谈三十年来的农民中国》，共识网，http：//www.21ccom.net/articles/read/article_2012110470300.html。

［14］蔡昉：《劳动力迁移的两个过程及其制度障碍》，《社会学研究》，2001 年第 4 期。

［15］蔡昉：《人口转变、人口红利与刘易斯转折点》，《经济研究》，2010 年第 3 期。

［16］陈柏峰：《土地流转对农民阶层分化的影响》，《中国农村观察》，2009 年第 4 期。

［17］陈成文，罗忠勇：《土地流转：一个农村阶层结构再构过程》，《湖南师范大学社会科学学报》，2006 年第 4 期。

［18］陈丹，唐茂华：《国外农地规模经营的基本经验及其借鉴》，《国家行政学院学报》，2008 年第 4 期。

［19］陈昊，夏方舟，严金明：《新型城镇化背景下农村土地制度创新研究评述》，《中国土地科学》，2013 年第 11 期。

［20］陈和午：《粮食安全催生农村土地制度改革提速》，和讯网，http：//opinion.hexun.com/2008-07-25/107688118.html。

［21］陈明：《“土地财政”的多重风险及其政治阐释》，《经济体制改革》，2010 年第 5 期。

［22］陈世伟，尤琳：《农地制度变迁与农村社会管理》，《重庆社会科学》，2012 年第 4 期。

［23］陈锡文：《论农业供给侧结构性改革》，《中国农业大学学报（社会

科学版)》，2017 年第 2 期。

［24］陈锡文，韩俊：《如何推进农民土地使用权合理流转》，《农业工程技术（农业产业化)》，2006 年第 2 期。

［25］陈燕：《实现城乡建设用地市场的税收一体化》，《学术评论》，2012 年第 3 期。

［26］陈泳：《今年我市土地适度规模经营率将逾 53%》，《成都日报》，2017 年 1 月 13 日，http：//www.chengdu.gov.cn/info/00020101/2017/1/13/9643cba6f3e14c3ba1395f44b486020cinfo.shtml。

［27］陈广桂：《房价、农民市民化成本与我国城市化》，《中国农村经济》，2004 年第 3 期。

［28］陈振明、李德国：《基本公共服务的均等化与有效供给——基于福建省的思考》，《中国行政管理》，2011 年第 1 期。

［29］程浩：《中国小产权房：现状、成因与问题》，《中共中央党校学报》，2009 年第 2 期。

［30］程雪阳：《牵住深化农村改革的“牛鼻子”》，《学习时报》，2015 年 11 月 12 日 A4 版。

［31］谌新民、袁建海：《新生代农民工就业稳定性的工资效应研究——以东莞市为例》，《华南师范大学学报（社会科学版)》，2012 年第 6 期。

［32］谌新民、周文良：《农业转移人口市民化成本分担机制及政策涵义》，《华南师范大学学报（社会科学版)》，2013 年第 5 期。

［33］党国英：《当前中国农村土地制度改革的现状与问题》，《华中师范大学学报（人文社会科学版)》，2005 年第 4 期。

［34］党国英：《农村产权改革：认知冲突与操作难题》，《学术月刊》，2014 年第 8 期。

［35］党国英：《打胜农村综合改革攻坚战》，《南方都市报》，http：//epaper.oeeee.com/epaper/A/html/2015-11/05/content_8178.htm。

［36］邓大才：《产权单位与治理单位的关联性研究——基于中国农村治理的逻辑》，《中国社会科学》，2015 年第 7 期。

［37］邓大才：《产权发展与乡村治理：决定因素与模式——以粤、湘、鄂、鲁四村为考察对象》，《中州学刊》，2014 年第 1 期。

［38］邓大才：《社会化小农与乡村治理条件的演变——从空间、权威与话语维度考察》，《社会科学》，2011 年第 8 期。

[39] 邓大才：《土地政治：两种观点和两个视角——农村土地与政治的相关性研究》，《社会科学》，2012 年第 6 期。

[40] 丁萌萌，徐滇庆：《城镇化进程中农民工市民化的成本测算》，《经济学动态》，2014 年第 2 期。

[41] 丁萌萌、徐滇庆：《城镇化进程中农民工市民化的成本测算》，《经济学动态》，2014 年第 2 期。

[42] 董国礼，李里，任纪萍：《产权代理分析下的土地流转模式及经济绩效》，《社会学研究》，2009 年第 1 期。

[43] 董国礼：《土地改革：强制性制度变迁及其经济社会效应》，《华东理工大学学报（社科版）》，2000 年第 6 期。

[44] 范怀超：《国外土地流转趋势及对我国的启示》，《经济地理》，2010 年 3 期。

[45] 冯小：《新型农业经营主体培育与农业治理转型——基于皖南平镇农业经营制度变迁的分析》，《中国农村观察》，2015 年第 2 期。

[46] 高强：《日本农地制度改革背景、进程及手段的评述》，现代日本经济，2013 年第 2 期。

[47] 高瑞琴：《中国农村土地纠纷中农民的心理状况分析及认知调整》，《农学学报》，2011 年第 10 期。

[48] 高渊：《农村改革，在激进派面前我是保守派——陈锡文访谈录（续）》，《解放日报》，2017 年 4 月 6 日。

[49] 高琳：《分权与民生：财政自主权影响公共服务满意度的经验研究》，《经济研究》，2012 年第 7 期。

[50] 郭金云：《乡村治理转型的微观基础与制度创新》，《中国行政管理》，2015 年第 5 期。

[51] 郭亮：《土地“新产权”的实践逻辑：对湖北 S 镇土地承包纠纷的学理阐释》，《社会》，2012 年第 2 期。

[52] 郭小聪、刘述良：《中国基本公共服务均等化：困境与出路》，《中山大学学报（社会科学版）》，2010 年第 5 期。

[53] 龚锋、卢洪友：《财政分权与地方公共服务配置效率——基于义务教育和医疗卫生服务的实证研究》，《经济评论》，2013 年第 1 期。

[54] 辜胜阻、李华、易善策：《城市化是扩大内需实现经济可持续发展的引擎》，《中国人口科学》，2010 年第 3 期。

［55］辜胜阻、易善策、郑凌云：《基于农民工特征的工业化与城市化协调发展研究》，《人口研究》，2006 年第 5 期。

［56］国务院发展研究中心课题组：《农民工市民化进程的总体态势与战略取向》，《改革》，2011 年第 5 期。

［57］海峡两岸地籍管理研讨会代表团：《台湾地籍制度考》，《中国土地》，2003 年第 1 期。

［58］韩俊：《从小规模均田制走向适度规模经营》，《调研世界》，1998 年第 5 期。

［59］韩俊：《农村土地制度改革涉及的利益主体非常复杂》，中国青年网，http：//news.youth.cn/sz/201502/t20150203_6453829.htm。

［60］韩长赋，高云才，冯华：《“三权分置”改革是重大制度创新》，《人民日报》，2014 年 12 月 12 日第 2 版。

［61］韩长赋：《构建三大体系　推进农业现代化》，《人民日报》，2016 年 5 月 18 日 15 版，http：//politics.people.com.cn/n1/2016/0518/c1001-28358378.html。

［62］韩长赋：《韩长赋部长在全国农业工作会议上的讲话》，《中华人民共和国农业部公报》，2016 年第 1 期。

［63］韩长赋：《土地“三权分置”是中国农村改革的又一次重大创新》，《光明日报》，2016 年 1 月 8 日第 1 版。

［64］韩长赋：《在全国农业工作会议上的讲话》，《中华人民共和国农业部公报》，2017 年第 1 期。

［65］何红卫，乐明凯，彭丹梅：《逼出来的“按户连片耕种”——湖北土地确权“沙洋模式”调查（上）》，《农民日报》，2015 年 10 月 19 日第 1 版、第 4 版，http：//szb.farmer.com.cn/nmrb/html/2015-10/19/nw.D110000nmrb_20151019_1-01.htm?div=-1。

［66］何思好：《农地流转对乡村社会治理的影响以及改革建议》，《农村经济》，2014 年第 5 期。

［67］贺东航，储建国，朱冬亮：《集体林权制度改革中的社会公平研究》，《社会主义研究》，2009 年第 2 期。

［68］贺雪峰，仝志辉：《论村庄社会关联——兼论村庄秩序的社会基础》，《中国社会科学》，2002 年第 3 期。

［69］贺雪峰：《农地集体所有是“三农”底线》，《同舟共进》，2016 年

第 2 期。

[70] 贺雪峰：《土地流转意愿与后果分析》，《中国乡村建设》，2009 年第 2 期。

[71] 胡初枝、黄贤金：《农户土地经营规模对农业生产绩效的影响分析——基于江苏省铜山县的分析》，《农业技术经济》，2007 年第 6 期。

[72] 胡利玲：《农村集体建设用地流转的法律现状、问题与出路》，《湖南师范大学社会科学报》，2010 年第 2 期。

[73] 胡利玲：《农村集体建设用地流转的法律现状、问题与出路》，《湖南师范大学社会科学报》，2010 年第 2 期。

[74] 黄砾，张梁：《土地市场化路在何方》，《财经问题研究》，2014 年第 6 期。

[75] 黄祖辉：《农村土地流转：现状、问题及对策》，《浙江大学学报（人文社会科学版）》，2008 年第 2 期。

[76] 季虹：《论农地使用权的市场化流转》，《农业经济问题》，2001 年第 10 期。

[77] 贾康，苏京春：《论供给侧改革》，《管理世界》，2016 年第 3 期。

[78] 蒋和平：《适度规模经营是农业现代化的重要途径》，《农民日报》，2013 年 1 月 4 日，http：//www.agri.cn/V20/SC/jjps/201301/t20130104_ 3134651.htm。

[79] 姜长云，杜志雄：《关于推进农业供给侧结构性改革的思考》，《南京农业大学学报（社会科学版）》，2017 年第 1 期。

[80] 姜晓萍，衡霞：《农村土地使用权流转中农民权利保障机制研究》，《政治学研究》，2011 年第 6 期。

[81] 蒋军民，张龙：《无锡市农村集体经济改革实践》，《江苏农村经济》，2016 年第 3 期。

[82] 蒋永甫：《乡村治理视阈中的农民土地财产权——一种私权力取向的研究路径》，《华中师范大学学报（人文社会科学版）》，2009 年第 2 期。

[83] 焦云清：《湖北仙洪新农村建设试验区的土地整治模式》，中国土地学会网，http：//www.zgtdxh.org.cn/tdr/wslt/tdrlt_7762/201307/t20130716_1241456.htm。

[84] 焦长权，周飞舟：《“资本下乡”与村庄的再造》，《中国社会科学》，2016 年第 1 期。

［85］金松青，Klaus Deininger：《中国农村土地租赁市场的发展及其在土地使用公平性和效率性上的含义》，《经济学》（季刊），2004 年第 3 期。

［86］晋开学：《农业适度规模经营“五大模式”推进》，《襄阳日报》，2017 年 4 月 17 日第 6 版，http：//xfrb.hj.cn/Read.asp?NewsID=1325809。

［87］李昌平：《台湾的土地制度》，《江苏农村经济》，2010 年第 1 期。

［88］李金华：《关于 2005 年度中央预算执行的审计工作报告》，经济日报，2006 年 6 月 29 日。

［89］李相宏：《农业规模经营模式分析》，《农业经济问题》，2003 年第 8 期。

［90］李银雁：《广西玉林农村改革实现新突破》，《中国经济时报》，2015 年 11 月 3 日，http：//www.aiweibang.com/yuedu/62354095.html。

［91］李中：《我国征地制度：问题、成因及改革路径》，《理论探索》，2013 年第 2 期。

［92］李放、张兰：《公共产品、政府职责与维护农民工权益》，《公共管理学报》，2004 年第 11 期。

［93］梁昌均，王子辰：《中国农村土地制度改革的渐进逻辑》，界面新闻，2016 年 12 月 21 日，http：//www.jiemian.com/article/1027815.html。

［94］林辉煌：《土地流转与乡村治理的阶层基础——以江汉平原曙光村为考察对象》，《中州学刊》，2012 年第 2 期。

［95］林乐芬，王军：《农户对农地股份合作社满意认可及影响因素分析——以浙江余姚市瑶街弄村昌惠土地股份合作社为例》，《南京农业大学学报（社会科学版）》，2010 年第 12 期。

［96］林善浪：《农村土地规模经营的效率评价》，《当代经济研究》，2000 年第 2 期。

［97］刘德炳：《哪个省更依赖土地财政》，《中国经济周刊》，2014 年第 4 期。

［98］刘凤芹：《农业土地规模经营的条件与效果研究：以东北农村为例》，《管理世界》，2006 年第 9 期。

［99］刘世定：《产权保护与社会认可：对产权结构进一步完善的探讨》，《社会》，2008 年第 3 期。

［100］刘世定：《科斯悖论和当事者对产权的认知》，《社会》，1998 年第 2 期。

［101］刘守英：《中国城乡二元土地制度的特征、问题与改革》，《国际经济评论》，2014 年第 3 期。

［102］刘守英：《中国农地权属与经营方式的变化（2010~2014 年）》，《中国经济时报》，2016 年 2 月 19 日 A10 版，http：//jjsb.cet.com.cn/szb_10685_A10.html。

［103］刘同山，孔祥智：《土地规模经营的实现形式及其比较》，《现代管理科学》，2013 年第 6 期。

［104］刘文勇，高强：《反思农业适度规模经营中存在的问题》，《中国经济时报》，2016 年 6 月 17 日第 12 版。

［105］刘玉铭，刘伟：《对农业生产规模效益的检验——以黑龙江省数据为例》，《经济经纬》，2007 年第 2 期。

［106］柳建文，孙梦欣：《农村征地类群体性事件的发生及其治理——基于冲突过程和典型案例的分析》，《公共管理学报》，2014 年第 2 期。

［107］娄世桥：《慎防村庄原子化阻滞中国现代化》，《中国乡村发现》，2007 年第 6 期。

［108］陆福兴：《农村建设性土地改革之我见》，湖南智库网，http：//www.hnzk.gov.cn/zhikuyaowen/1119.html。

［109］陆冠尧：《国外及台湾地区土地用途管制制度研究比较》，《广东土地科学》，2005 年第 2 期。

［110］陆光顺：《借鉴德国经验探讨我国农村土地利用规划》，福建省土地学会《“科学合理用地，推进海西建设”——福建省土地学会 2006 年学术年会论文集》，2007 年。

［111］陆雷：《农地制度与村治方式——以广东南海的土地留用制度为分析对象》，《东南学术》，2008 年第 2 期。

［112］罗必良，刘茜：《农地流转纠纷：基于合约视角的分析——来自广东省的农户问卷》，《广东社会科学》，2013 年第 1 期。

［113］罗必良：《农地流转的市场逻辑——“产权强度—禀赋效应—交易装置”的分析线索及案例研究》，《南方经济》，2014 年第 5 期。

［114］罗必良：《农业经营制度：制度底线、性质辨识与创新空间——基于“农村家庭经营制度研讨会”的思考》，《农业经济问题》，2014 年第1 期。

［115］罗必武：《联邦德国的土地管理》，《世界农业》，1985 年第 10 期。

［116］马流辉：《间接驱逐与身份改造——大都市郊区农业规模经营的

治理逻辑》，《中国农业大学学报》，2016 年第 6 期。

［117］ 马雪：《财政分权下的土地问题》，《东岳论丛》，2012 年第 5 期。

［118］ 梅建明：《再论农地适度规模经营——兼评当前流行的“土地规模经营危害论”》，《中国农村经济》，2002 年第 9 期。

［119］ 孟勤国：《物权法开禁农村宅基地交易之辩》，《法学评论》，2015 年第 4 期。

［120］ 农村土地网：《中国土地流转面积快速增长　家庭承包经营耕地面积达 13.26 亿亩》，2016 年 2 月 11 日，http：//www.nctudi.com/news_show.php/id-49386，2017 年 3 月 1 日。

［121］ 农业部：《对十二届全国人大四次会议第 6329 号建议的答复》，http：//www.moa.gov.cn/govpublic/NCJJTZ/201608/t20160810_5234645.htm。

［122］ 彭海红：《中国农村集体经济的现状及发展前景》，《红旗文稿》，2010 年第 23 期。

［123］ 彭真怀：《中国农业改革模式亟需顶层设计》，《中国经济时报》，2011 年 3 月 18 日。

［124］ 钱贵霞，李宁辉：《不同粮食生产经营规模农户效益分析》，《农业技术经济》，2005 年第 4 期。

［125］ 钱忠好：《农地承包经营权市场流转：理论与实证分析——基于农户层面的经济分析》，《经济研究》，2003 年第 2 期。

［126］ 任治君：《中国农业规模经营的制约》，《经济研究》，1995 年第 6 期。

［127］ 社科院报告：《群体事件半数因征地拆迁引发》，凤凰网，http://news.ifeng.com/mainland/detail_2012_12/19/20315708_0.shtml。

［128］ 史博臻：《家庭农场　沪郊兴起“松江模式”》，《文汇报》，转引自新浪网，2013 年 2 月 26 日，http：//finance.sina.com.cn/nongye/nygd/20130226/135614650619.shtml。

［129］ 宋国明：《英国土地规划管理》，《国土资源情报》，2010 年第 12 期。

［130］ 孙新华：《农业规模经营的去社区化及其动力——以皖南河镇为例》，《农业经济问题》，2016 年第 9 期。

［131］ 孙新华，钟涨宝：《地方治理便利化：规模农业发展的治理逻辑——以皖南河镇为例》，《中国行政管理》，2017 年第 3 期。

［132］ 申兵：《“十二五”时期农民工市民化成本测算及其分担机制构

建——以跨省农民工集中流入地区宁波市为案例》,《城市发展研究》，2012年第6期。

[133] 唐浩：《农村土地适度规模经营对村庄治理的影响研究》,《陕西行政学院学报》，2015年第3期。

[134] 唐鸣，魏来：《协商民主的生长逻辑——中国经验的整体性视角和理论研究的整合性表述》,《江苏社会科学》，2016年第5期。

[135] 田凯：《科尔曼的社会资本理论及其局限》,《社会科学研究》，2001年第1期。

[136] 田雪原：《城镇化还是城市化》,《人口学刊》，2013年第6期。

[137] 万宝瑞：《当前我国农业发展趋势及其应对》,《南方农业》，2014年第17期。

[138] 汪洋：《稳妥开展农村承包土地经营权抵押贷款试点》，新华网，http：//news.xinhuanet.com/finance/2015-11/16/c_128431870.htm。

[139] 王安春：《农村土地流转的必然性及流转方式初探》,《改革与战略》，2010年第10期。

[140] 王德福：《农地流转模式对农村社会稳定的影响——一个阶层分析的视角》,《学习与实践》，2012年第6期。

[141] 王昉：《农村土地规模经营：目标与评价》,《农业经济》，2003年第1期。

[142] 王海娟：《农地确权政策的供需错位》,《云南行政学院学报》，2016年第5期。

[143] 王敬尧，段雪珊：《“人”“地”关系：日本农地制度变迁与农业现代化》,《清华大学学报（哲学社会科学版）》，2018年第4期。

[144] 王敬尧，段雪珊：《乡村振兴：日本田园综合体建设理路考察》,《江汉论坛》，2018年第5期。

[145] 王敬尧，李晓鹏：《城乡统筹进程中的农村集体产权改革——以温州“三分三改”为蓝本》,《求是学刊》，2012年第6期。

[146] 王敬尧，宋哲：《中国农村政策与中国农村研究：影响力考察》,《吉林大学社会科学学报》，2011年第5期。

[147] 王敬尧，王承禹：《农地规模经营中的信任转变》,《政治学研究》，2018年第1期。

[148] 王敬尧，王承禹：《农地制度改革中的村治结构变迁》,《中国农

业大学学报（社会科学版）》，2018 年第 1 期。

［149］王敬尧，王承禹：《农业规模经营：乡村振兴战略的着力点》，《中国行政管理》，2018 年第 4 期。

［150］王敬尧，魏来：《当代中国农地制度的存续与变迁》，《中国社会科学》，2016 年第 2 期。

［151］王敬尧，魏来：《基层志愿者：到村任职大学生角色构建》，《社会主义研究》，2013 年第 4 期。

［152］王敬尧，晏雯：《中国地方财政研究：学术影响力考察——基于 1994-2014 年 CNKI 数据》，《贵州社会科学》，2014 年第 10 期。

［153］王敬尧，叶成：《地方财政视角下的农民市民化成本》，《华中师范大学学报（人文社会科学版）》，2015 年第 5 期。

［154］王敬尧，叶成：《基本公共服务均等化的评估指标分析》，《武汉大学学报（哲学社会科学版）》，2014 年第 4 期。

［155］王敬尧：《地方政府运行成本及其财政能力分析——以中部 Y 区为例》，《当代世界与社会主义》，2009 年第 4 期。

［156］王敬尧：《县级治理能力的制度基础：一个分析框架的尝试》，《政治学研究》，2009 年第 3 期。

［157］王绍光：《国家治理与基础性国家能力》，《华中科技大学学报（社会科学版）》，2014 年第 3 期。

［158］王小鲁：《中国城市化路径与城市规模的经济学分析》，《经济研究》，2010 年第 10 期。

［160］王小霞：《全国第二单土地流转信托调查》，《中国经济时报》，2015 年 10 月 27 日，http：//wx.shenchuang.com/article/2015-10-27/1253117.html。

［161］王宇：《全国农村承包耕地流转面积占承包耕地总面积 28.8%》，新华网，http：//news.xinhuanet.com/fortune/2014-12/04/c_1113525279.htm。

［162］魏来，胡莉：《基层社会治理：实践特征、发展困境与化解之策——首届县域治理高层论坛综述》，《社会主义研究》，2016 年第 1 期。

［163］魏来，赵蕾：《城乡一体发展：历史沿革、现实路径与关键问题——首届县域治理高层论坛会议综述》，《华中师范大学学报（人文社会科学版）》，2016 年第 2 期。

［164］魏莉华：《美国土地用途管制制度及其借鉴》，《中国土地科学》，

1998 年第 3 期。

[165] 魏兴琥等：《西藏那曲现行草场管理方式与草地退化的关系》，《草业科学》，2003 年第 9 期。

[166] 吴理财：《财政自主性、民主治理与村庄公共品供给——2014 年 15 省（区）102 县 102 村的问卷调查分析》，《社会科学研究》，2015 年第 1 期。

[167] 吴晓燕：《农村土地承包经营权流转与村庄治理转型》，《政治学研究》，2009 年第 6 期。

[168] 吴晓燕：《农村土地制度产权变革与基层社会治理转型》，《华中师范大学学报（人文社会科学版）》，2013 年第 11 期。

[169] 项继权，储鑫：《农村集体建设用地平等入市的多重风险及其对策》，《江西社会科学》，2014 年第 2 期。

[170] 项继权：《关于当前农村土地制度中存在的几个问题及改革建议》（未刊稿）。

[171] 项继权：《中国乡村治理的层级及其变迁——兼论当前乡村体制的改革》，《开放时代》，2008 年第 3 期。

[172] 肖唐镖：《近十年我国乡村治理的观察与反思》，《华中师范大学学报（人文社会科学版）》，2014 年第 6 期。

[173] 肖泽忱，布仁仓，胡远满：《我国集体林权制度改革存在的问题及对策探讨》，《林业资源管理》，2008 年第 6 期。

[174] 新华网：《全国耕地流转面积占总承包耕地比重超过三成》，http：//news.xinhuanet.com/fortune/2015-08/27/c_1116397151.htm。

[175] 熊红芳，邓小红：《美国日本农地流转制度对我国的启示》，《农业经济》，2004 年第 11 期。

[176] 徐勇：《草根民主的屈起：价值与限度》，《中国社会科学季刊》（香港），2000 年夏季号。

[177] 徐勇：《论中国农村“乡政村治”治理格局的稳定与完善》，《社会科学研究》，1997 年第 5 期。

[178] 徐勇：《政党下乡：现代国家对乡土的整合》，《学术月刊》，2007 年第 8 期。

[179] 徐勇：《挣脱土地束缚之后的乡村困境及应对》，《华中师范大学学报（人文社会科学版）》，2000 年第 3 期。

［180］许安拓，修竣强：《破解地方依赖土地财政的畸形发展模式》，《人民论坛》，2012 年第 8 期。

［181］许庆，尹荣梁：《中国农地适度规模经营问题研究综述》，《中国土地科学》，2010 年第 4 期。

［182］闫小欢，霍学喜：《农民就业、农村社会保障和土地流转——基于河南省 479 个农户调查的分析》，《农业技术经济》，2013 年第 7 期 。

［183］彦文，刘文勇，高强：《反思农业适度规模经营中存在的问题》，《中国经济时报》，2016 年 6 月 17 日第 12 版，http：//jjsb.cet.com.cn/show_475484.html。

［184］杨海蛟：《推进国家治理体系和治理能力现代化的重要抓手》，人民论坛网，2015 年 7 月 16 日，http：//politics.rmlt.com.cn/2015/0716/395039.shtml。

［185］杨磊，李云新：《谋利空间、分利秩序与违建现象的制度逻辑——基于中部地区 M 县的个案研究》,《公共行政评论》，2017 年第 2 期。

［186］杨瑞龙：《我国制度变迁方式转换的三阶段论——兼论地方政府的制度创新行为》，《经济研究》，1998 年第 1 期。

［187］杨一介：《论农村地权制度改革的基础》，《首都师范大学学报(社会科学版)》，2014 年第 4 期。

［188］杨先明：《构建农民工市民化的社会成本分摊机制》，《经济界》，2011 年第 3 期。

［189］叶敏，马流辉，罗煊：《驱逐小生产者：农业组织化经营的治理动力》，《开放时代》，2012 年第 6 期。

［190］叶琪：《我国沿海地区农地规模经营模式比较》，《内蒙古农业大学学报（社会科学版)》，2005 年第 4 期。

［191］于建嵘：《土地问题已成为农民维权抗争的焦点——关于当前我国农村社会形势的一项专题调研》，《调研世界》，2005 年第 3 期。

［192］袁达松：《我国农村土地承包经营权登记制度的完善》，《中州学刊》，2013 年第 2 期。

［193］袁方成：《治理集体产权：农村社区建设中的政府与农民》，《华中师范大学学报（人文社会科学版)》，2013 年第 2 期。

［194］臧得顺：《警惕“谋地型乡村精英”的崛起》，《社会科学报》，第 1344 期，http：//www.shekebao.com.cn/shekebao/2012skb/sz/userobject1ai5190.

html。

［195］张光辉：《农业规模经营与提高单产并行不悖——与任治君同志商榷》，《经济研究》，1996 年第 1 期。

［196］张国胜、陈瑛：《社会成本、分摊机制与我国农民工市民化——基于政治经济学的分析框架》，《经济学家》，2013 年第 1 期。

［197］张国胜：《基于社会成本考虑的农民工市民化：一个转轨中发展大国的视角与政策选择》，《中国软科学》，2009 年第 4 期。

［198］张海亮，吴楚材：《江浙农业规模经营条件和适度规模确定》，《经济地理》，1998 年第 1 期。

［199］张红宇：《关于深化农村改革的四个问题》，中国金融四十人论坛，2016 年 4 月 12 日，http：//chuansong.me/n/2833781。

［200］张厚安：《乡政村治——中国特色的农村政治模式》，《政策》，1996 年第 8 期。

［201］张华：《农民工市民化的制约因素与对策分析》，《统计与决策》，2012 年第 11 期。

［202］张会萍、倪全学、杨绍艳：《土地流转的影响因素分析——基于宁夏银北地区平罗县样本农户的调查》，《农村经济》，2011 年第 1 期。

［203］张会萍、闫泽峰、刘涛：《城市公共服务满意度调查研究——以宁夏回族自治区银川市为例》，《财政研究》，2011 年第 9 期。

［204］张静：《土地使用规则的不确定：一个解释框架》，《中国社会科学》，2003 年第 1 期。

［205］张军：《农村土地流转存在的问题与对策思考》，《农业经济》，2007 年第 8 期。

［206］张良：《“资本下乡”背景下的乡村治理公共性建构》，《中国农村观察》，2016 年第 3 期。

［207］张文茂：《联产承包的蜕变和三农问题的症结》，乌有之乡网刊，http：//www.wyzxwk.com/Article/sannong/2015/11/354472.html。

［208］张侠，葛向东，彭补拙：《土地经营适度规模的初步研究》，《经济地理》，2002 年第 3 期。

［209］张小军：《复合产权：一个实质论和资本体系的视角——山西介休洪山泉的历史水权个案研究》，《社会学研究》，2007 年第 3 期。

［210］张小军：《象征地权与文化经济——福建阳村的历史地权个案研

究》，《中国社会科学》，2004 年第 3 期。

［211］张晓山：《关于走中国特色农业现代亿道路的几点思考》，《经济纵横》，2008 年第 1 期。

［212］张晓山：《农村的制度变革和组织创新》，《理论视野》，2008 年第 5 期。

［213］张兴国：《农村集体建设用地流转三地比较》，《中国土地》，2006 年第 9 期。

［214］张英洪：《城乡一体化需要公平正义的制度变革》，财新网，http：//opinion.caixin.com/2015-11-10/100872528.html。

［215］张勇，包婷婷：《我国农村土地整治中农民土地财产权保护探讨》，《经济问题探索》，2013 年第 3 期。

［216］张云鹏：《试论吉登斯结构化理论》，《社会科学战线》，2005 年第 4 期。

［217］张志胜：《土地流转视域下的“空心村”治理》，《新视野》，2009 年第 2 期。

［218］赵丙奇：《发达地区与欠发达地区土地流转方式比较及影响因素分析》，《农业经济问题》，2011 年第 11 期。

［219］中共成华区委党校课题组：《完善涉农社区治理推进产权制度改革》，《成都行政学院学报》，2009 年第 6 期。

［220］中国社科院：《群体事件半数因征地拆迁引发》，凤凰网，2012 年 12 月 19 日，http：//news.ifeng.com/mainland/detail_2012_12/19/20315708_0.shtm。

［221］中国网：《国新办就〈中共中央办公厅国务院办公厅关于完善农村土地所有权承包权经营权分置办法的意见〉有关情况举行发布会》，http：//www.china.com.cn/zhibo/2016-11/02/content_39620797.htm。

［222］钟文晶，罗必良：《禀赋效应、产权强度与农地流转抑制——基于广东省的实证分析》，《农业经济问题（月刊）》，2013 年第 3 期。

［223］钟涨宝，狄金华：《中介组织在土地流转中的地位与作用》，《农村经济》，2005 年第 3 期。

［224］周飞舟：《从汲取型政权到“悬浮型”政权——税费改革对国家与农民关系之影响》，《社会学研究》，2006 年第 3 期。

［225］周雪光：《关系产权：产权制度的一个社会学解释》，《社会学研

究》，2005年第2期。

[226] 朱冬亮，肖佳：《集体林权制度改革：制度实施与成效反思》，《中国农业大学学报（社会科学版）》，2007年第3期。

[227] 朱丽娜，石晓平：《中国土地出让制度改革对地方财政收入的影响分析》，《中国土地科学》，2010年第7期。

[228] 朱隽：《莫要强拉农民进城》，《人民日报》，2014年8月15日。

三、外语文献

[1] Armen A. Alchian, Some Economics of Property Rights, Il Politico, Vol.30, No.4, pp.816-829, DICEMBRE 1965.

[2] Chen, F, Davis J, Land Reform in Rural China since the mid 1980s, Land Reform, Land Settlement, and Cooperation, Vol.6, No.2, pp.123-137, 1998.

[3] D.C. North, Institutions, Institutional Change and Economic Performance, New York: Cambridge University Press, 1990.

[4] Douglas C Macmillan, An Economic Case for Land Reform, Land Use Policy, 17 (1), pp.49-57, 2000.

[5] European Commission, The Common Agricultural Policy: A Story to be Continued, Luxembourg: Publications Office of the European Union, 2012.

[6] Feder, Agricultural Land Relations in the Developing World, American Journal of Agricultural Economics 75, pp.42-48, 1993.

[7] Feder, G., Lau, L. J., Lin, J. Y., et al, The Determinants of Farm Investment and Residential Construction in Post-Reform China, Economic Development and Cultural Change, 41 (1), pp.1-26, 1992.

[8] J.Y. Lin, The Household Responsibility System in China Agricultural Reform: A Theoretical and Empirical Study, Economic Development and Cultural Change, Vol.36, No.3, pp.199-224, 1988.

[9] Jean C. Oi, Rural China Takes Off, University of California Press, 1999.

[10] Jean C. Oi, State and Peasant in Contemporary China, University of California Press, 1989.

[11] Jean C.Oi, Rural Development: Handbook of the Politics of China (David S. Goodman, ed.), Edward Elgar Press, 2015.

[12] Johnson, D. G, Does China Have A Grain Problem?, China Economic Review, 4 (1), pp.1-14, 1994.

[13] Josephs Nye., Soft Power: The Means to Success in World Politics, Public Affairs, 2004.

[14] Kahneman, D, Knetsch, J. L. & Thaler, R.H., The Endowment Effect, Loss Aversion and the Status Que Bias, Journal of Economic Perspectives, 5, pp.193-206, 1991.

[15] Lily L. Tsai, Accountability Without Democracy: Solidary Groups and Public Goods Provision in Rural China, New York: Cambridge University Press, 2007.

[16] Linda Chelan Li, Rural Tax Reform in China: Policy Process and Institutional Change, London: Routledge, 2012 (hb), 2015 (pb).

[17] Linda Chelan Li. (ed), Good Governance in Asia: Multiple Trajectories to Development, Routledge, 2015.

[18] OECD, Agricultural Policy Monitoring and Evaluation. Paris: OECD Publishing, 2016.

[19] Pierre Bourdieu, The Field of Cultural Production, Randal Johnson Edited and Introduced, Cambridge: Polity Press, 1993.

[20] P. Bourdieu and Loic Wacquant, An Invitation to Reflexive Sociology. Cambridge: Polity Press in Association with Blackwell Publishers, 1992.

[21] Thaler, R. H., Toward a Positive Theory of Consumer Choice, Journal of Economic Behavior and Organization, 1, pp.39-60, 1980.

[22] World Bank, Integration of National Product and Factor Markets: Economic Benefits and Policy Recommendations, No.31973, 2005.

[23] Wu, Z., Liu, M. Davis, J., Land Consolidation and Productivity in Chinese Household Crop Production, China Economic Review, 16, pp.28-49, 2005.

[24] Yang, D. T., Knowledge Spillovers and Labor Assignments of the Farm Household, Chicago: The University of Chicago, 1994.

[25] 王敬尧，魏来，龚华燕：《当代中国农地制度的存续与变迁（英

文)》，Social Sciences in China，2018 年第 2 期。

[26] 青木昌彦. 公共財と最適計画の解法. 経済研究/一橋大学経済研究所編，21（3）1970.07.00.288-292.

[27] 青木昌彦. 食糧政策の方向（講演要旨）. 経済人. 29（5）1975.05.434-437.

[28] 青木昌彦. 農業と都会的世界——食糧問題の視点. 世界/岩波書店［編］.（通号 342）1974.05.00.46-57.

[29] 青木昌彦. 農産物価格政策の改革. 農業と経済. 40（10）1974.10.11-19.

四、学位论文

[1] 白俊超：《我国农村土地制度改革研究》，博士学位论文，西北农林科技大学，2007。

[2] 冯小：《去小农化——国家主导发展下的农业转型》，博士学位论文，中国农业大学，2015。

[3] 郭文杰：《农村人口城市化的成本收益分析》，硕士学位论文，中国地质大学，2005。

[4] 刘芳：《中国农村土地制度安排与创新研究》，博士学位论文，西南财经大学，2008。

[5] 刘国凤：《中国最严格耕地保护制度研究》，博士学位论文，吉林大学，2011。

[6] 卢吉勇：《农村集体非农建设用地流转创新研究》，硕士学位论文，南京农业大学，2003。

[7] 欧阳力胜：《新型城镇化进程中农民工市民化研究》，博士学位论文，财政部财政科学研究所，2013。

[8] 叶成：《地方财政视角下的农民市民化成本》，硕士学位论文，华中师范大学，2015。

[9] 杨风：《城市化进程中农民市民化问题研究》，硕士学位论文，西南财经大学，2004。

[10] 魏来：《中国农地制度变迁中的黏性研究——正式制度与非正式制度相关性考察》，硕士学位论文，华中师范大学，2015。

五、研究报告

[1] 张英洪:《北京市新型城市化中农民土地权益发展研究》,2015年5月。

[2] 王敬尧,魏来等:《湖北省城乡社区基本公共服务均等化研究报告》,2013年7月。

[3] 王敬尧,魏来,叶成等:《农村土地制度改革研究报告》,2015年12月。

[4] 郭光磊:《北京市新型城市化中农民土地权益发展研究报告》,2012年11月。

六、政策文件

[1]《农业部办公厅关于印发创新农业经营体制机制典型经验的通知》,农办经[2015]27号。

[2] 国务院批转农业部《关于稳定和完善土地承包关系意见的通知》,1995年3月。

[3] 农业部、中央农村工作领导小组办公室等《关于认真做好农村土地承包经营权确权登记颁证工作的意见》,2015年1月。

[4] 农业部网站:《农业部　国家发展改革委　财政部关于加快发展农业生产性服务业的指导意见》,http://www.moa.gov.cn/zwllm/tzgg/tz/201708/t20170823_5791602.htm,2017年8月23日。

[5] 农业部网站:《农业部关于推进农业供给侧结构性改革的实施意见》,http://www.moa.gov.cn/govpublic/BGT/201702/t20170206_5468139.htm,2017年2月6日。

[6] 中共十五届三中全会《关于农业和农村工作若干重大问题的决定》,1998年10月。

[7] 中共十一届三中全会《加快农业发展若干问题的决定(草案)》,1978年12月。

[8] 中共十一届三中全会《农村人民公社工作条例》,简称《六十条》,1978年12月。

[9] 中共中央、国务院《关于当前农业和农村经济发展的若干政策与

措施》，1993 年 11 月。

[10] 中共中央、国务院《关于进一步活跃农村经济的十项政策》，1985 年 1 月。

[11] 中共中央、国务院《关于做好 1999 年农村和农业工作的意见》，1999 年 1 月。

[12] 中共中央《关于进一步加强农业和农村工作的决定》，1991 年 11 月。

[13] 中共中央《关于一九八四年农村工作的通知》，1984 年 1 月。

[14] 中共中央《全国农村工作会议纪要》，1982 年 1 月。

[15] 中共中央办公厅、国务院办公厅《关于农村土地征收、集体经营性建设用地入市、宅基地制度改革试点工作的意见》，2015 年 1 月。

[16] 中国政府网：《关于加快构建政策体系培育新型农业经营主体的意见》，http：//www.gov.cn/zhengce/2017-05/31/content_5198567.htm，2017 年 5 月 31 日。

[17] 中国政府网：《关于加快推进农业供给侧结构性改革大力发展粮食产业经济的意见》，http：//www.gov.cn/zhengce/content/2017-09/08/content_5223640.htm，2017 年 9 月 8 日。

[18] 中国政府网：《全国农业现代化规划（2016~2020 年）》，http：//www.gov.cn/xinwen/2016-10/20/content_5122369.htm，2016 年 10 月 20 日。

[19] 中国政府网：《中共中央　国务院关于开展质量提升行动的指导意见》，http：//www.gov.cn/zhengce/2017-09/12/content_5224580.htm，2017 年 9 月 12 日。

[20] 中国政府网：《中共中央关于全面深化改革若干重大问题的决定》，http：//www.gov.cn/jrzg/2013-11/16/content_2528589.htm，2013 年 11 月 16 日。

[21] 中国政府网：《中共中央国务院关于深入推进农业供给侧结构性改革　加快培育农业农村发展新动能的若干意见》，http：//www.gov.cn/xinwen/2017-02/06/content_5165802.htm#1，2017 年 2 月 6 日。

[22] 中国政府网：《中华人民共和国国民经济和社会发展第十三个五年规划纲要》，http：//www.gov.cn/xinwen/2016-03/16/content_5054356.htm，2016 年 3 月 16 日。

[23] 中国政府网：2001~2016 年中央一号文件，http：//www.gov.cn/index.htm，2017 年 9 月 11 日。